教育部哲学社会科学发展报告建设（培育）项目

霍益萍　朱益明◎主编

中国高中阶段教育发展报告

2014

华东师范大学出版社

项目承担单位：

华东师范大学教育学系、普通高中教育研究所

项目合作单位：

上海市教育科学研究院智力开发研究所

教育部人文社科重点研究基地华东师大基础教育改革与发展研究所

项目主持人：

霍益萍（华东师范大学教育学系教授，普通高中教育研究所所长）

朱益明（华东师范大学教育学系教授，系主任）

项目组核心成员：

（1）华东师范大学教育学系：金忠明（教授、博士），王保星（教授、博士），黄向阳（副教授、博士），程亮（副教授、博士），刘世清（副教授、博士），杨光富（副教授、博士），王建军（副教授、博士），娄元元（博士生）；教育管理学系：刘竑波（副教授、博士），张敏（讲师）；课程与教学系：郑太年（副教授、博士），赵健（副教授、博士）；社会工作系：赵鑫（讲师、博士）；心理与认知科学学院：邓赐平（教授、博士）

（2）上海市教育科学研究院智力开发研究所：董秀华（原所长、研究员、博士），杜晓利（所长、副研究员、博士），骈茂林（副研究员），王红（副研究员），田健（助理研究员），刘菊香（助理研究员），付炜（助理研究员）

项目协作学校：

北京清华大学附中，北京北师大二附中，北京理工大学附属中学，天津中学，天津实验中学，河北石家庄二中，福建福州一中，广东深圳布吉高中，广东华南师范大学附中，广东实验中学，

贵州贵阳清华中学,河南郑州外国语学校,河南郑州101中学,上海育才中学,上海理工大学附中,上海嘉定中光高中,上海上外附属大境中学,上海延安中学,上海建平中学,上海天山中学,上海华东师大二附中,江苏苏州第十中学,江苏省天一中学,山东师大附中,山东高唐二中,山东济南一中,山东青岛二中,山东烟台一中,浙江杭州二中,浙江宁波鄞州姜山中学,辽宁沈阳东北育才学校,辽宁省实验中学,辽宁大连48中学,辽宁大连11中学,山西同煤一中,山西太原第二外国语学校,陕西西安长安一中,陕西西安高新一中,四川省成都七中,甘肃兰州二中,宁夏育才中学。

■ 目 录

第八章　为了每一个有潜力的农村孩子

第九章　自觉担负兵团学校的使命与责任

■ 表　目

■ 图 目

■ 致　谢

感谢项目团队全体成员的努力！特别感谢下列机构的支持和贡献！

国家教育部社会科学司

国家教育部基础教育二司

华东师范大学社会科学处

上海市教育科学研究院

河南省教育厅基础教育二处

甘肃省教育厅基础教育二处

广东省深圳市布吉高级中学

四川省绵阳市江油中学

新疆建设兵团第二师华山中学

上海市上海中学

《中国高中阶段教育发展报告(2014)》摘要

2013年,在"十八大"报告的指引下,国家教育改革与发展全面有序推进。11月,《中共中央关于全面深化改革若干重大问题的决定》为深化教育领域综合改革指明了方向。

本报告结构

本年度中国高中阶段教育发展报告,继续围绕高中阶段教育改革与发展的三大任务而展开,力求以客观、全面的数据与资料为基础,分析高中阶段教育发展的主要特点。

(1)宏观描述

依托2012年全国教育事业统计数据,系统分析全国高中阶段教育发展的数量化特征(第一章)。本年度报告在介绍普通高中教育数据的同时,也分析了中等职业教育发展的相关数据,试图呈现完整的高中阶段教育发展概况。鉴于国家教育经费统计数据系统的改进而产生的数据发布滞后,本年度报告未就2012年全国高中阶段教育发展经费进行介绍。

(2)观点梳理

围绕高中教育改革与发展的理论与实践问题,开展系统的文献梳理和理论思考(第二、三章)。普通高中教育是高中阶段教育中的重要组成之一,全面了解社会各方对普通高中教育发展的认识与理解,系统思考加快普及高中阶段教育的认识与实践,将有助于推进加快普及高中阶段教育的行动。

（3）实践观察

关注不同地区普及高中阶段教育发展的实践及其进展，尤其是聚焦实践中存在的问题和面临的挑战（第四、五、六章）。本报告以第一手资料描述了中部地区河南省和西部地区甘肃省高中阶段教育发展的现状、问题及其困难，同时介绍了东部地区浙江在深化普通高中课程改革方面的新进展，并提出了一些思考与建议。

（4）经验分享

选择了广东、四川、新疆以及上海等不同类型的普通高中学校，就这些学校的改革与发展进行了案例分析（第七、八、九、十章）。这些学校各不相同，但它们都在改革与发展上取得了成就。这些案例将有助于更好地理解全面提高普通高中学生综合素质和推进高中学校多样化发展。

（5）域外瞭望

介绍当前美国高中教育改革政策及其实践，包括改革计划与改革内容（第十一章）。美国联邦政府重视高中教育改革的法律制度建设，大学为高中改革提供合作和支持，高中学校强化学生生涯与职业教育，这些措施对于我国加快普及高中阶段教育具有重要的启示意义。

本报告主要观点

1. 全国高中阶段教育普及水平稳步提高，当务之急是缩小地区差异和降低班额。

2012 年全国教育事业发展统计数据显示，高中阶段教育普及率提高，但是在普通高中与职业教育间表现不同，在不同区域间进展仍有显著差距。

（1）规模特征

全国初中毕业生升学率 88.4%，比上年下降 0.5 个百分点，但全国高中阶段教育毛入学率由上年 84.0% 提高到 85.0%。问题是，河南、广西、甘肃、云南、贵州、西藏、新疆等 7 省区初中毕业生升学率低于 80%，后四个西部省区还在 70% 以下。

全国高中阶段教育招生规模继续下降但城市普通高中招生规模继续扩大，县镇和农村普通高中面临生源问题。全国高中阶段教育招生 1 598.7 万人，其中，普通高中招生 844.6 万人。高中阶段招生中普职比为 52.8∶47.2，在总体上保持相当水平。

全国高中阶段在校生规模 4 595.3 万,呈现下降特征。普通高中在校生为 2 467.2 万,有 0.5% 年度增长;中等职业教育在校生规模为 2 113.7 万人,呈现 4.2% 年度下降。

全国高中阶段民办学校 5 020 所,比上年减少 230 所;在校生规模为 475.8 万人,比上年减少 28.4 万人。其中,民办普通高中 2 371 所,在校生占普通高中在校生总数 9.5%。民办中等职业学校 2 649 所,比上年减少 207 所;在校生占全国比例为 14.3%[①],比上年下降 0.9 个百分点。

全国有普通高中学校 1.35 万所,校均规模 1 826.3 人。校均规模超过 2 000 人的有山东、重庆、宁夏、河南、广东、河北、四川、江苏等 8 省[②],其中山东省最高,为 2 954 人;而校均规模低于 1 000 人的有青海、天津、北京、上海等 4 省,其中上海市最低,为 641.1 人。

全国普通高中平均班额为 55.8 人。大班额班级(56 人及以上)的比例为 47.8%,16 个省份普通高中大班额比例超过 50%。超大班额班级比例(66 人及以上)为 17.4%,中、西部地区普通高中超大班额比例分别达到 23.2% 和 24.2%。"消除大班额现象"任务艰巨。

(2)教师队伍

2012 年全国普通高中、中职教育的师资配置和专业水平有进一步提升,但是各省之间、省内地区之间,特别是县镇和农村普通高中专任教师的职称结构、骨干比例相对较低。

全国普通高中专任教师总数为 159.5 万人,比上年增长 2.5%。其中,西部地区专任教师数比上年增长 4.9%,增幅最大;中部地区增长 1.7%;东部地区增长 1.5%。

全国普通高中生师比为 15.5:1,与现行国家规定标准仍有一定差距。西部地区普通高中生师比为 16.7:1,与 2011 年相比,西部地区降低了 0.4。全国中等职业学校生师比下降到 24.7:1,高于 20:1 的标准;其中西部地区为 28.6:1,福建、广东、海南、江西、广西、宁夏、四川、青海、贵州等 9 个省区则超过 30:1。此外,全

---

① 未含技术工学校数据。

② 编者注:本书中"省"或"省份"包括我国三种省级行政单位:省、自治区、直辖区,下文中不再一一作说明。

国双师型教师比例为 25.2%,仍低于 30% 的标准。

全国普通高中专任教师学历合格率为 96.4%,比 2011 年提高 0.7 个百分点。普通高中学校具有高级职称的专任教师比例达到了 25.9%,但农村学校只有 18.2%。全国普通高中骨干教师 32.2 万人,占普通高中专任教师总数的 20.2%,比上一年提高了 3 个百分点。

全国普通高中专任教师接受培训合计 540.4 万人次,专任教师人均接受培训 3.4 次,但中部地区人均只有 2.3 次。教师培训活动中,校级培训占 56.5%。

(3) 办学条件

2012 年,随着国家连片特困地区和民族地区普通高中基础设施建设、中等职业学校等项目的实施,以及加快发展面向农村的职业教育各项政策措施的出台,中、西部高中学校办学条件得到了改善,但地区差距仍巨大。

全国普通高中生均校舍建筑面积为 17.1 平方米,比 2011 年增加 0.5 平方米。但是,宁夏、云南、贵州、山东等省因在校生增幅较大而使生均校舍面积有所降低。

全国普通高中生均仪器设备值达到 2 126.4 元,比 2011 年增长 8.8%,不过,中部地区只有生均 1 493.1 元,低于西部地区的 1 623.2 元。河南、贵州、广西、甘肃、吉林、江西、河北、安徽等 8 个省区生均在 1 500 元以下,河南最低,只有 843 元。农村普通高中生均仪器水平则更低,宁夏、青海、河南、广西的农村普通高中生均仪器值低于 1 000 元,宁夏仅为 115 元。

全国普通高中建网学校比例 80.3%。其中,东部学校 91.2%,西部学校 71.5%;城市学校 87.6%,农村学校 64.2%;西部城市学校 81.2%,西部农村学校 49.0%。新疆、西藏两区的普通高中学校建网比例分别为 44% 和 46.7%,均低于 50%。

全国普通高中每百名学生拥有教学用计算机台数为 11.8 台。其中,北京高达 66.3 台,河南仅为 6.2 台。全国普通高中每百名学生拥有多媒体教室座位数为 44.0 个,比 2011 年增加 7.1 个,但中部地区最低,只有 27.3 个。

2. 普通高中教育的改革与发展日益受到社会关注,在理论、政策和实践等方面都有比较广泛的探讨。

本年度社会和学界对高中教育改革与发展的关注是多方位的,在学界聚焦普通高中教育性质与目标的同时,各方对普通高中学校的多样化发展、课程改革以及高中学业水平考试与高考制度改革等都有广泛的探讨。总体来说,本年度有关普

通高中教育的社会舆情表现出四大特点:

(1) 普通高中教育性质与任务有争论

持续关注普通高中教育的定位问题,主要围绕高中教育发展的价值取向、功能定位以及抉择依据三方面展开讨论。

在加快普及高中阶段教育的背景下,讨论普通高中的使命与定位,对于促进高中教育科学发展具有十分重要的意义。目前,对于普通高中教育究竟是精英教育还是大众教育,尚未有统一的认识。同时,正是由于对普通高中教育性质定位不同,人们对普通高中教育任务的认识也不一致,即高中教育究竟是提供基础教育,还是面向升学实施大学预科性教育教学。

产生这些争论与争议的原因,正是在于人们对于影响高中教育发展的外部因素的看法有不同,以及对于高中学校与外部环境之间关系的理解有差别。而这些认识上的差别正是当前高中阶段教育的快速发展和当下教育的变革所导致。

(2) 普通高中课程改革正在深入

随着课程改革的不断深入,人们对于高中课程改革的认识和理解越来越深入。当前,尽管人们对课程改革还有不同的理解,但人们普遍认识到,普通高中课程必须在课程目标上强调重视学生的共性与个性、课程内容要注意到发展多元化的类型、课程改革的政策配套措施要进一步完善并落实。

近年来,媒体报道了一些有力推进课程改革的典型学校,如山东聊城二中开设丰富多彩的校本课程,努力创设基于学生发展的课程体系,北师大二附中形成了"班班有特色,人人有所长"的多元课程局面。总之,课程改革已经在一些高中学校的课程与教学实践中产生成效。

(3) 普通高中学校多样化有进展

人们对高中学校多样化的认识和理解,已经日益深入和全面,诸多的讨论与研究在理论层面上丰富了多样化发展的内涵。但是,在实践推进多样化发展的过程中,还存在一些困境,主要是教育管理体制、社会公众的认知与认可以及教育政策上的限制等。

为此,出现了探索普通高中多样化的不同路径,其中包括政策改革,如办学体制、管理体制、评价制度以及经费投入等;学校内部努力,包括转变办学思想、改革课程与教学体系、拓展教育资源等;教师参与,包括提升教师能力、改变教学行为等。此外,在实践层面,普通高中多样化发展已呈现出区域性特点。

(4) 考试与招生政策成为热议

考试招生成为了影响高中阶段教育发展的关键性因素之一,全社会关注并讨论高中教育考试与招生问题,包括学业水平考试(会考)、高校招生统一考试(高考)、高校自主招生以及异地高考等。

人们对会考和高考有着一些不同的认识和要求,在实践中也存在各种问题与困难。不过,明确招生与考试的性质与定位,关注普通高中招生考试制度改革的公众期待与政策取向,并由此讨论招生与考试制度中的现存问题与改进建议,是整个社会舆情的诉求。

3. 加快普及高中阶段教育,需要理顺基本理论问题,正视主要实践问题,确立优先行动策略。

高中阶段教育已经成为了影响教育全局发展的关键性领域。普及高中阶段教育不能简单地沿袭以往普及义务教育之套路,需要有新认识和新思路。

(1) 理论问题

第一,认清楚"普及"与"强迫"的关系。

当代教育的发展,正朝着多样性、选择化、个性化等方向迈进,这对传统的强制性、统一化、模式化教育教学体系提出了挑战。普及高中教育在于使更多学生获得更大发展,为年轻人提供选择、参与和发展的机会,而不是"强迫"他们"被动"地接受。加快普及高中阶段教育,必须超越以往义务教育的"强迫"思维,要从现代教育为个体发展提供教育机会、教育选择和个别化教育的新视角出发。

第二,把握住"普及"与"收费"的关系。

普及不等于免费,当然,也并不意味着一定要收费。高中阶段教育需要有趋于一致的、更加平衡的收费政策。"如何收费"要成为决策普及高中阶段教育的优先事项。不同类型的高中教育(即普通教育与职业教育)和不同等级的学校(如示范学校与非示范学校)采用相对合理的收费政策,体现政府对发展高中阶段不同类型教育与各类高中学校的公平性、公正性,促进它们的各自发展、持续发展和健康发展。

第三,处理好"普及"与"公平"的关系。

教育公平理应成为高中阶段教育普及的重要前提基础。教育公平并不意味着完全的一致,而是要注重不同的个体得到应有的支持、帮助和最大的潜能发展。普及不只是简单的高中教育规模扩展而已;普通高中教育不能演变为单一的为高考做准备的教育,高中职业教育不能变成是单一的劳动力转移的技能培训。需要为每个学生提供他们真正需要的高中教育及其服务。

第四,平衡好"普及"与"提高"的关系。

高中教育质量是一个多元角度的概念,而不只是一个统一标准或者要求。高中教育不能单纯地完全以分数、升学率或者就业率为验收指标,必须更多地注重学生学习需求(内容)、学习参与(过程)、学习成效(结果)等多方面的表现(质量)。在普及高中阶段的框架中,需要有最基本的科学、全面、正确评价学校教育质量的体系。

总之,普及不能只是依靠学校数量增加;必须充分考虑到学习者的教育选择,不是简单地甚至强迫地安置。加快普及高中阶段教育不能成为一种时尚的口号,而必须洞察、研究普及高中阶段教育所面临的现状、问题与挑战。

(2)实践问题

第一,高中教育结构问题。

过去 10 年间,我国高中阶段教育的数量扩展,是依靠中等职业教育规模发展而实现的。"大体相当"的结构目标,在很大程度上是政策导致的人为性分流,而不是真正基于学生意愿的选择性分流。严格的"双轨制"对于高中阶段教育的科学发展是不利的。实现高中阶段内普通教育与职业教育之间的融合和渗透,是加快普及有质量高中阶段教育的重要保障之一。

第二,高中教育责任问题。

政府在发展中等职业教育上采用了"免费"措施,普通高中教育纳入基础教育管理范畴,但得不到与"义务教育"一样的政策待遇和发展支持。在地方为主的基础教育办学体制下,究竟是省级政府、地级政府还是县级政府承担普通高中教育发展的责任,似乎在一些地区还是一个问题。普通高中教育发展区域间的不平衡性有着加大的趋势,普通高中学校之间的差距同样有加大的趋势,农村高中更是问题重重。

第三,高中教育经费问题。

普通高中教育领域的产业化思想或者说商业化思维仍然显著地存在,导致很多地方普通高中学校办学建立在收费基础上,包括学费、择校费、高复班收费等。大班额、超大班额的比例始终难以降低,与学校获得的"经费供给"密切相关。普通高中教育的办学经费究竟如何分担? 政府在其中应该承担什么样的责任? 是按照高等教育方式分解办学经费,还是参考偏向义务教育的基础教育经费分担? 在国家教育经费普遍增长的情况下,要保障普通高中教育的政府拨款得到有效增加。

第三,高中教育质量问题。

高中阶段教育既要为高中学生提供基本的通识教育,也需要从当今社会经济发展的新情况出发,为学生适应知识经济及其现代生活做准备。学校发展需要立足于使每个高中学生得到其最有价值的成长与发展,学校多样化是高中教育质量的保障,也是普及化的需要所在。单一的"升学率"或者"就业率"不能成为评价高中阶段教育质量的唯一指标。

(3) 行动问题

第一,正确认识普及高中阶段教育的特点。

加快普及高中阶段教育不能简单地模仿国外发展高中阶段教育的经验与模式;不能以限制人们对高中教育的需求愿望与选择可能为基础,而是要重视和满足学生个体的选择权。在全民终身教育思想指导下,在建设学习型社会中,必须淡化普通高中教育的"不可替代性"。它只是一个教育阶段、一种教育形式、一种教育实践而已。要基于学生生命成长的阶段特点而为学生提供生涯教育与指导,发展学生适应时代变化所需要的个体素养,满足个体的多元化选择和促进学生的多元化发展。

第二,优先关注农村高中教育发展与改革。

不能以城市化的高中教育发展方式规划与指导农村高中教育的发展。如何保持农村高中教育的特色,如何将农村高中教育发展与所在地区的社会经济文化发展相结合,如何为农村高中学生的终身发展服务和指导,都是农村高中教育改革与发展中的重大课题。各地必须制定出具体的高中学校发展与建设规划纲要,确立各自高中学校办学定位和发展目标,而且需要落实到每个区县。中西部农村地区普及高中教育的步伐不宜过快、要求不宜过高,而必须以确保质量为基础。

第三,颁布并落实高中学校与高中普及标准。

确立高中普及的政策标准,其中包括高中学校标准、区域标准、评价验收标准等多个方面。在全国层面要保证政策标准的相对一致性,防止各地根据所谓的"因地制宜"而人为地拔高或者降低标准,避免"因地制宜"而导致地区间高中普及的差距。推行高中学校标准化建设,实现公立高中学校基本办学条件的标准化和统一化。超越"以县为主"的办学体制,加强在省级层面落实普及高中阶段教育的责任,增加省级层面的统筹管理和责任承担。

第四,加速发展高中学校多样化。

每所高中学校需要从服务于本校学生、促进本校学生发展的角度出发,思考如何更好地落实国家课程要求,建立起适用于本校的校本课程框架,并开展有效的实施。为学生提供学业发展的有效教学、就业准备的必要帮助、生涯发展的正确引领与幸福生活的全面指导;思考如何在课堂教学中体现出全体学生的主动参与,实现有效的、高效的课堂教学。高中教育多样化发展,不是简单的行政主导的贴标签运动,政府要改变传统的学校评价体系,不能以单一的升学率或者就业率为唯一评价指标,要将办学条件评价与办学结果评价相结合。

4. 中西部地区在普通高中教育发展上面临诸多困难,东部在深化普通高中课程改革上迈出新举措。

研究者对中部人口大省河南省和西部甘肃省的高中阶段教育(尤其是普通高中教育)发展进行了专题调研。调查发现,河南省和甘肃省在普及高中阶段教育发展上任务艰巨,普通高中教育发展更为艰难。

(1) 河南省普通高中教育面临的困难

第一,经费。

国家对普通高中教育发展没有明确的指导性文件,造成地方政府对此也不重视。河南省政府确立了一些普通高中教育发展专项,每年投入为1 000—1 500万,难以满足高中学校发展需要。高中示范校建设,基本上是靠学校或者地方政府自筹建设,也没有明确的建设标准。

第二,机制。

基于"谁管谁掏钱的"的体制,高中学校在各地市之间、城乡之间发展的差距更加明显。目前,河南高中学生学费标准还是1998年制订的标准。全省约有60%普通高中属于县属,基本上靠"择校费"维持发展。

第三,教师。

2008年河南普通高中开始实现新课程,先后出台了20个指导性文件,推进了高中的改革。但是,除郑州外,其他地市的经济条件不够,办学条件有限制,课程改革也难以深入。师资学历有所提高,但新师资难以进入,培训及其质量得不到可靠保障,目前在较多地方还有学校自聘的代课教师。

第四,结构。

当前,尽管职业教育免费,还是难以吸引学生及其家长的参与。一些政府举办的职业学校或者职教中心,并没有取得令人满意的成效。学生选择普通高中学校的比例远超过职业教育。"大体相当"的普通高中与职业高中结构比在实践中很难实施。

第五,发展。

普通高中学校多样化发展尚无可操作的办法,实践发展没有可以参照的模式。

（2）甘肃省普通高中教育发展的困难

第一,政策与经费。

全省普通高中教育发展因政策不明与资金不力而显得困难,普职比维持在5.5∶4.5之间,但学生及其家长对普通高中教育的需求明显大于职业中学。民办普通高中学校发展更是举步维艰,而且质量难以保障。普通高中学生"高中学业水平考试"实施中没有足够的经费保障。

普通高中学校基本上依靠学费、择校费等收入维持运行,政府投入明显不够。农村高中的学生由于学校没有住宿条件而借宿在民居中,安全隐患尤为突出。2011年全省445所普通高中欠银行贷款33亿,2012年估计超过40亿。

第二,课改与教师。

高度重视普通高中课程改革,但在实践中困难重重,基层教师对于课程的认识和理解有待提高。普通高中教师学历达标表面上比较高,全省达到92.5%,但这并不能表明教师队伍的真正质量。

目前的教师队伍在适应新课程与高考改革要求方面存在一定差距。同时,高中教师编制总体紧张、进人困难、结构性短缺;英语、信息技术和通用技术学科教师数量不够;在职教师队伍士气不高。

第三,农村与学校。

农村职业教育受到政策支持,但初中毕业生选择入读职业教育的愿望不大;片面追求升学率的应试教育现状尚未得到根本性改变,农村高中的高复班仍继续存在;以单一升学率为导向的普通高中学校教育面临新的尴尬。即,随着农村大学生因找工作困难而返乡人数增加,造成了初中毕业生升学意向下降,尤其是一些民族、边远的农村地区,农村高中学校可能遭遇新的"读书无用论"（大学生也找不到工作）影响,农村地区普及高中阶段教育任务变得更为艰巨。

（3）浙江省深化普通高中课程改革的新举措

2012年6月,浙江省颁布并实施《浙江省深化普通高中课程改革方案》。《方案》按照"调结构、减总量、优方法、改评价、创条件"的总体思路,着力推动以下实践探索:调整课程结构,提升选修课程的比例;减少面向全体学生的必修内容总量;扩大学校的课程自主权和学生的课程选择权;建立普通高中学业水平考试制度和完善学生成长记录与综合素质评价制度;实施学分制与选课走班制度;建立配套的教学管理制度和进行相关培训等。

目前,必修课程的内容得到了调整,明确了毕业水平考试和高考中各学科的考试范围;选修课程建设和实施大大加强,开发了大量的选修课程并建成了普通高中选修课网络课程学习平台,促进了选修课程的共建共享;部分学校形成了自己的课程建设模式和课程特色;选课走班制度广为采用,必修课程分层走班的探索方兴未艾。

改革促进了学校和教师对于普通高中教育发展目标、学校定位和办学特色等问题的思考,提升了教师的课程开发能力。

在实践中,目前也面临着一些挑战,主要是学校之间发展不均衡,选修课程质量参差不齐,对于课堂教学方式的改革探索和创新不足,区域之间和学校之间资源差异大。尤其是,新的高考招生制度改革,将对深化课程改革带来新的挑战。

5. 探索独特发展之路,办出有质量、有特色的普通高中学校,正在成为众多学校改革与发展的自觉追求。

近年来,广大普通高中学校在全面提高学生综合素质、创办有质量、有特色、人民满意的教育方面,取得了显著的进展。本年度报告将展示不同地区、不同类型的普通高中学校在改革与发展上取得的成就。

(1)"让每一个学生都体验成功":广东省深圳市布吉高中

广东省深圳市布吉高级中学在20年前创办时,属于典型的农村薄弱高中学校,学生大多来自经济富裕后的本地平民家庭。2005年学校明确了"扬长教育"办学理念,并在实践中予以实施。目前已经发展成为广东省一级学校、国家级示范高中。

学校的办学思想是:

● 使每个学生都能够最大限度地发展个性和特长,挖掘潜能发挥才智,享受到成功的喜悦。

● 突破"升学"+"就业"的传统定位,实施"成人"教育,为社会培养一批高素质的、能够承担起时代责任的现代公民。

● "让每一位学生都体验成功"，实现具有不同学业基础、不同兴趣爱好的学生在各自的起点上均有所发展。

学校开展的实践探索包括：

第一，管理先行。

学校制定具体的教职员工行为标准，给学生以良好示范，并将之内化为学生行为准则；推行扁平式管理模式，落实年级负责制，努力减少管理损耗；建立年级、班级整体性量化评价机制，突出个性展示，重视班级文化构建，在良性竞争中共同提升；设立各处、室学生助理，成立学生自律委员会，促进学生自我教育，自我管理；强化对年级工作的整体协调和专业指导，营造民主和平等的氛围，建设和谐的校生关系和师生关系。

第二，育人为本。

创建发现学生、发展学生的教育机制，尤其是发现"学困生"长处、激发"学困生"信心；改变灌输式教育模式，树立"全面覆盖，积极引导，内外结合，立体育人"的德育观，构建全程全员育人模式；加强德育课题研究，积极探索德育新思路、新方法，不断完善研究的内容和成果，使研究成果更好地服务于教育教学工作。

第三，教师为本。

以师德教育为核心，以课堂教学为基点，以科学评价为激励，以培训学习为促进，引领教师走上专业化发展之路；实施教师培训计划，推行教师科研成长计划，构建青年教师专业素养提升机制，教学创新促专业提升。

第四，特色扬长。

强调理论知识学习与实践相结合，通过研究性学习活动，努力拓展学生学习空间、思考空间、运用空间，扬科技教育之长，推动学生和谐发展；根据生源特点，积极发现学生艺术方面的才能，努力发挥相关科、组团队作用，实现课程体系的"四化"建设：艺术教育融通化，艺术课程整体化，社团活动课程化，专业课程精品化。

（2）"为了每一个有潜力的农村孩子"：四川省绵阳市江油中学

2007年起四川省江油中学立足学校实际，着眼学生的发展，明确提出"为了每一个具有发展潜力的农村孩子"的办学方向和目标，探索并构建了与农村高中实际相符合的教育创新实践模式，从教师队伍建设、课堂教学创新、学生发展指导等重点领域进行改革探索活动，探索出了一条适合自身农村高中特点的发展之路。

第一，培育教师的职业价值追求。

　　学校在教育管理的各个层面、各个环节和各种制度、考核评价措施与办法上,都着眼于教师的发展,坚信教师的发展潜力,努力让每一位教师在江高实现自己的人生价值与追求。

- 利用每周例会解读职业精神,明确教师的职责与义务,增强教师的责任心。
- 利用有效激励机制,创设多样平台,让教师们获得成功的体验。
- 注重启发教师自我反思,及时寻找并解决存在的问题。
- 着力加强教师研修与培训,努力促进教师专业成长。
- 完善各种教师管理制度,加强教师队伍建设的过程管理。
- 在做好本校教师培训的同时,引进学校急需人才。
- 改善教师管理体系与方式,实现竞争与合作并存的教师发展。

　　第二,创建四主四导课堂教学模式。

　　提出了"双主"教学的思路与要求,逐步形成了"四主四导"的课堂教学模式,即充分发挥学生在"学习准备、自主学习、合作探究和拓展训练"四个环节中的主体作用,充分发挥教师在"创设情景、点拨分析、方法指导和总结评价"方面的主导作用,成为学生主体作用发挥的参与者、促进者与合作者。

　　第三,强化落实学生发展指导的实施。

　　江油中学结合学生背景及其实际情况,加强学生发展指导,努力为每个学生成长成人成才服务。

- 开设"人生成长"课程。
- 开展"人生导师"引领。
- 发挥毕业生的示范影响。
- 满足特殊学生人群需求。
- 开启心理辅导教育工作。
- 开展家庭教育指导活动。
- 实现指导与德育相结合。
- 丰富学生社会实践活动。

　　不过,作为一所农村高中,江油中学仍然面临着巨大的挑战:缺少政府的教育经费投入;城镇化、课程改革和高考制度改革等多重背景下,教师队伍建设面临挑战;随着农村学生家长受教育程度的提高,家庭对小孩的期望值越来越高,对学校的选择标准也越来越高;课程与高考改革对于学校课程的设置、教学组织形式的要求、教师队伍的结构以及教学设备设施更新等是挑战。

（3）"自觉担负兵团学校的使命与责任"：新疆建设兵团第二师华山中学

新疆生产建设兵团第二师华山中学从 1960 年建校开始，就把自身的发展与兵团屯垦戍边的使命紧紧地联系在一起，以一种强烈的使命感和责任感主动推进改革，最初只有十几名教工、几十名小学生的师直子弟学校发展为今天拥有两个校区、近八千名师生、十二年一贯制的省级示范性高级中学。

第一，明确自身办学定位。

2000 年以后，华山中学重新强调肩负育人和成边稳边的双重任务，明确创办"学生喜欢、教师幸福、家长放心、社会满意的教育研究型的学校"目标。在招生方面实现从兵团第二师所属各基层团场和企事业单位招收高中学生，努力服务于当地兵团职工子弟，而不再四处"抢生源"。努力让家长放心，让人才稳定，以利于兵团完成成边稳边的根本大计。

学校认真学习借鉴各地教改经验，围绕"发展学生"这个主题对全校课程进行系统设计，让学生能有更多的时间投入书本教学以外的各种课程和活动之中。学校冲破了"唯分数论"和"唯生源论"的思想藩篱，主动调低对升学率的过度关注。

第二，以职业幸福成就教师。

华山中学致力于提升教师的职业幸福感和事业成就感，倡导"崇尚学术、强化服务"，从人事制度、分配制度和科研兴校入手，简政放权，从而激发起教职工的积极性和主动性。

第三，主动分担地区教育发展责任。

华山中学敞开胸襟去分担基层团场学校的教育均衡化工作，分担兵团教育发展任务。学校多年来一直通过提供培训、开放课堂、定期支教等方式，努力帮助团场学校提高教育质量，自觉站在基础教育是兵团聚才留人的"稳定器"和维稳固边的"减压阀"的高度。

从 2010 年开始，华山中学主动承担起培养兵团学校教育干部的任务，为团场学校下派挂职校长，并由挂职校长统领团场学校进行改革的教育均衡化发展思路；积极与地方学校的交流合作，开展了以均衡发展为目的的跨区域教育协作。

第四，积极探索更为有效的教育策略和必要行动。

华山中学地处少数民族人口所占比例相对较高的塔里木盆地，又紧邻少数民族高度聚居的南疆三地州，维稳压力巨大。面对这特殊的社会大背景，华山中学积极探索校内的文化认同教育,加强与民族学校联系,打造新型家校关系,主动参与社会教育活动。

当然,学校发展也面临诸多问题。如行政化为主要特征的教育管理体制、以高考成绩论成败的学校评价制度、资源的稀缺与流失以及社会的稳定问题,在很大程度上遏制了学校的创新驱动。

(4)"引进国际课程助推学校发展":上海市上海中学

上海市上海中学是上海市实验性示范性高中之一。早在20世纪90年代初率先在国内开设国际部,引进国际课程。经过多年努力,已经形成了从一年级到十二年级完整序列的课程体系,有效促进了学校发展,在探索办学国际化方面取得了经验。

第一,慎重引进国际课程。

上海中学在国际课程建设中,秉持"扬己之长"、辩证选择、兼顾个性潜能与差异性三大原则,积极对国际课程进行校本化改造,推进校本化实施。

上海中学首先注重了解国际课程的设计思想和实施要求,包括学科群思想指导下的课程选择性、实验观念上的差异、课程内容的及时更新、强调知识与生活之间的联系等。其次,关注与研究其课程结构框架及特色课程等,最终选择开设IB与AP课程。自1995年至今,学校IB课程开设了34门课,AP课程开设了16门课。

第二,科学实施国际课程。

在实施国际课程上,从课程开设、学生服务、师资建设、硬件设施等方面建设国际课程。

● 秉承"高选择性"、"现代性"和"探究性"的原则,力争为学生提供多层次、多种类的丰富课程内容。

● 从学习到生活全方位关心国际课程班学生的发展,为学生提供学业指导服务、心理辅导服务、升学指导服务、学生生活服务。

● 将本土教师培养为能任教国际课程的高端教师。

● 在硬件设施建设上也做出许多努力:实验设施匹配;数字技术应用;图书资源建设;艺体资源开发,非常重视体育、艺术、技能类科目。

第三,助推学校的全面发展。

● 形成本校的课程图谱

上海中学从国际课程的实施中找到一些有价值的、先进的课程改革元素，将它们迁移、改造、运用到适合本校的课程建设中，为优秀高中生的创新素养提升与可持续成长创设更为良好的、先进的课程资源。推进了学校课程图谱创建，即含德育课程图谱、学习领域课程图谱与优势潜能开发课程期望图谱三个分图谱，每个分图谱都有基础性与发展型两大部分，三个分图谱既各有侧重，又相互联系。

● 提升学校课程现代性

增加了学科前沿知识或现代内容，关注了学科内容的交叉与综合运用，以学生可以理解的方式整合现代科技发展内容。同时，大力推进了课程的探究性：与学科学习紧密结合的课题研究性学习；关注选修课的探究课程开发与实验教学；以新型创新实验室构建为载体推进学生的实验探究；学生基于专门课程学习上的课题探究。

● 实现学习方式变革

上海中学专门建立的研究性学习的数字平台，为学生探究课题、与导师的交流、学生与学生之间的交流提供了更为灵活的远程和异步的方式，拓展了学习的时间与空间边界。

上述四所高中学校，来自四个地区，分别代表不同类型。它们的改革与发展实践各不相同，但它们都在新形势下主动而积极地改革，紧紧围绕学校实际情况及其问题，紧密聚焦学生特点与学生需求，将教师队伍建设放在一个重要位置，切实而有效地促进了学校的全面发展，赢得了社会的认可。

6. 美国高中教育改革的政策与实践，对于当前我国加快普及高中阶段教育具有十分重要的意义。

美国奥巴马政府根据时代发展对人才的要求，大力进行教育改革，尤其是高中教育，抛弃传统的高中教育定位，充分挖掘高中学段独有的特色功能，将高中与大学、社会联系起来，充分促进学生的多样化发展。强调教育改革要以让所有学生享受世界一流的教育为目标，提出重新规划高中教育，让高中与大学、公司真正地连接起来，给学生提供适应社会所需的教育和实习培训，使他们能够直接适应工作。

奥巴马政府在 2014 年的教育财政预算中加入"重新设计高中"，体现出美国大力开展高中教育改革的决心和行动，全方位地从学生的学习内容、学习策略、发展方向以及教师的发展等各个方面进行改革。改革努力体现为每一位学生提供高质量的教育机会，让每一个学生找到适合自己未来发展的道路，为学生的终生发展奠定基础的高中教育理念。这些改革显示出美国高中教育改革的系统工程性,它有完整的改革配套机制,改革学校教育中的各个要素,力求形成合力,真正发挥教育在培养人才中的作用。

当前,美国认为,高中教育不是大学的预科,而是为学生提供大学、职业、生活的准备性知识与能力的教育阶段。高中阶段要培养学生解决问题、合作、创造的能力,要把学生的学习与真实世界联系起来。强调高中学校要注重联系高等教育与职业生涯的需求,注重学生深入理解和掌握所学内容,支持学生个体的教育需求和兴趣,为有需要的高中学生提供学术的、全方位的支持服务,在对学生充满高期待的文化氛围中实行以学生为中心的教学。

当前美国高中教育改革的三大特点,即:

第一,注重高中教育与大学教育的联系,促进学生不管在学术上还是心理上为大学做好准备,为他们在大学获得成功打下基础。例如,面向高中学生实施双注册项目、双学分课程和大学先修课程等项目。

第二,注重学生的整个职业生涯规划与发展,大力发展生涯技术教育,促使学生获得职业生涯通用的技能,为更好的生活奠定基础。

第三,注重高中生个性的培养、特色的发展,高中学校的多样化、特色化为每一个学生提供适合自己的高质量教育机会。

第一章
全国高中阶段教育发展基本状况

■ **本章要点**

2012年全国教育事业发展统计数据显示,高中阶段教育普及率提高,但是在普通高中与职业教育间表现不同,在不同区域间进展仍有显著差距。

■ 全国高中阶段教育招生1 598.7万人,高中阶段招生中普职比为52.8∶47.2,全国高中阶段教育毛入学率提高到85.0%。

■ 全国普通高中学校1.35万所,校均规模1 826.3人。校均规模超过2 000人的有8省,而低于1 000人的有4省。

■ 全国普通高中平均班额为55.8人。大班额班级比例为47.8%,16个省超过50%;超大班额班级比例为17.4%。

■ 全国普通高中专任教师学历合格率为96.4%,具有高级职称比例为25.9%,但农村学校只有18.2%。

■ 全国普通高中专任教师接受培训合计540.4万人次,人均接受培训3.4次,中部地区人均2.3次。教师培训活动中,校级培训占56.5%。

■ 全国普通高中生均仪器设备值达到2 126.4元。中部地区只有生均1 493.1元。河南最低,只有843元。4省区农村普通高中生均仪器值低于1 000元,宁夏仅为115元。

■ 全国普通高中建网学校比例80.3%,农村学校只有64.2%,西部农村学校为49.0%。新疆、西藏两区分别为44%和46.7%。

■ 全国普通高中每百名学生拥有教学用计算机台数为11.8台。其中,北京高达66.3台,河南仅为6.2台。

党的十八大把发展高中阶段教育作为"办好人民满意的教育"的重要任务之一，明确提出"基本普及高中阶段教育"。2012 年，各地采取措施积极推进高中阶段教育普及、推动高中多样化发展，国家通过实施基础设施建设等项目，对中、西部贫困地区高中阶段教育予以积极扶持，全国高中阶段教育普及水平稳步提高，为实现《教育规划纲要》提出的普及目标奠定了基础。

本章运用全国教育统计年鉴等有关数据，从普及水平、办学规模、教师队伍、办学条件等方面对 2012 年我国高中阶段教育的总体发展趋势和地区差异进行了全面分析。

数据分析表明，我国高中阶段教育的师资配置和办学条件继续得到改善，为全面提高高中阶段教育质量创造了条件。但是，对照《教育规划纲要》确定的目标，如何进一步改善中、西部地区高中阶段教育办学条件和基础能力，缩小高中阶段教育普及水平的地区差异仍是各级政府当前面临的重大挑战。

一、普及水平及发展趋势

当前推进我国高中阶段教育普及，需要同时关注两个方面任务：一是进一步缩小区域之间、省际、省内不同地区之间高中阶段教育普及水平的差距；二是科学引导不同省份、地区高中阶段普通教育与职业教育结构的优化。由于不少地区高中阶段教育规模渐趋稳定，不断调整普职教育结构、主动适应本地区人才培养和产业发展要求，将成为各地普及高中阶段教育相关政策调整的重要突破口。

1. 毛入学率

随着高中阶段教育普及水平多年来的稳步提高，各地区初中毕业生接受高中阶段教育的需求得到了较好的满足。2012 年，尽管全国初中毕业生升学率比上年下降 0.5 个百分点（为 88.4%），但由于中等职业学校招生中非应届初中毕业生占有一定比例等因素，全国高中阶段教育毛入学率仍由上年的 84.0% 提高到 85.0%。全国高中阶段教育毛入学率的持续提高，为实现《教育规划纲要》提出的"到 2020 年，普及高中阶段教育"的目标奠定了基础。

需要指出，全国毛入学率反映的是高中阶段教育普及的总体水平，不同地区、省份之间毛入学率、初中毕业生升学率等指标仍有较大差异。

2012 年全国有 16 个省份初中毕业生升学率在 90% 以上，低于 80% 的省份除

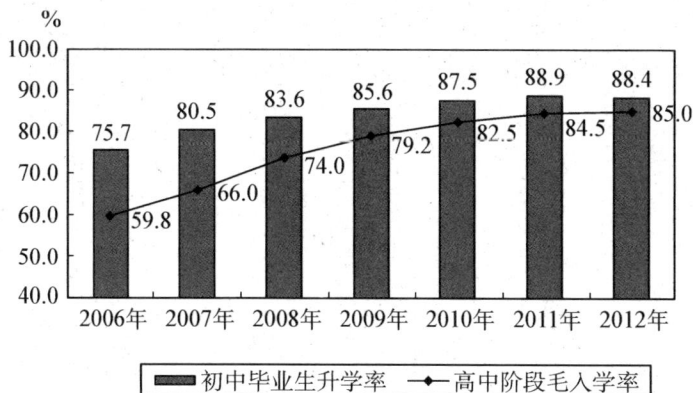

图 1.1 2006—2012 年高中阶段教育普及水平变化

中部地区的河南外,其余省份均位于西部地区,云南、贵州、西藏、新疆 4 个省份初中毕业生升学率尚在 70% 以下。提高水平较低省份的初中毕业生升学率,缩小中、西部省份内部地区间初中毕业生升学率的差距,是下一步实现高中阶段教育普及目标的重点任务。

表 1.1 2012 年全国分区域各省份初中毕业生升学率分布情况

分档	东部	中部	西部
平均	96.50%	84.60%	83.20%
>90%	北京、天津、上海、山东、浙江、江苏、河北、广东、福建	湖南、黑龙江	陕西、青海、内蒙古、重庆、宁夏
>80%且≤90%	辽宁、海南	吉林、安徽、江西、湖北、山西	四川
>70%且≤80%		河南	广西、甘肃
≤70%			云南、贵州、西藏、新疆

与"十一五"初的 2006 年相比,2012 年除江西外全国其他省份初中毕业生升学率均获得了不同程度提高,有 11 个省份增幅在 15 个百分点以上。其中,增幅最大的 5 个省分别为:黑龙江(32.1 个百分点)、福建(31.4 个百分点)、河北(24.6 个百分点)、陕西(23.1 个百分点)、安徽(22.7 个百分点)。

表 1.2　2006—2012 年初中毕业生升学率提高 15 个百分点以上的省份

省份	2006 年升学率(%)	2012 年升学率(%)	提高幅度(百分点)
黑龙江	60.4	92.5	32.1
福建	81.6	113.0	31.4
河北	67.7	92.3	24.6
陕西	84.4	107.4	23.0
安徽	66.6	89.3	22.7
海南	58.6	80.6	22.0
新疆	55.9	76.1	20.2
贵州	51.1	69.8	18.7
湖南	73.3	91.2	17.9
广东	75.4	91.4	16.0
云南	53.5	69.2	15.7

数据来源:教育部发展规划司组编:《中国教育统计年鉴 2012》,人民教育出版社 2013 年版。以下数据除特别注明外均来源于此。

2. 规模结构

2012 年,全国高中阶段教育招生普职比为 52.8∶47.2,普职招生规模总体上保持相当水平。分区域看,东、中、西部地区中职招生所占比重分别为 49.9%、45.5% 和 45.4%。

与 2011 年相比,各区域中职招生比重均有所下降,其中西部地区下降了 1.9 个百分点,中部地区下降了 1.8 个百分点,东部地区下降了 1.5 个百分点。福建、北京、广西、四川、广东、江苏、上海等 7 个省份的高中阶段教育招生中中职所占比重超过 50%,福建最高,为 61.2%。其余 24 省份均低于 50%,其中,西藏、贵州、湖北、吉林、内蒙古、甘肃、辽宁等 7 个省低于 40%。

2012 年高中阶段教育招生规模继续下降,普通高中招生规模转为下降,中职招生规模降幅有所扩大。全国高中阶段教育招生[①]1 598.7 万人,比上年减少 65.9 万人,下降 4%。其中,普通高中招生 844.6 万人,比上年减少 6.2 万人,下降 0.7%;中

---

① 高中阶段教育包括普通高中、成人高中、中等职业教育。其中,成人高中只有注册学生数,无招生数。

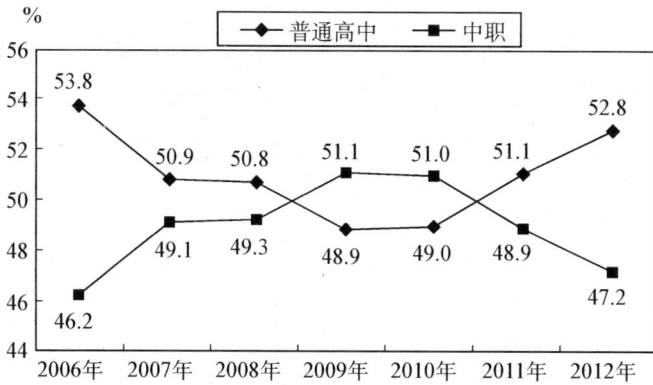

图 1.2　2006—2012 年高中阶段教育招生普职比例变化

等职业教育招生 754.1 万人,比上年减少 59.7 万人,降幅为 7.3%。分区域看,东部地区高中阶段教育招生 614 万人,比上年减少 5.4%;中部地区招生 508 万人,比上年下降 4.2%;西部地区招生 476.8 万人,下降 1.7%,比上年降幅有所缩小。

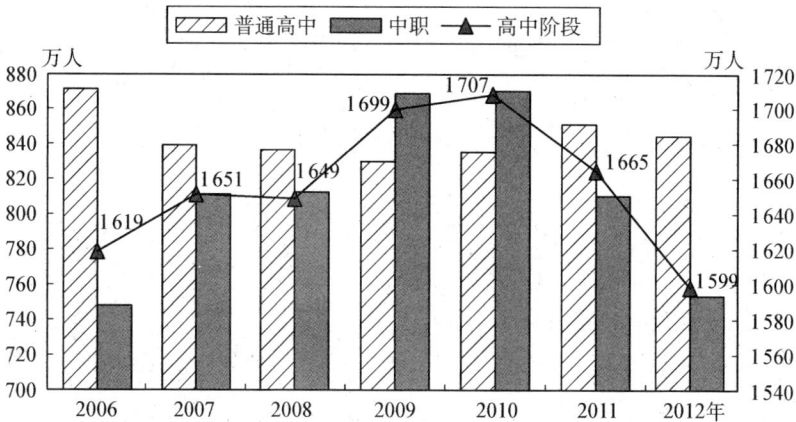

图 1.3　2006—2012 年全国高中阶段普、职招生规模变化

全国有 23 个省份高中阶段教育招生规模比 2011 年有所减少,其中降幅超过 5% 的有湖北、宁夏、陕西、浙江、吉林、江苏、河北、福建、辽宁 9 个省份。有 8 个省份高中阶段教育招生规模比上年有所增加,其中增幅超过 3% 的有西藏、贵州、青海、云南 4 个省份。

对于普通高中,有必要通过招生规模变化趋势揭示城镇化进程中各地区普通高中办学规模城乡之间分布情况的变化。与"十五"末的 2005 年比较,2012 年各区域农村普通高中招生规模降幅均较大,西部地区降幅高达 92.5%,中部地区也达到 73.2%。县镇普通高中招生规模也仅有西部地区保持增长,中、东部地区都有下降,东部地区降幅已达到 30.3%。与此同时,各区域城市普通高中招生规模均比"十五"末期的 2005 年有所增长,东部地区普通高中招生规模增长 35.7%,西部地区增长 34.7%,中部地区也增长了 13.2%。

表 1.3　2005、2012 年全国分区域普通高中招生规模变化情况(单位:万人)

地区	2005 年				2012 年				2012 年比 2005 年增加(%)			
	合计	城市	县镇	农村	合计	城市	县镇	农村	合计	城市	县镇	农村
全国	877.7	301.4	488.3	88.0	844.6	378.2	437.2	29.2	−3.8	28.1	−9.9	−71.3
东部	341.1	125.9	188.5	26.8	307.8	167.1	130.7	10.1	−9.9	35.7	−30.3	−56.0
中部	306.1	101.8	169.3	35.0	276.6	113.7	152.8	10.1	−9.8	13.2	−9.3	−73.2
西部	230.5	73.7	130.5	26.2	260.2	97.5	153.7	9.0	12.7	34.7	15.8	−92.5

从各省来看,2012 年与 2005 年相比,有 14 个省份普通高中招生规模有所扩大,其中增幅超过 20% 的分别是贵州、西藏、云南、广东、海南、宁夏、重庆 7 省,其中贵州增幅高达 62.7%;有 17 个省份普通高中招生规模有不同程度下降,其中上海、北京、湖南、湖北、江苏、天津、河北降幅均在 20% 以上。

表 1.4　2005、2012 年各省份普通高中招生规模变化情况(单位:万人)

省份	2005 年	2012 年	增长(%)	省份	2005 年	2012 年	增长(%)
贵州	19.4	31.8	62.7	江西	31.3	30.8	−1.4
西藏	1.3	1.8	35.3	黑龙江	20.6	20.2	−1.7
云南	19.0	26.1	34.8	陕西	32.6	31.9	−2.3
广东	57.0	77.3	33.5	河南	70.0	66.6	−5.1
海南	4.6	6.3	30.5	吉林	17.4	16.0	−7.7
宁夏	4.4	5.5	24.4	浙江	30.4	27.8	−8.9
重庆	18.3	22.5	22.9	内蒙古	19.8	17.2	−13.2
广西	25.7	29.3	13.6	山东	67.2	58.2	−14.5
山西	26.3	29.3	11.6	辽宁	26.6	22.8	−14.6
甘肃	20.6	22.6	9.8	福建	27.2	21.9	−19.5

（续表）

省份	2005 年	2012 年	增长（%）	省份	2005 年	2012 年	增长（%）
新疆	14.5	15.5	7.2	河北	49.5	38.4	−22.2
四川	51.2	52.2	2.1	大津	7.4	5.8	−24.2
青海	3.8	3.8	1.7	江苏	52.3	37.7	−27.1
安徽	43.5	44.0	1.1	湖北	45.9	32.8	−28.8
				湖南	51.3	37.0	−29.1
				北京	8.9	6.3	−33.0
				上海	10.1	5.2	−68.7

近年来，非应届初中毕业生在中等职业学校①招生中占有一定比例，2012 年达到 14.1%。2012 年城镇下岗职工、进城务工人员、农民工和退役军人等非应届初中毕业生合计为 84.2 万人，比上年减少 10 万人左右，占全国中等职业学校招生规模的 14.1%，其中农民所占比重最大，为 59.3 万人，占中职招生规模的 9.93%。从各省来看，全国有 15 个省中职学校招生总数中农民所占比重超过全国平均水平，其中东部 5 个省，中部 3 个省，西部 7 个省，广西、青海 2 个省份这一比重超过 20%。

表 1.5　2012 年中等职业学校招生中农民工所占比例地区分布

分档	东　部	中　部	西　部
>20%			广西、青海
>10%且≤20%	山东、天津、海南、福建、河北	湖南、湖北、山西	陕西、重庆、宁夏、甘肃、云南
>5%且≤10%	江苏、北京、广东、辽宁	黑龙江、安徽、河南、江西	内蒙古
≤5%	上海、浙江	吉林	贵州、新疆、西藏、四川

二、办学规模变化趋势

在高中阶段教育发展规模从快速发展转向基本稳定的背景下，我国普通高中

---

①　不包含技工学校相关数据。

总体资源供给不足和校际不均衡等问题突出,需要从规划布局上实现城乡普通高中学校合理分布,从政策供给上鼓励民办高中教育发展。中等职业教育则要进一步强化依据社会需求调整专业结构布局的意识。

1. 在校生、毕业生规模

纵观"十五"末以来,各地区高中阶段教育在校生规模变化幅度总体上趋于缓和,2012 年我国高中阶段教育在校生规模比上年下降了 2%(为 4 595.3 万人)。在办学规模总体保持稳定的背景下,受近年招生政策变化等因素影响,中等职业教育与普通高中在校生规模呈现出了不同的增减趋势。细分到两类教育内部,普通高中在校生规模仍在增长,达到 2 467.2 万人,增加了 12.3 万人(增长 0.5%);中等职业教育在校生规模为 2 113.7 万人,比上年减少 91.6 万人(下降 4.2%);成人高中在校生规模为 14.4 万人,比上年减少了 12 万人(下降 45.5%)。其中中职教育自2011 年首次转为下降后,降幅又有进一步扩大。从办学规模和构成看,高中阶段教育办学规模和结构呈现了以下趋势:

表 1.6 2010—2012 年高中阶段教育在校生变化情况

年份	在校生数(万人)				比上年增长(%)			
	合计	普通高中	中职	成人高中	合计	普通高中	中职	成人高中
2010	4 677.3	2 427.3	2 238.5	11.5	0.8	−0.3	2.0	0.3
2011	4 686.6	2 454.8	2 205.3	26.5	0.2	1.1	−1.5	130.1
2012	4 595.3	2 467.2	2 113.7	14.4	−2.0	0.5	−4.2	−45.5

注:高中阶段教育包括普通高中、成人高中、中等职业教育。

首先,普及高中阶段教育的任务重点逐步转向普职结构调整和城乡学校布局优化。

2012 年东、中、西部高中阶段教育在校生规模均有所下降,其中东、西部都从2011 年的增长转为下降。中部地区高中阶段教育在校生规模为 1 457.3 万人,下降3.4%。其中有 2 个省份比上年有所增加,增幅较大的安徽增长 2.3%;6 个省份下降,降幅较大的湖北下降 16.6%、吉林下降 4.9%。东部地区为 1 816.6 万人,比上年下降 2.1%。其中有 4 个省份比上年有所增加,增幅较大的北京增长 3.4%;7 个省份下降,降幅较大的江苏下降 8.7%、河北下降 7.6%。西部为 1 321.3 万人,比上年下降 0.1%。其中有 7 个省份该指标比上年有所增加,增幅较大的贵州增长

8.0％;5个省份下降,降幅较大的陕西下降 7.7％、内蒙古下降 3.3％。从发展任务看,除西部部分省份普通高中规模仍需扩大外,普及水平相对较低的省份发展重点将逐步转向普职结构调整和城乡学校布局优化。

表 1.7　2005—2012 年全国高中阶段教育在校生规模及变化情况

年份	在校生数(万人)				比上年增长(%)			
	合计	普通高中	中职	成人高中	合计	普通高中	中职	成人高中
2005	4 030.9	2 409.1	1 600.0	21.8	10.5	8.5	13.5	12.6
2006	4 341.9	2 514.5	1 809.9	17.5	7.7	4.4	13.1	−19.9
2007	4 528.8	2 522.4	1 988.3	18.1	4.3	0.3	9.9	3.5
2008	4 576.1	2 476.3	2 087.1	12.7	1.0	−1.8	5	−29.8
2009	4 641.0	2 434.3	2 195.2	11.5	1.4	−1.7	5.2	−9.7
2010	4 677.3	2 427.3	2 238.5	11.5	0.6	−0.3	1.7	0.3
2011	4 686.6	2 454.8	2 205.3	26.5	0.2	1.1	−1.5	130.1
2012	4 595.3	2 467.2	2 113.7	14.4	−2.0	0.5	−4.2	−45.5

2012 年各地区高中阶段教育在校生规模均有所减少,中部地区高中阶段教育在校生为 1 457.0 万人,比上年下降 3.4％,东部地区高中阶段教育在校生达 1 818.3万人,比上年下降 1.3％,西部地区高中阶段教育在校生达 1 326.6 万人,比上年下降 0.1％。

表 1.8　2012 年全国分区域高中阶段教育在校生变化情况(单位:万人)

地区	2011 年	2012 年	比上年增减	增幅(%)
全国	4 678.2	4 601.9	−76.3	−1.6
东部	1 842.5	1 818.3	−24.2	−1.3
中部	1 508.4	1 457.0	−51.4	−3.4
西部	1 327.3	1 326.6	−0.7	−0.1

分省看,东部地区有 4 个省份高中阶段教育在校生规模比上年有所增加,增幅较大的福建增长 5.3％、北京增长 4.2％;7 个省份下降,降幅较大的江苏下降

8.0%、河北下降7.8%、天津下降4.0%。中部地区有2个省份比上年有所增加,增幅较大的安徽增长2.4%;6个省份下降,降幅较大的湖北下降15.9%、吉林下降5.1%。西部地区有6个省份该指标比上年有所增加,增幅较大的贵州增长8.2%;6个省份下降,降幅较大的陕西下降7.2%、青海下降6.9%,有2个省份该指标比上年有所增加,增幅较大的安徽增长2.4%;6个省份下降,降幅较大的湖北下降15.9%、吉林下降6.9%、内蒙古下降4.1%。

其次,民办高中阶段教育规模有所减少,民办中职学校数和在校生数降幅均较大。

2012年,我国高中阶段共有民办学校5 020所,比上年减少230所;民办高中阶段教育在校生规模为475.8万人,比上年减少28.4万人,占全国高中阶段在校生[①]总数的比例为11.4%,比上年下降0.5个百分点。全国民办普通高中与民办中职在校生规模的比例为49.4∶50.6。民办普通高中尽管学校数有所减少,在校生规模仍与上年持平。2012年全国共有民办普通高中2 371所,比上年减少23所。民办普通高中在校生235万人,与上年持平。其中中部地区增长较快,增幅达3.2%;东部地区则下降了3.9%。民办普通高中在校生占普通高中在校生总数的比例为9.5%,比上年提高0.05个百分点。其中中部地区为12.4%,提高0.4个百分点。各省份中,浙江、山西民办普通高中在校生所占比例超过了20%。

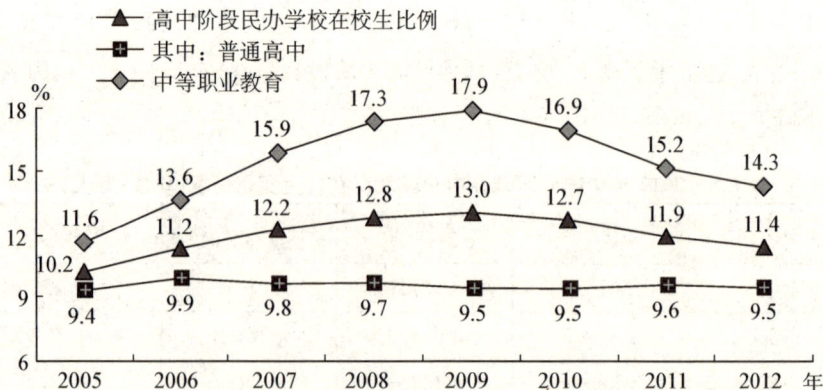

图1.4 2005—2012年民办学校在校生占高中阶段在校生比例

---

① 不包含成人高中和技工学校学生数。

民办中等职业学校在校生占全国中等职业学校在校生总数的比例有所下降。2012年共有民办中等职业学校2 649所,比上年减少207所。民办中等职业教育在校生240.9万人,比上年减少28.4万人,降幅10.5%,中部地区降幅达14.3%,湖北、河北、吉林降幅均超过25%。2012年,民办中等职业学校在校生占全国中等职业学校在校生总数的比例为14.3%[①],比上年下降0.9个百分点。分区域看,西部和中部地区分别为17.6%和17.1%,均高于全国平均值。各省份中,四川最高,达31.2%,江西、陕西和湖南均超过20%。

再次,普通高中毕业生数由下降转为增长,中等职业教育毕业生则继续增长。

普通高中毕业生数由连续三年下降转为略有增长,西部地区增幅有所加大。2012年,全国普通高中毕业生人数由前三年连续下降转为略有增长,毕业生总人数为791.5万人,比上年增加3.8万人,增长0.5%。其中,西部地区继续增长势头,增长加大到3.5%;东部地区增长1.5%;中部地区降幅增大,下降2.6%。分省看,有15个省份普通高中毕业生规模有所增长,其中增幅超过5%的有广东、贵州、重庆、浙江、甘肃、四川;其余16个省份则有不同程度下降,其中江西降幅为7.1%,上海为7.0%,湖南为4.8%,江苏为4.6%,北京为4.5%,内蒙古为4.1%。

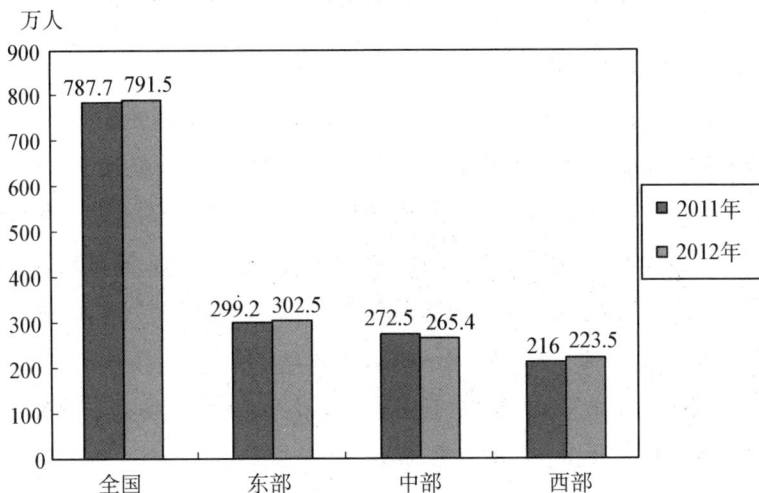

图1.5　2012年分区域普通高中毕业生规模变化

---

① 未含技术工学校数据。

2012 年全国中等职业教育毕业生为 674.9 万人,比上年增长 14.5 万人,增幅为 2.2%。分区域看,东部、西部地区分别增加 9.9 万人、8.9 万人,增幅分别为 3.8%、5.2%,中部地区比上年减少 4.2 万人,降幅为 1.8%。全国中等职业教育毕业生规模较上年有所增长的有 18 个省份,东部有 6 个、中部有 3 个,西部有 9 个,其中广东、北京、广西、内蒙古、云南、海南的增幅超过 10%,海南最高,为 23.8%。有 13 个省份的中等职业教育毕业生规模有所下降。其中,上海、江苏、山西、湖北、重庆、吉林、辽宁、天津的降幅均在 6% 以上,上海、江苏的降幅超过 10%。

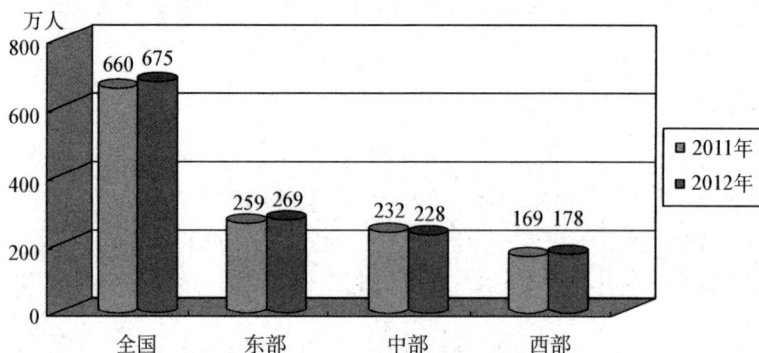

图 1.6　2011—2012 年全国分区域中等职业教育毕业生变化

2. 普通高中办学规模

普及高中阶段教育不仅表现在毛入学率的提高,"有质量的普及"是普及高中阶段教育在内涵方面的根本要求。这就要求各级政府在提高毛入学率的同时,保证入学后的每一个学生都能享有充足的教育资源。2012 年全国有普通高中学校 1.35 万所,校均规模从 2005 年的 1 497.1 人增加到 1 826.3 人。东部地区普通高中校均规模从 2005 年的 1 553.5 人增加到 1 814.4 人,增加了 187.3 人;中部地区从 1 620.2 人增加到 1 904.8 人,增加了 200.2 人;西部地区从 1 292.4 人增加到 1 760.6 人,增加了 319.3 人。按照"有质量的普及"的要求,普通高中的校均学生规模和班级学生规模还存在一些值得重视的问题:

表 1.9　2005、2012 年全国及各区域普通高中校均规模

区域	在校生数(人)		学校数(所)		校均规模(人)	
	2005 年	2012 年	2005 年	2012 年	2005 年	2012 年
全国	24 090 901	24 671 712	16 092	13 509	1 497.1	1 826.3

（续表）

区域	在校生数（人）		学校数（所）		校均规模（人）	
	2005 年	2012 年	2005 年	2012 年	2005 年	2012 年
东部	9 602 290	9 260 518	6 181	5 104	1 553.5	1 814.4
中部	8 301 750	8 101 184	5 124	4 253	1 620.2	1 904.8
西部	6 186 861	7 310 010	4 787	4 152	1 292.4	1 760.6

首先，各省普通高中在校生规模存在较大悬殊，普及的"质量"尚存在差异。中部地区普通高中校均规模相对较高，西部地区相对较低。

2012 年普通高中学校校均规模超过 2 000 人的有山东、重庆、宁夏、河南、广东、河北、四川、江苏等 8 省，其中山东省最高，为 2 954 人；而校均规模低于 1 000 人的有青海、天津、北京、上海等 4 省，其中上海市最低，为 641.1 人。

依据《城市普通中小学校校舍建设标准》（建标〔2002〕102 号）对高级中学学校规模和班额的规定，即城市普通高中建设规模通常为"18 班、24 班、30 班、36 班，每班 50 人"。2012 年全国普通高中平均班额为 55.8 人，超出上述建设标准中规定的班级学生数。

表 1.10　2005—2012 年全国普通高中班额情况

	2005 年	2006 年	2007 年	2008 年	2009 年	2010 年	2011 年	2012 年
平均班额（人）	58.6	58.4	58.0	57.3	56.8	56.6	56.4	55.8
大班额比例（%）	59.1	58.6	57.0	55.1	52.3	51.2	50.0	47.8
超大班额比例（%）	27.5	27.0	25.6	23.3	21.0	20.0	19.0	17.4

其次，各地区普通高中大班额和超大班额现象仍不同程度存在，中、西部地区县镇超大班额比例均接近 3 成。

2012 年全国普通高中大班额班级（56 人及以上）的比例为 47.8%，比 2005 年下降了 11.3 个百分点；超大班额班级的比例（66 人及以上）为 17.4%，从 2005 年下降了 10.1 个百分点。2012 年全国有 16 个省份普通高中大班额比例超过 50%，分别为河南、广西、甘肃、四川、陕西、湖北、湖南、安徽、贵州、吉林、河北、云南、内蒙古、宁夏、江西、山东。

表 1.11　2012 年各省份普通高中大班额比例(%)

省份	总体	城市	县镇	农村	省份	总体	城市	县镇	农村
河南	78.0	69.0	84.5	53.7	海南	49.9	47.3	53.6	54.3
广西	70.6	64.9	75.4	54.2	黑龙江	49.3	46.4	53.1	59.9
甘肃	64.7	55.8	69.9	53.6	重庆	47.7	34.9	59.3	57.5
四川	64.5	61.7	67.2	38.3	西藏	45.5	45.1	45.1	47.2
陕西	60.5	55.0	64.4	53.6	山西	44.6	46.0	43.2	47.1
湖北	60.1	56.2	68.5	42.2	广东	41.0	42.8	39.0	33.0
湖南	58.7	54.7	61.1	61.6	辽宁	38.4	30.9	58.1	42.3
安徽	58.1	49.9	62.1	63.0	青海	38.1	38.7	38.9	28.1
贵州	56.0	59.1	55.7	34.0	新疆	29.3	36.1	22.7	12.9
吉林	54.7	55.2	54.8	3.2	江苏	15.9	13.4	18.8	5.7
河北	54.5	55.0	53.8	60.4	浙江	12.5	13.4	11.1	8.5
云南	53.4	53.9	53.0	55.9	福建	11.4	9.5	13.8	4.6
内蒙古	53.0	55.1	50.9	17.7	天津	10.4	6.1	20.2	16.3
宁夏	53.0	48.1	59.5	66.7	北京	0.8	0.9	0.0	0.0
江西	51.4	47.1	54.6	27.9	上海	0.2	0.2	0.5	1.9
山东	50.7	43.9	59.3	38.2					

　　中、西部地区普通高中超大班额比例总体偏高,分别达到 23.2% 和 24.2%,明显高于东部地区 8.1% 的比例,说明这些地区普通高中教育资源相对不足,增加教育资源供给、改善基本办学条件仍是这些地区的重要任务,其中县镇普通高中的办学条件改进的任务相对较重。要实现教育规划纲要提出的"逐步消除大班额现象"的目标,这些地方的各级政府还面临着严峻挑战。

表 1.12　2012 年全国及各区域普通高中超大班额比例城乡差异(%)

区域	总体	城市	县镇	农村
全国	17.4	13.2	21.8	12.1
东部	8.1	6.9	9.7	7.1

(续表)

区域	总体	城市	县镇	农村
中部	23.2	18.0	28.1	13.1
西部	24.2	20.1	27.5	17.3

分省来看,2012 年全国仍然有 11 个省份普通高中超大班额比例超过 20%,分别为河南、广西、四川、贵州、湖北、甘肃、陕西、重庆、湖南、河北、海南,河南高达 49.9%,广西也达到了 37.0%。

表 1.13   2012 年各省份普通高中超大班额比例(%)

省份	总体	城市	县镇	农村	省份	总体	城市	县镇	农村
河南	49.9	33.0	61.7	21.9	黑龙江	12.3	9.2	15.8	42.2
广西	37.0	33.1	40.5	16.1	西藏	12.3	10.5	6.5	28.1
四川	29.9	26.2	32.9	11.4	广东	12.2	11.8	13.9	6.2
贵州	28.0	29.4	28.2	11.6	吉林	11.4	10.5	13.8	0.0
湖北	27.9	26.3	32.0	15.4	辽宁	8.9	7.1	12.7	31.9
甘肃	26.1	19.7	29.9	17.4	山东	8.1	5.8	11.0	2.1
陕西	25.3	16.3	30.4	27.9	山西	7.5	6.6	8.7	4.4
重庆	22.6	13.1	31.6	22.4	青海	5.6	3.9	6.6	2.7
湖南	21.8	19.2	23.5	21.1	新疆	5.1	5.8	4.6	1.0
河北	21.6	22.0	20.8	29.4	江苏	2.5	1.0	4.1	0.0
海南	20.7	20.7	19.6	34.6	天津	1.5	1.1	2.6	0.0
云南	19.0	18.7	19.1	19.9	福建	0.5	0.1	0.8	0.7
宁夏	18.1	17.7	18.1	26.9	浙江	0.4	0.5	0.1	1.5
内蒙古	15.6	16.5	14.9	0.0	北京	0.2	0.2	0.0	0.0
江西	15.1	12.4	16.8	8.2	上海	0.0	0.0	0.0	0.0
安徽	13.1	10.9	14.7	9.2					

3. 中职专业招生结构

中职专业招生结构反映经济社会发展对技能人才需求的变化趋势,也是普及高中阶段教育进程中中职教育内涵发展的重要表现。2012 年中职专业招生规模与结构得到调整和优化，体育与健身、交通运输类专业招生增幅较大。

全国中等职业学校①招生 597 万人，比上年减少 52.9 万人，减少 8.1％，降幅较大。其中，能源与新能源类、农林类、加工制造类、信息技术类招生降幅较大，分别比上年减少 22.1％、15.7％、14.7％、14％。体育与健身、交通运输类、旅游服务类、教育类、休闲保健类招生有所增长，其中体育与健身、交通运输类增幅较大，分别比上年增长 10.6％、7.6％。

表 1.14   2012 年中等职业学校各类专业招生情况（单位:万人）

专业	2011 年	2012 年	比上年增长（％）
合计	650.0	596.9	−8.1
农林类	85.4	72.0	−15.7
资源环境类	4.9	4.8	−2.0
能源与新能源类	3.5	2.7	−22.9
土木水利类	24.7	22.5	−8.9
加工制造类	105.1	89.6	−14.7
石油化工类	4.6	4.2	−8.7
轻纺食品类	7.9	6.9	−12.7
交通运输类	39.8	42.8	7.5
信息技术类	121.9	104.8	−14.0
医药卫生类	53.0	51.3	−3.2
休闲保健类	3.1	3.2	3.2
财经商贸类	67.8	65.0	−4.1
旅游服务类	25.8	27.1	5.0
文化艺术类	30.1	27.7	−8.0
体育与健身	4.7	5.2	10.6
教育类	49.5	50.8	2.6
司法服务类	2.9	2.5	−13.8
公共管理与服务类	7.7	7.1	−7.8
其他类	7.6	6.7	−11.8

① 未包含技工学校相关数据。

中等职业学校各专业类中,交通运输类、教育类、旅游服务类、财经商贸类、医药卫生类等专业大类招生占总招生人数的比例比上年提高较多。其中,交通运输类所占比例达到 7.2%,比上年提高了 1.1 个百分点。信息技术类、加工制造类与农林类专业招生占总招生人数的比例下降较多。其中,2012 年信息技术类招生数下降较大,占比为 17.6%,比 2011 年减少 1.2 个百分点。

表 1.15　2012 年中等职业学校按专业大类招生所占比例变化情况

招生占比提高较多的专业		招生占比降低较多的专业	
专业大类	比上年增长(%)	专业大类	比上年下降(%)
交通运输类	1.1	信息技术类	−1.2
教育类	0.9	加工制造类	−1.2
旅游服务类	0.6	农林类	−1.1
财经商贸类	0.5	能源与新能源类	−0.1

三、高中阶段教育的教师队伍

数量充足、质量过硬的教师队伍是普及高中阶段教育、保障高中多样化发展、全面提高高中教育质量的关键要素。2012 年全国普通高中、中职教育的师资配置和专业水平有进一步提升,但是各省之间、省内地区之间有不平衡现象,特别是县镇和农村普通高中专任教师的高级职称比例、骨干比例相对较低。改变这种状况,需要地方政府在师资配置和专业发展等相关政策设计上予以重视。

1. 普通高中专任教师配置

2012 年全国普通高中专任教师总数为 159.5 万人,比上年增长 2.5%。其中,西部地区专任教师数比上年增长 4.9%,增幅最大;中部地区增长 1.7%;东部地区增长 1.5%。

表 1.16　2005—2012 年全国及各区域普通高中生师比情况

地区	2005	2006	2007	2008	2009	2010	2011	2012	2012 比 2005 年降低
全国	18.5	18.1	17.5	16.8	16.3	16.0	15.8	15.5	−3.0
东部	17.3	16.7	15.9	15.2	14.7	14.5	14.2	13.9	−3.4

（续表）

地区	2005	2006	2007	2008	2009	2010	2011	2012	2012 比 2005 年降低
中部	20.0	19.7	19.2	18.2	17.5	16.9	16.7	16.4	−3.6
西部	18.8	18.4	17.9	17.5	17.4	17.2	17.1	16.7	−2.1

2012 年全国普通高中生师比为 15.5：1，比"十五"末 18.5：1 的水平下降了 3。运用"生师比"这一衡量教师资源相对于在校生规模是否充足的指标分析，全国各区域普通高中专任教师配置尽管在不断改善，但与现行国家规定标准①仍有一定差距。西部地区普通高中生师比仍为最高，为 16.7：1；东部地区最低，为 13.9：1。与 2011 年相比，东部地区普通高中生师比降低 0.4，中部地区降低 0.3，西部地区降低 0.4。全国有 25 个省份普通高中专任教师数比上年有不同程度增加，其中，增幅在 5.0％以上的有贵州、海南、西藏、重庆、云南。另有湖南、河北、福建、湖北、青海 5 省有所下降。

表 1.17　2012 年分区域普通高中教师配置情况

地区	专任教师数（万人）			生师比		
	2011 年	2012 年	增长（%）	2011 年	2012 年	增减
全国	155.7	159.5	2.4	15.8	15.5	−0.3
东部	65.5	66.5	1.5	14.2	13.9	−0.3
中部	48.6	49.4	1.7	16.7	16.4	−0.3
西部	41.6	43.7	5.1	17.1	16.7	−0.4

2012 年我国普通高中专任教师学历合格率地区差距继续缩小，专任教师学历合格率（本科及以上学历教师比例）为 96.4％，比 2011 年提高 0.7 个百分点。各区域中，东部地区高中专任教师的学历合格率仍为最高，为 97.5％，中部地区为 96.0％，西部地区为 95.4％。与 2011 年相比，中部地区增长 0.9 个百分点，中部地区增长 0.8 个百分点，东部地区增长 0.5 个百分点。2012 年全国有 28 个省的普通高中专任教师学历合格率比上年有所提高，其中青海、湖南提高幅度在 1.5 个百分

---

① 2001 年中央编办、教育部、财政部《关于制定中小学教职工编制标准意见》规定，普通高中城市、县镇、农村的学生与教职工比例分别为 1：12.5、1：13、1：13.5。

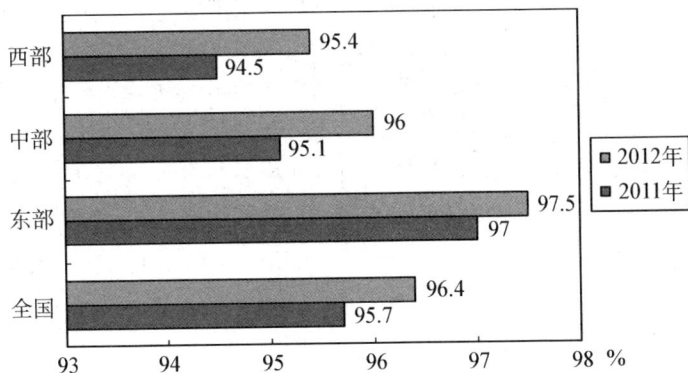

图 1.7 2012 年全国普通高中专任教师学历合格率变化

点以上。吉林、宁夏该指标则比上年略有下降。

"十五"以来,在学历水平提升的同时,全国普通高中专任教师职称结构也有了进一步改善。2012 年全国普通高中学校中,具有高级职称的专任教师比例达到了25.9%,东、中、西部普通高中学校中这一比例分别为 26.1%、26.8%和24.5%,各区域总体差距不大。

表 1.18 2005、2012 年全国及各区域分城乡普通高中具有高级职称教师的比例及变化

地区	2005 年				2012 年				2012 比 2005 增加(百分点)			
	合计	城市	县镇	农村	合计	城市	县镇	农村	合计	城市	县镇	农村
全国	19.3	26.7	15.8	11.0	25.9	30.3	22.1	18.2	6.6	3.6	6.4	7.2
东部	18.5	25.0	14.9	10.9	26.1	29.8	21.6	19.3	7.6	4.8	6.7	8.5
中部	21.2	28.9	17.9	11.8	26.8	31.3	23.8	17.7	5.6	2.3	5.9	6.0
西部	18.3	27.0	14.6	10.4	24.5	30.2	21.0	17.2	6.2	3.2	6.4	6.8

但是如果细分为城市、县镇和农村普通高中层面,具有高级职称教师的比例还存在着较大差异,县镇和农村普通高中专任教师的职称结构还相对较低。如全国城市普通高中学校中,具有高级职称的专任教师比例为 30.3%,县镇和农村分别为 22.1%和 18.2%,东、中、西部表现基本相同。这一状况表明,县镇和农村普通高中教师的专业素质与城市学校相比存在一定差距,需要各级地方政府从提高高中阶段教育质量的高度,对提高农村、县镇普通高中教师整体素质予以高度重视。

表 1.19　2005、2012 年各省普通高中具有高级职称教师的百分比及变化

省份	2005 年	2012 年	2012 年比2005 年提高（百分点）	省份	2005 年	2012 年	2012 年比2005 年提高（百分点）
青海	14.7	34.8	20.1	新疆	22.3	27.7	5.4
内蒙古	20.7	33.6	12.9	湖北	25.0	30.1	5.1
江苏	18.4	30.4	12.0	安徽	23.3	28.3	5.0
天津	27.0	37.6	10.7	山东	16.3	21.2	4.8
浙江	19.1	29.7	10.6	陕西	16.7	21.5	4.8
江西	24.4	34.6	10.1	广西	15.3	20.1	4.8
北京	24.8	34.9	10.0	重庆	16.5	21.2	4.7
福建	18.1	27.6	9.5	河南	16.6	21.3	4.7
湖南	19.8	28.5	8.8	吉林	22.6	26.7	4.1
云南	18.7	27.2	8.5	西藏	5.7	9.6	4.0
辽宁	29.0	37.0	8.1	甘肃	13.4	17.1	3.8
四川	20.2	28.2	8.0	宁夏	25.0	28.7	3.6
上海	25.0	32.6	7.5	山西	15.6	18.5	2.8
河北	14.7	21.6	6.9	海南	24.1	25.8	1.7
黑龙江	25.9	32.2	6.3	贵州	19.7	21.4	1.7
广东	15.2	20.7	5.5				

2. 普通高中教师专业发展

　　各地为普通高中专任教师创造多种形式的培训活动。统计显示,2012 年全国普通高中专任教师共接受培训 540.4 万人次,专任教师人均接受培训 3.4 次。分区域看,东部地区普通高中专任教师共接受培训 272.3 万人次,人均接受培训 4.1 次;中部地区普通高中专任教师共接受培训 111.2 万人次,人均接受培训 2.3 次。西部地区普通高中专任教师共接受培训 156.8 万人次,人均接受培训 3.6 次。

表 1.20　2012 年全国普通高中专任教师接受培训情况

地区	总人次数（万人次）			人均次数（次）		
	2011 年	2012 年	增长（%）	2011 年	2012 年	提高
全国	463.5	540.4	16.6	3.0	3.4	0.4
东部	226.1	272.3	20.4	3.5	4.1	0.6
中部	104.0	111.2	7.0	2.1	2.3	0.1
西部	133.4	156.8	17.6	3.2	3.6	0.4

2012 年在全国普通高中专任教师培训活动中，校级培训占 56.5%，然后分别为县级 18.1%、地市级 14.0%、省级 9.5%、国家级 1.9%。其中地方组织的各级培训中，校级培训比例最高的是东部地区，为 57.5%；县级培训比例最高的是东部地区，为 19.9%；地市级培训和省级培训比例最高的是西部地区，分别为 16.1 和 11.3。在接受国家组织的培训方面，比例最高是西部地区 3.2%，中部地区为 2.7%，东部地区则只有 0.9%。

2012 年普通高中县级及以上骨干教师比例进一步提高，为提高普通高中教育质量创造了条件。2012 年，全国普通高中共有骨干教师 32.2 万人，占普通高中专任教师总数的 20.2%，比上一年提高了 3 个百分点。东、中、西部地区之间普通高中骨干教师总体比例差距并不明显，但与上年相比变化程度不同。东部地区普通

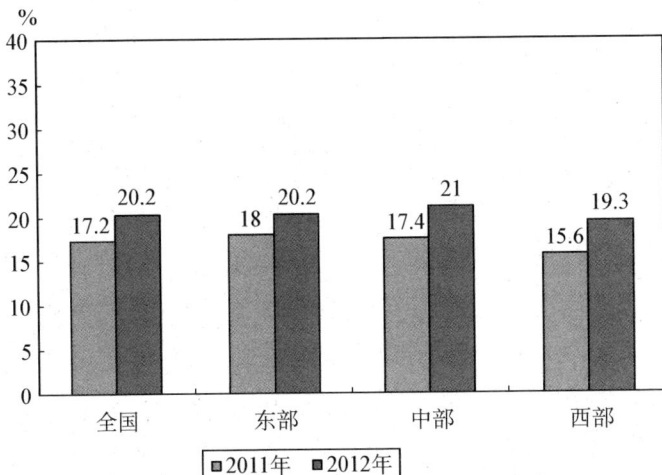

图 1.8　2012 年全国普通高中县级及以上骨干教师比例变化

高中骨干教师所占比例为 20.2％,中部地区为 21.0％,西部地区为 19.3％。与上一年相比,西部地区普通高中县级及以上骨干教师比例提高幅度最大,提高了 3.7个百分点。

各区域农村普通高中学校中县级以上骨干教师所占比例比上一年有明显提高,东部地区该比例已超过城区和县镇的水平,达到 27.5％,中部、西部地区农村普通高中学校中县级以上骨干教师所占比例分别为 17.7％和 16.3％。值得注意的是,中、西部地区普通高中县级以上骨干教师所占比例在城乡之间有一定差距,西部地区城区为 20.6％,而农村为 16.3％。中部地区城区为 21.7％,农村为 17.7％。

表 1.21　2012 年各区域普通高中分城乡县级及以上骨干教师比例(％)

地区	合计		城区		县镇		农村	
	2011 年	2012 年	2011 年	2012 年	2011 年	2012 年	2011 年	2012 年
全国	17.2	20.2	18.2	20.7	16.6	19.7	12.5	21.0
东部	18.0	20.2	19.1	20.2	16.9	19.7	13.8	27.5
中部	17.4	21.0	17.8	21.7	17.6	20.7	12.1	17.7
西部	15.6	19.3	16.6	20.6	15.3	18.6	11.1	16.3

2012 年,吉林、广西、山东、福建、黑龙江、内蒙古、江苏、河南、四川、湖北、北京、陕西、浙江等省普通高中县级及以上骨干教师所占比例超过了 20％,而海南普通高中县级及以上骨干教师所占比例还低于 10％。

表 1.22　2012 年各省份普通高中分城乡县级及以上骨干教师比例(％)

省份	合计	城区	县镇	农村	省份	合计	城区	县镇	农村
吉林	30.5	29.9	32.6	9.7	云南	18.8	30.9	13.1	14.9
广西	28.3	26.2	30.4	11.5	宁夏	18.8	15.6	24.8	7.6
山东	28.2	28.3	28.0	29.7	甘肃	17.6	19.8	17.0	10.6
福建	25.6	21.2	22.6	72.7	安徽	16.7	18.4	16.0	14.3
黑龙江	24.9	23.5	27.3	20.5	河北	16.1	14.2	17.6	13.8
内蒙古	24.9	24.9	25.1	5.0	天津	15.4	17.0	11.7	12.1
江苏	23.6	27.0	19.9	19.1	江西	15.3	17.5	13.9	20.4

（续表）

省份	合计	城区	县镇	农村	省份	合计	城区	县镇	农村
山西	22.3	21.5	22.7	23.4	辽宁	15.2	14.9	16.0	11.7
河南	22.2	20.7	23.6	9.8	广东	15.2	16.4	12.8	16.1
四川	22.0	23.6	20.8	25.4	新疆	14.5	15.1	13.3	20.1
湖北	21.9	23.5	20.6	14.9	上海	14.4	14.7	12.8	11.4
北京	21.4	22.4	13.6	21.1	青海	14.1	7.9	16.3	20.8
陕西	20.8	18.4	22.1	22.7	贵州	11.7	13.2	11.1	9.6
浙江	20.8	20.4	21.9	15.0	重庆	11.5	13.2	9.8	9.4
西藏	19.7	35.3	13.8	8.7	海南	9.3	9.9	8.2	11.5
湖南	19.3	18.2	19.7	23.0					

3. 中等职业学校教师配置

全国中等职业学校[①]专任教师为 68.4 万人，比 2011 年减少 5 292 多人，降幅为 0.8%。中部地区下降最为明显，降幅为 1.3%；中部降低 1.1%；西部地区专任教师数略有增加，增幅为 0.5%。

中等职业学校在校生规模达到 1 689.9 万人，比上年减少 85 万人，降幅为 5.3%，中等职业学校生师比下降到 24.7∶1，比上年下降了 1，但与教育部《中等职业学校设置标准》规定的 20∶1 仍有较大差距。

分区域看，西部地区生师比最高，为 28.6∶1，中部、东部相对较低，分别为 23.7∶1、23.1∶1。东部地区的天津、辽宁、浙江、上海和中部地区的吉林、黑龙江、山西 7 个省中职学校生师比低于 20∶1。

2012 年，全国有 9 个省份中职学校生师比超过 30∶1，分别为东部的福建、广东、海南；中部的江西；西部的广西、宁夏、四川、青海、贵州。

2012 年中职学校双师型教师比例进一步提高，但仍处于较低水平。全国双师型教师比例为 25.2%，对照《中等职业学校设置标准》提出的双师型教师不低于 30% 的标准，仍存在很大差距。东、中、西部地区这一比例分别为 28.2%、22.6% 和 23.6%，分别比上年提高 1.6 个、1.5 个和 1.2 个百分点。天津、江苏、广东、浙江、安徽、宁夏、青海、广西 8 个省份这一比例已超过 30%，但东部的河北，中部的山西、

---

① 不含技工学校相关数据。

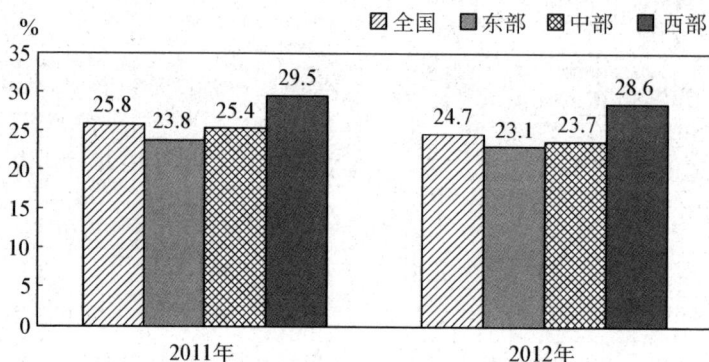

图1.9 2011—2012 年全国及分区域中职学校生师比

表1.23 2012 年中职学校"双师型"教师比例的地区分布

分档	东部	中部	西部
>30%	天津、江苏、广东、浙江	安徽	宁夏、青海、广西
>25%且≤30%	北京、山东、福建、	湖南	贵州、四川
>20%且≤25%	海南、辽宁、上海	吉林、湖北	重庆、新疆
>15%且≤20%	河北	江西、黑龙江、河南	甘肃、内蒙古、云南、陕西
≤15%		山西	西藏

江西、黑龙江、河南,西部的西藏、甘肃、内蒙古、云南、陕西等 10 个省份低于 20%。

2012 年,民办中等职业学校生师比为 27.3:1,比上年有所降低。其中西部地区高达 33:1。本科及以上学历教师比例达到 72.5%,比上年提高 1.9 个百分点;双师型教师占专任教师的比例为 21.3%,比上年提高 0.9 个百分点;生均仪器设备值达到 3 009 元,比上年增加 432 元,增长 16.8%。

表1.24 2011—2012 年民办中等职业教育专任教师配置水平变化

地区	生师比		本科及以上学历教师比例(%)		双师型教师占专任教师比例(%)		生均仪器设备值(元)	
	2011	2012	2011	2012	2011	2012	2011	2012
全国	28.2	27.3	70.7	72.5	20.5	21.3	2 577	3 009
东部	27.1	26.1	72.4	73.5	19.5	20.7	2 710	3 330

（续表）

地区	生师比		本科及以上学历教师比例		双师型教师占专任教师比例		生均仪器设备值（元）	
	2011	2012	2011	2012	2011	2012	2011	2012
中部	25.7	24.1	72.4	75.2	21.3	21.6	2 954	3 418
西部	32.9	33.0	66.4	68.0	20.4	21.7	2 051	2 344

四、高中阶段教育的办学条件

2012 年，随着国家连片特困地区和民族地区普通高中基础设施建设、中等职业学校等项目的实施，以及加快发展面向农村的职业教育各项政策措施的出台，中、西部高中学校办学条件得到了改善。值得注意的是，各地在普及高中阶段教育进程中，应对普通高中办学条件达标和缩小校际差异予以高度重视。

1. 普通高中校舍、设备条件

2012 年全国普通高中生均校舍建筑面积为 17.1 平方米，比 2011 年增加 0.5 平方米。东部地区普通高中生均校舍建筑面积比上年增加 0.7 平方米；中部地区增加 0.6 平方米；西部地区比上年增加 0.3 平方米。分省看，西藏、北京、青海、湖北、江苏、浙江、天津、福建均比上年增加 1 平方米以上。宁夏、云南、贵州、山东等省因在校生增幅较大故生均校舍面积有所降低。

表 1.25　2012 年全国普通高中生均校舍建筑面积变化（单位：平方米）

地区	2011 年	2012 年	比上年增减
全国	16.6	17.1	0.5
东部	19.3	20.0	0.7
中部	15.3	15.8	0.6
西部	14.7	15.0	0.3

普通高中仪器设备配置水平有所提高，东部地区增幅较大。2012 年全国普通高中生均仪器设备值达到 2 126.4 元，比 2011 年增长 8.8％。由于在校生规模降幅较大等原因，东部地区比上年提高 14.1％，达到 3 077.6 元，而中西部和东部地区生均仪器设备值仍有较大差距。其中，中部地区为 1 493.1 元，西部地区为 1 623.2 元。

　　陕西、湖北、甘肃等省份普通高中生均仪器设备值比上年有不同程度下降,其他省份普通高中生均仪器设备值均有不同程度提高,其中青海、北京、四川、云南的增幅超过了20%,特别是云南在在校生规模增幅较大情况下仍实现了仪器设备配置水平的进一步提高。

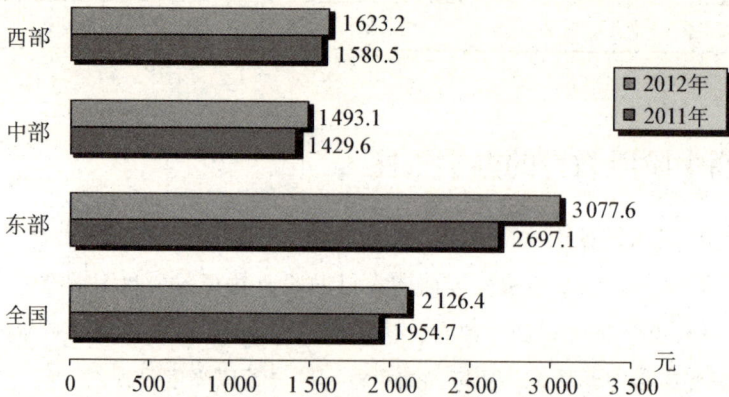

图 1.10　2012 年普通高中生均仪器设备值变化

　　2012 年各省普通高中教学仪器设备配置总体水平仍存在较大差异,部分省份省内城乡之间也有不小差距。例如,河南、贵州、广西、甘肃、吉林、江西、河北、安徽8 个省区该值在 1 500 元以下,河南为 843 元。此外,河南、贵州、广西、云南、甘肃的县镇普通高中该值低于 1 000 元,宁夏、青海、河南、广西的农村普通高中该值低于1 000元,宁夏仅为 115 元。缩小办学仪器设备条件的区域差距,需要加大省以下有关地方政府对普通高中办学条件标准执行和统筹管理的力度。

表 1.26　2012 年各省普通高中分城乡生均仪器设备值水平(单位:元)

省份	总体	城市	县镇	农村	省份	总体	城市	县镇	农村
北京	17 157	18 274	9 352	12 466	广东	2 906	3 353	2 194	2 657
上海	13 235	13 896	6 557	38 755	海南	2 439	2 960	1 486	4 774
江苏	3 694	5 007	2 422	2 812	青海	2 300	3 212	2 099	541
天津	3 355	4 175	1 961	653	湖南	2 139	2 724	1 817	1 765
浙江	3 232	3 710	2 748	2 439	西藏	2 039	2 114	1 004	4 040
福建	2 938	3 439	2 422	3 925	辽宁	2 035	2 302	1 307	4 172

（续表）

省份	总体	城市	县镇	农村	省份	总体	城市	县镇	农村
山西	1 923	2 496	1 359	2 575	云南	1 545	2 603	940	2 480
宁夏	1 920	2 202	1 643	115	安徽	1 423	1 551	1 367	1 301
四川	1 885	2 333	1 581	2 600	河北	1 421	1 804	1 161	1 158
山东	1 870	2 193	1 492	2 131	江西	1 410	1 957	1 122	1 566
陕西	1 833	2 850	1 284	1 702	吉林	1 354	1 497	1 010	1 858
内蒙古	1 829	2 196	1 389	1 912	甘肃	1 269	1 964	951	1 267
新疆	1 808	2 024	1 362	3 712	广西	1 244	1 774	889	607
湖北	1 765	1 880	1 531	2 377	贵州	1 124	1 820	789	1 394
黑龙江	1 748	1 907	1 527	1 689	河南	843	1 117	694	543
重庆	1 717	2 208	1 328	1 234					

2. 普通高中教育信息化条件

2012 年全国普通高中建网学校比例为 80.3%，缩小区域和城乡之间普通高中信息化条件差距的任务仍然艰巨。东部地区建网学校比例达到 91.2%，西部地区为 71.5%。城乡之间差距则更大，全国城市普通高中建网学校比例达到 87.6%，农村建网学校比例仅为 64.2%，西部地区城市普通高中建网学校比例达到 81.2%，农村普通高中建网学校比例仅为 49.0%。

表 1.27　2005、2012 年全国普通高中建网学校比例变化（单位：%）

地区	2005 年				2012 年				2012 比 2005 提高（百分点）			
	合计	城市	县镇	农村	合计	城市	县镇	农村	合计	城市	县镇	农村
全国	59.8	71.2	55.6	41.7	80.3	87.6	74.8	64.2	20.5	16.4	19.2	22.6
东部	72.5	81.1	68.4	56.5	91.2	94.3	87.8	79.9	18.7	13.2	19.5	23.4
中部	55.5	66.2	52.6	37.3	75.8	82.7	71.0	65.4	20.3	16.5	18.4	28.2
西部	47.9	61.9	42.5	34.0	71.5	81.2	67.0	49.0	23.6	19.3	24.5	15.0

建网学校比例低于 60% 的省份还有新疆、西藏，分别为 44% 和 46.7%。与

2011 年相比,甘肃、吉林、江西、海南建网学校比例有所下降,其他省份均有所提高。

表1.28 2012 年全国普通高中建网学校比例变化(单位:%)

地区	2011 年	2012 年	比上年增减
全国	77.6	80.3	2.7
东部	89.0	91.2	2.2
中部	72.9	75.8	2.9
西部	68.2	71.5	3.3

2012 年全国普通高中每百名学生拥有教学用计算机台数为 11.8 台,其中,东部地区为 15.8 台,比上年增加 1.4 台;中部地区为 8.9 台,比上年增加 0.4 台;西部地区为 9.8 台,比上年增加 0.5 台。但是省际间差距仍较大,北京高达 66.3 台,河南仅为 6.2 台。与上年相比,甘肃、宁夏有不同程度下降。

表1.29 2012 年分区域普通高中就计算机配置水平与变化

地区	每百名学生教学用计算机数(台)			每百名学生多媒体教室座位数(个)		
	2011 年	2012 年	增减	2011 年	2012 年	增减
全国	11.0	11.8	0.8	36.9	44.0	7.1
东部	14.5	15.8	1.3	53.6	66.1	12.5
中部	8.5	8.9	0.4	24.2	27.3	3.1
西部	9.2	9.8	0.6	29.6	34.6	5.0

2012 年全国普通高中每百名学生拥有多媒体教室座位数为 44.0 个,比 2011 年增加 7.1 个。分区域看,东部地区最高,为 66.1 个;中部地区仍为最低,为 27.3 个;西部地区为 34.6 个。每百名学生拥有多媒体教室座位数低于 20 个的省份有西藏、黑龙江、内蒙古、吉林。另有内蒙古、湖南、黑龙江、青海 4 省该指标比上年有不同程度下降。

3. 中职学校校舍、设施条件

由于全国中等职业教育招生规模略有下降,2012 年中等职业学校生均校舍建筑面积比上年提高 1.1 平方米,增幅为 8.7%。东、中、西部地区比上年分别提高 0.9 平方米、1.5 平方米、0.7 平方米,其中,中部地区增幅最大,为 11.5%。

表 1.30　2012 年分区域中等职业学校生均校舍建筑面积变化(单位:平方米)

地区	2011 年	2012 年	比上年增长(%)
全国	12.7	13.8	8.7
东部	13.5	14.4	6.7
中部	13.0	14.5	11.5
西部	11.4	12.1	6.1

2012 年有 29 个省份中等职业学校生均校舍建筑面积比上年有所增加,其中吉林、辽宁、内蒙古、青海、湖北均增加 2 平方米以上。北京、上海、江西 3 个省份中等职业学校生均校舍建筑面积比上年有所减少。

表 1.31　2012 年各区域中等职业学校生均校舍建筑面积(单位:平方米)

分档	东部	中部	西部
平均	14.4	14.5	12.1
>20	天津		
15—20	山东、辽宁、浙江、上海、江苏	湖南、吉林、湖北	重庆、新疆
10—15	福建、广东、河北、海南、北京	黑龙江、河南、江西、山西、安徽	贵州、广西、云南、四川、宁夏、青海、陕西、甘肃、内蒙古、西藏

全国中职学校生均仪器设备配置水平明显提高,但地区差距仍较大。2012 年中等职业学校①生均仪器设备值为 3 065 元,比 2011 年增加 469 元,增幅为 18%。分区域看,东部地区平均为 3 818 元,中部地区为 2 672 元,西部地区为 2 478 元,均比上年有所增加。其中,中、西部地区增长较为明显,增幅分别为 22.7%、22.6%。虽然中、西部地区中等职业学校这一指标增长明显,但仅为东部的 70%、65%,区域差距仍较明显。

---

① 未包含技工学校相关数据。

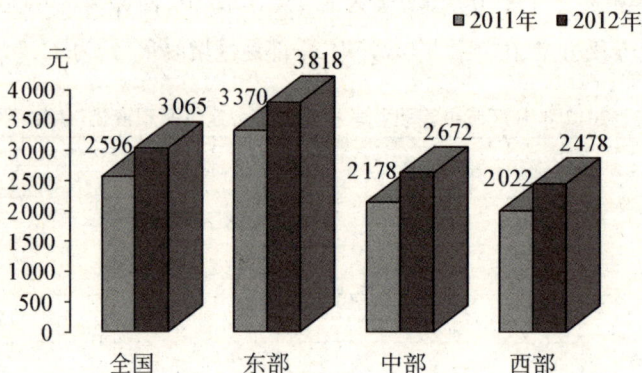

■2011年 ■2012年

图1.11 2011—2012年分区域中等职业学校生均仪器设备值

除北京、西藏外,29个省份中等职业学校生均仪器设备值均比上年有所提高,其中河南、重庆、新疆、青海、陕西、宁夏、湖北、内蒙古8个省份增幅超过20%。

表1.32 2012年分区域中等职业学校生均仪器设备值情况

分档	东部	中部	西部
>3 065元	辽宁、江苏、浙江、天津、北京、上海、山东	吉林、湖北	重庆、内蒙古、新疆
2 500—3 065元	福建、广东	黑龙江、湖南、安徽	宁夏、广西、甘肃、陕西、青海
<2 500元	河北、海南	河南、山西、江西	西藏、云南、四川、贵州

4. 中职学校教育信息化条件

2012年全国中职学校每百名学生拥有教学计算机15台,比2011年增长1.1台。分区域看,西部地区增幅最大,增加了1.4台,中部地区增加了1.2台,东部地区增加了1.1台。

2012年全国除北京、天津、安徽3省份外,其余28个省份中职学校每百名学生拥有教学用计算机台数均有不同程度增加,其中江苏、内蒙古、浙江、湖北4省均增加2台以上。该指标也呈现了较大的省际差距,上海、天津、北京、浙江、辽宁、江苏、湖北等省份每百名学生拥有教学用计算机台数超过了20台,而西藏、青海、宁夏、安徽不足11台。

■2011年　■2012年

台
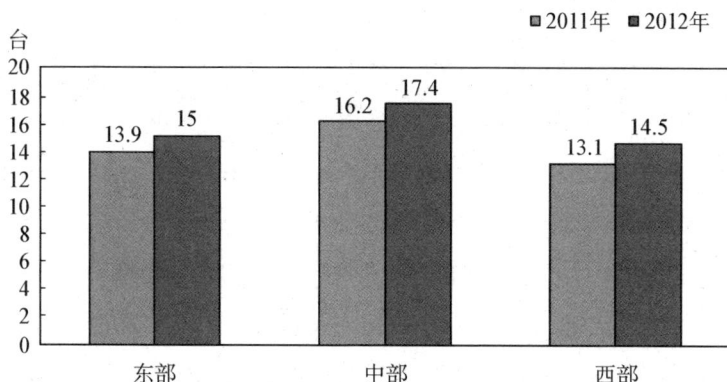

图1.12　2011—2012年中等职业学校每百名学生教学用计算机台数

表1.33　2012年各区域中等职业学校每百名学生拥有教学计算机台数(单位:台)

分档	东部	中部	西部
平均	17.4	14.5	12.4
＞30	上海		
＞20且≤30	天津、北京、浙江、辽宁、江苏	湖北	
＞10且≤20	广东、河北、山东、福建、海南	湖南、河南、山西、安徽、江西、黑龙江、吉林	重庆、甘肃、内蒙古、陕西、贵州、云南、新疆、广西、四川、宁夏、青海
≤10			西藏

全国中等职业学校每百名学生拥有网络信息点数①增加明显,但地区差距大。2012年,每百名学生拥有网络信息点数为9.4个,比2011年增加1.9个。分区域看,东部地区最多,为13.2个,其次为西部地区,为8.2个,中部地区最少,仅为5.8个。与上年相比,东部、中部、西部地区分别增加2.3个、0.8个、2.4个。

表1.34　2011—2012年分区域中等职业学校每百名学生拥有网络信息点数(单位:个)

地区	2011年	2012年	比上年增减
全国	7.5	9.4	1.9
东部	10.9	13.2	2.3

① 指可用于联网的可用网络端口数量,包括教学办公区域和学校管理范围的教工、学生宿舍区域。

（续表）

地区	2011 年	2012 年	比上年增减
中部	5.0	5.8	0.8
西部	5.8	8.2	2.4

东部地区全国中等职业学校每百名学生拥有多媒体座位数较多,中部地区增加较快。2012年,每百名学生拥有多媒体座位数为24.4个,比上年增加3.9个。分区域看,东部地区最高,为32.2个,其次为中部地区,为20.3个,西部地区最少,仅为18.5个。与上年相比,东部地区增长较快,增加5个,中部、西部地区分别增加3.5个、2.9个。

表 1.35　2011—2012 年分区域中职学校每百名学生拥有多媒体座位数(单位:个)

地区	2011 年	2012 年	比上年增减
全国	20.5	24.4	3.9
东部	27.2	32.2	5.0
中部	16.8	20.3	3.5
西部	15.6	18.5	2.9

第二章
普通高中教育发展的社会舆情

■ 本章要点

本年度社会和学界对高中教育改革与发展的关注是多方位的,在学界聚焦普通高中教育性质与目标的同时,各方对普通高中学校的多样化发展、课程改革以及高中学业水平考试与高考制度改革等都有广泛的探讨。

总体来说,本年度有关普通高中教育的社会舆情表现出四大特点:

- 持续关注普通高中教育的定位问题,主要围绕高中教育发展的价值取向、功能定位以及抉择依据三方面展开讨论。

- 深度讨论高中课程改革问题,强调课程目标应重视学生的共性与个性、课程内容应发展多元化的类型、配套措施应进一步完善并落实。与此同时,也涌现了一些典型学校,如山东聊城二中开设丰富多彩的校本课程,努力创设基于学生发展的课程体系,北师大二附中形成了"班班有特色,人人有所长"的多元课程局面。

- 理论与实践结合探索普通高中多样化发展。在理论层面,丰富了多样化发展的内涵,推进了对多样化发展困境的认识,探索了普通高中多样化的推行策略;在实践层面,普通高中多样化发展已呈现出区域特点。

- 全方位讨论高中考试与招生问题。如,明确了招生与考试的性质与定位,介绍了关于普通高中招生考试制度的公众期待与政府政策,并由此分析了招生与考试制度的现存问题与改进建议、现实状况与未来走向。

2013年,高中教育尤其是普通高中教育的发展仍然受到了广泛的关注,对普通高中教育发展与改革的研究不断增多。尤其是,在2012年媒体就普通高中教育发展定位进行专题讨论以后,本年度对这一问题的讨论得到了继续,而且提出了更多的思考、观点和建议。社会和学界对高中教育改革与发展的关注是全方位的,在学界聚焦高中教育尤其是普通高中教育性质与目标的同时,各方对普通高中教育的课程改革、普通高中学校的多样化发展以及高中学业水平考试与高考制度改革等都有各自的看法和认识。

本章将就有关普通高中教育改革与发展的一些研究成果进行综述,以梳理出普通高中教育改革与发展的社会舆情,由此期待更多有助于普通高中教育改革与发展的积极环境形成。

一、普通高中教育发展的方向

在教育体系中,高中教育处于下连九年义务教育、上接高等教育的关键位置,其性质和价值定位异常复杂。因此,其定位不仅关系到高中自身的发展状况,也关乎整个国民教育体系的健康发展。

近年来,在我国义务教育全面普及和高等教育大众化的趋势下,如何重新定位高中教育,也引起了广泛的讨论。在2012年讨论的基础上,2013年学界和媒体对这一问题仍予以了关注,围绕高中教育发展的价值取向、功能定位以及抉择依据等三方面而展开。

1. 价值取向:精英教育抑或大众教育

在关于高中教育发展的方向选择上,有学者从价值取向的角度,系统梳理出了有关高中教育发展的不同选择内容,即从教育史上高中教育发展的不同价值取向及其各种流派的观点中,分析高中教育发展方向究竟是偏重"精英"还是"大众"。

经济取向的高中教育追求,可以分为两个派别:效率派和劳动力派。其中,效率派主张高中阶段应当实施精英教育以便节省有限的教育资源,尽快培养出国家需要的人才。劳动力派则从经济发展对劳动力素质要求的角度思考高中阶段教育问题,其中又分两派:一派认为存在劳动种类的等级,这种等级必须与学校的等级相联系,因此高级中学和高等学校应以培养精英为己任;另一派反对精英教育的价值追求,认为中等教育应以劳动力素质的整体提升为目标。

政治取向的高中教育追求,强调对政治的"迎合",根据其政治倾向,又可分为"贵族派"、"民主派"和"公民派"。其中,贵族派明确支持精英教育的价值取向,认为他们的子女才是未来的人才,而大众教育只会让下层不满于现状,从而对社会稳定构成威胁。民主派则提出中等教育应旨在促进政治民主平等,关注弱势群体的教育问题,但并非完全排斥精英教育。"公民派"则偏重"大众"一端,认为高中教育的核心任务是培养公民,培养民众的公民意识、社会责任感和参与民主能力,无论儿童资质如何,都应成为合格的公民。

教育取向的高中教育追求,可分为从理论出发的"理念派"和从实际出发的"实践派"。"精英"抑或"大众"的价值取向常在两派之间进行摇摆。基于这些价值取向,有论者认为我国高中教育的价值取向应超越精英与大众之争,在整合经济、政治和教育取向的基础上探寻自己的发展之路。

很显然,这些不同的价值取向影响了高中教育发展的方向。但是,无论怎样,在当下的中国高中教育发展过程中,不论是普通高中教育还是中等职业教育,都不可能明确地宣称,是精英取向或者大众取向。两者的兼顾、两者的平衡、两者的融合,或许才是我国高中教育发展的价值追求所在。

2. 功能定位:基础教育还是大学预科

随着高中阶段教育的普及,以及普通教育与职业教育之间衔接贯通的实现,在终身教育思想指导下与学习型社会建设中,高中教育显然不再是终结性的教育,包括中等职业教育在内。从普通高中教育来看,其发展方向的多种可能性也都将存在。

2013年,学者们就普通高中教育的功能定位进行了三方面的深入讨论,即围绕"基础教育"、"大学预科"、"基础+选择"观点而阐述。

(1)高中教育具有大学预科性质,是高等教育的预备。

近年来高中毕业生上大学的比例已经达到70%,有些地区甚至更高。基于此,高中教育应走向新的定位,即为高中学生接受高等教育做准备。这与提高学生综合素质的功能并不矛盾,体现了高中教育普及中的多样化和主要矛盾,满足了提高国民素质与培养创新人才的需要,也符合教育规律。这种定位方式将是中国教育改革与发展的突破口,应鼓励部分高中学校,特别是发达省区和城市的学校向此转型。

(2)高中教育作为基础教育的重要阶段,不能简单地用"大学预备教育"来定位。

高中教育是基础教育中一个独立的阶段，其功能应该是提高学生的综合素质。将高中教育定位为基础教育有三方面的原因：首先，高中是人生发展的转型期，是学生个性形成、自主发展的关键期，是学生生活的一部分，而不是服务于某一既定目的的工具。高中教育具有"准定向性"，促进学生有个性地发展是高中教育最为本质的特征。其次，把普通高中教育定位为大学预科教育会加剧高中教育的应试倾向，过度强化升学教育。再次，高中教育的基础教育功能是高中教育普及、重心下移的应然要求与必然结果。

（3）高中教育具有综合性质，既具有基础普及的性质又具有预备选择的性质。

"基础普及"以区分高中教育与高等教育的不同，"预备选择"以凸显高中学段与义务教育阶段的差别。这一阶段的教育具有三个特点：第一，学生分化，价值观、人生观逐渐形成，自我意识日趋明显，人生理想逐步定向，初步的生涯规划开始产生。它也是人的思维能力、创新能力、实践能力的重要发展阶段。第二，学习分流，义务教育之后经过中考，根据成绩等评价进行分流，进入不同层次的学校，这是学生在人生中第一次经历明确的差异划分，将明确接受不同质量的教育。第三，学校分类，有普通高中和重点高中、实验性示范性高中、综合高中等，学校文化和师资校舍各具特点。

依据这一性质，高中教育的任务有三：一是完成普通教育，培养学生综合素养能力。二是造就健全国民，为人生而非大学做准备。三是帮助学生完成初次选择。

（4）普通高中教育性质定位应该是"基础教育"还是"大学预科"的争论实际上是重视普通高中教育工具价值还是内在价值的结果。

"大学预科"说的合理之处在于重视了普通高中教育的工具价值之一，即大学准备功能，但其潜在危险是容易陷入工具主义泥淖；"基础＋选择"观的合理之处在于重申了普通高中教育的内在价值，但其缺憾是对工具价值重视不够。实际上普通高中教育应该使内在价值与工具价值相互作用、相互依存，彼此间动态转化、融为一体。以工具价值和内在价值的统一对普通高中教育重新定位，是普通高中教育改革与发展的价值基础。

3. 抉择依据：外部因素与内部要求

（1）外部因素

普通高中教育的定位是一个十分复杂的问题，它与学生的发展需求、社会经济的发展水平、高等教育的发展规模和教育思想的演进等多种因素相关联。由此,有学者概括出了影响普通高中教育性质定位的四大因素:

① 普通高中教育必须关注孩子们的发展需求,既考虑学生的共同需求又考虑学生的个性化需求。

② 社会经济发展水平对一般劳动力知识文化程度的要求及其变化在很大程度上影响着高中教育的形态,高中教育定位必须与社会经济发展水平相符合。

③ 高等教育的发展规模在某种程度上影响和制约着高中教育的性质定位。一方面,高等教育的发展会带动高中教育的发展,促使高中教育发展规模的扩大,有利于高中教育的大众化发展;另一方面,高等教育的发展规模直接影响着高中毕业生的"升学率",而升学率的高低也必然会对高中教育的发展方向产生影响。因此,思考有关普通高中定位问题时,必须对一定历史时期高等教育的发展规模作具体的考察和分析。

④ 教育民主化和终身教育两大思想影响着我们对于高中教育的认识。教育民主化要求处境不利群体获得均等的教育机会,关注学生的个性特长,从质量上考虑教育民主。终身教育思想要求重视高中教育内在的"育人"价值,真正考虑人的发展,从而使升学、就业和育人三者达至统一和融合。

(2)内部要求

思考高中教育的定位问题必须确立定位的目的和依据。以上介绍了外部因素的影响,但同时,也必须意识到内部要求,也就是高中教育中学生的立场。只有回到人的存在,并关注人本身的成长与健康发展,高中教育的定位才能正本清源。

由此,有学者围绕"育人"这一核心,提出普通高中教育定位问题应置于"教育—人—社会"这一整全视角下进行检视和澄清。首先,在教育维度上,普通高中教育是一种教育形态,而所有教育形态的合理性都在于使人成为人,促使现实的人成为理想的人,是为了人的精神生命的再生产。回到教育原点——人自身去思考普通高中教育的定位问题,方能抓住根本。

其次,在人的维度上,既然普通高中教育的目的在于"育人",那么要想准确定位普通高中教育,就需要研究人的发展,明确普通高中教育与人的发展之间的密切联系。

再次,从社会维度上看,普通高中教育作为社会网络系统一个纽结,势必受一定社会的政治、经济、文化发展的制约。但是,它并不能一味地适应社会的发展,而应当重视其通过人的培养引领社会发展的功能。

二、普通高中课程改革的实践

2013 年,公众对普通高中课程改革的关注与研究稳中有升,基于中国知网 (CNKI)中的"期刊"、"特色期刊"、"学术期刊"、"报纸"、"博硕士论文"、"会议论文(国内外)"八个数据库的检索,发现研究和舆论对普通高中课程改革给予了较高关注,如以"高中+课程改革"为主题的期刊、博硕士论文、报纸、会议论文分别有 871 篇、908 篇、3 篇、50 篇。它们就我国普通高中课程改革的诸多内容进行探讨,这里从课程目标、课程内容、配套措施以及典型案例等四个方面予以介绍。

1. 课程目标的共性与个性

2003 年教育部开始启动普通高中新课程改革,至今已有 10 年。根据世界各国课程改革规律,以及我国教育实践界对课程改革的呼声与需求,教育部正在启动普通高中课程方案和课程标准的修订工作。在这种背景下,普通高中教育课程目标定位或者说价值取向,再次引发讨论与争议。这类似于前文介绍的有关普通高中教育发展方向的思考。

(1)基础性与普遍性的统一

有论者认为,高中课程的主要问题在于基本价值观、基本的公民素质和科学素养培养方面的缺失。因此,普通高中课程定位应该在强调基础性与普遍性、发展学生的批判能力的基础上考虑选择性与多样性。只有对一致性有了了解,才会去发现差异性和多样性。

多样性的前提是共同的基础。普通高中课程首先必须要解决人与普遍性的关系。高中阶段让学生任意选择确定具体的发展方向,是不负责任的,因为这会限制将来选择的机动性。高中阶段要根据学生的爱好和特长对他们的选择进行引导,而不是过多地强调自由选择。

(2)学生自由的个性发展

高中课程改革定位应少一些主义,多一些教育性立意;明晰高中课程共同价值与个性选择之间的内在关系;实现学科、社会与生活的整合;课程需要更多地关注学生的自由发展,做到不压制、不限制,为学生创造多样化的学习条件,而不是刻意强调个性发展。

总之,高中课程设置应当在一定的共同基础之下,尊重学生智慧和才能的多样性,以培养个性化、多样化的国民和大众,培养能够顺利地适应高校和社会多元要求的适切之才,既包括精英人才,也包括普通民众,从而为学生的终身发展打下因人而异、各得其所、各展其能的坚实基础。

2. 课程内容的多元化类型

随着课程改革的深入,对普通高中教育课程的认识及其行动已经超越了简单的三级课程的层面。在加快普及高中阶段教育和普通高中学校多样化的进程中,社会对普通高中课程建设提出了课程内容多元化的新要求。

(1)专门课程

普通高中多样化发展要求学校课程构建注重基础性和丰富性,这也就需要有适合高中生发展的专门课程,以引导高中生经过课程选择学习形成自我的未来专业取向选择。学生的"专业取向选择"有主要基于"感性"的专业取向选择、基于"初步理性"的专业取向选择和基于"基本理性"的专业取向选择三个层次。

在"感性"走向"初步理性"的专业取向选择培养上,专门课程需要关注三个方面:第一,促进学生兴趣激活。第二,促进学生对兴趣进行理性分类。第三,促进学生志趣逐步聚焦。在"初步理性"走向"基本理性"的专业取向选择培养上,专门课程则需要关注:第一,促进学生努力探求志趣能匹配的领域。第二,促进学生思考该领域深入学习的可能性。第三,促进学生认识该领域学习的优势潜能水平。

一言以蔽之,高中阶段需要有符合高中生发展的专门课程,架设学生从高中"通识教育"走向大学"专业教育"之间的衔接桥梁,让学生对自身发展最佳的"专业选择取向"有比较理性的思考,激活学生成长的内驱力。

(2)职业课程

普通高中职业类课程的开设有较好的认识基础,但是目前开设了职业类的普通高中还比较少,开设课程的门类还比较有限,而且普通高中、中等职业类学校和高等职业院校的教师、领导和学生对普职融合的认识存在一定的误区,普通高中学生和学生家长对学生的与职业类课程需求相关的特点不够关心和了解。

因此,有必要进一步发展普通高中职业类课程,增进人们对普职沟通与融合重要作用的认识,帮助学生和学生家长形成对学生特点的认识,努力创造条件开足、开好职业类课程。

（3）特色课程

特色课程建设是普通高中特色办学的核心要素,特色学校建设,实质上是依托课程改革而推动的学校发展道路和育人模式的转型。有论者归纳了普通高中特色课程建设的三种模式:

第一种模式:直通道式。

从高一贯穿到高三的课程设计方式,其特点是学校先选中某一科目作为特色建设的重点科目,所有的子科目都围绕一个目标,与这个目标不太相关的子科目一般不开设。这种类型的特色课程建设,其科目一般来自于国家规定的普通高中课程计划内,通过特色直通班的形式实施。但由于此类特色课程与学校的总体课程体系渗透交叉近乎为零,仅有少数本学科教师参与,且仅仅面向少数学生。因此,它离一般意义上的特色学校课程架构的要求还有不小的距离。

第二种模式:金字塔式。

从低年级到高年级开设,课程的内容结构不断变窄,对象也在不断减少,如同一个金字塔。课程领域的基本素养基础知识为金字塔基,面向全体学生自由选择,修习方式为必修。随年级升高,基础内容逐渐减少并开始聚焦于少数几个分支科目上,面向部分学生,修习方式以选修为主。

第三种模式:植入式。

学校或着眼于未来社会对人的需要,或着眼于学生素养的全面发展,或另辟蹊径办特色,在原有高中课程计划内植入某一类课程,通常是先在拓展型和研究型课程课时内完成,进而进行基础型课程渗透,采用必修和选修相结合、面向全体与面向部分学生相结合的方式,慢慢培植,不断壮大,逐步彰显学校的办学特色。这类课程的最大特点是,一般不与高考升学直接挂钩,而更多地着眼于学生某些领域的素养培育。

总的来讲,特色课程建设模式将更趋系统化和多元化。

（4）关于人的课程

高中课程结构应该从人作为有机整体和作为批判性社会公民的角度出发来架构,这包括三个层次:第一层次是以批判思维为核心的哲学学习;第二层次包括人的感性能力维度和理性能力维度的学习;第三层次指联结人的感性与理性的社会应用能力的学习。

3. 配套措施的综合系列化

推进普通高中课程改革同样离不开配套措施的构建。随着普通高中课程改革

的深入,尤其是实践进展中问题的呈现,大家都意识到,有必要更好地完善并落实课程改革的系列化配套措施:

(1) 与大学合作

普通高中教育改革与发展,与高等教育紧密联系。寻求大学对高中改革的支持、参与和合作,是促进普通高中课程改革的重要选择之一。

大学有必要为高中学生开始先修课程,并建立高中高校学分互认、科目豁免的制度体系。高中课程中的专业性选修科目,可以与大学的课程之间挂钩;大学可以为高中学生中的不同人群开设相应的过程,并可以将这些高中阶段的学习成果带入大学阶段。甚至,大学可以在高中开设一些预科课程。

(2) 建立学生发展指导制度。

高中是学生个性发展、自主发展的关键期,高中教育必须有助于这种发展的需求。所以,有必要建立健全学生生涯辅导制度,通过配置担负学习规划辅导、生涯辅导、心理辅导等职责的专职辅导员等,构建高中学校内的全校性生涯辅导网络。

(3) 推进考试体系改革

无论是中考还是高考,当前的制度设计在很大程度上影响到了学生的成长、选拔和培养。如何通过更为科学而全面的考试招生制度,促进每个学生发展的潜能,在高中教育中得到真正的全面发展和为终身发展奠基,是一个非常重要的问题。

① 改变中考制度和招生方式。中招制度改革需要允许学生能够有多种渠道选择自己合适的高中学校学习,为不同智慧类型的学生提供平等的机会。这种入学方式的多元,为高中学校课程的开设与实施提供了一些基础。

② 改进高中学业水平考试。学业水平考试是普通高中综合评价制度的重要组成部分,是一个相对独立的评价系统,并不是高中课改的权宜之计。因此,必须充分发挥学业水平考试对教学的导向作用,处理好与高考及其高招的关系,健全学业水平考试监督常态机制,并对各地学业水平考试进行指导和综合评估。

(4) 运用现代教育技术

信息通讯技术对教育改革与发展产生了重要影响,课程改革也必须注重信息技术的运用。例如,有必要开发建立基于网络的选修课程平台。事实上,2013 年北京市人大附中、清华附中、北大附中、首师大附中四所学校就联合建立了跨校选修平台。今后,这四所学校的高中生可根据兴趣爱好自主上网选修课程。显然,这有助于深入推进高中课程改革,促进学生个性化成长。

4. 校本化课程的学校案例

2013年,研究者及媒体推出了诸多推行课程改革而取得良好变化的典型学校,这些学校分布在全国各地,它们的实践成果显示出高中课程改革已经初见成效。下面介绍几种课程改革实践。

(1) 山东聊城二中

山东聊城二中积极探索符合学生实际需求的教育,建构了在"个适性"质量观指导下的符合校情、学情的课程体系,为满足学生个性发展开设了丰富多彩的校本课程,形成了基于学生发展的课程体系。

(a)基于学生需求推进国家课程校本化。一方面,设立了初中到高一过渡的桥梁课程,帮助学生顺利学习高中课程,并且对教材内容进行整合,创建校本教学素材。另一方面,拓展课程内容,开设学科延展类课程。

(b)促进学生个性发展开设"立体化"校本课程。如人生规划课程、能力再塑课程、文化浸染课程。"人生规划课程"和"文化浸染课程"以"德育体系"为统领,意在"认识自我""丰富自我";"能力再塑课程"以"对口发展"为目的,意在提高特长生和就业生的专业素养。文化浸染课程包括看的课程(阅读课程)、听的课程(千首名曲、各类讲座)、写的课程(楹联招贴、文学社团)和动的课程(艺体技能展示)。

构建基于学生发展的校本课程体系不仅是学校教育"育人"价值的内在要求,也是学校特色发展的"生命之源"。应当注意的是,在构建校本课程之时,不能将国家课程、地方课程与校本课程刚性地割裂开来,而应该将校本课程与国家课程规定的必修与限定选修有机地整合。这样,就避免了拿出专门时间学习校本课程所带来的各类国家规定课程难以落实或者课时量增加导致学生负担加重的问题。

(2) 北师大二附中

北京师范大学第二附属中学根据社会发展诉求,积极推进课程改革,不断满足不同类型学生的需求,陆续开发文科实验班课程、理科实验班课程、项目式学习实验班课程、社科特色班课程、数字化学习特色班课程,形成了"班班有特色,人人有所长"的多元课程局面。各类课程在"校本化"和"生本化"的实施中兼顾了共性与个性的统一,具有很强的选择性、开放性和实践性,有效促进了学生全面而有个性的成长。

三、普通高中多样化的进展

当前,普通高中学校多样化发展成为了我国普通高中教育改革与发展中最为活跃的领域之一。以"高中＋多样化"为主题,对中国知网(CNKI)进行检索,发现2013年这一主题的文章高达656篇,远超2012年的465篇。

纵观这些研究及其论述,可以发现,人们对普通高中多样化的关注逐渐从理论走向实践,并取得实际成效,而且其实践试点范围逐渐辐射全国更多地区。具体主要体现在:一是对多样化发展内涵更趋丰富;二是多样化发展推进中存在制约;三是理论上探索着普通高中多样化的推行策略;四是实践探索呈现区域特点。

1. 理解内涵上认识提升

仔细比较2012年与2013年各大媒体与专家学者对"多样化"的探究,可以发现2012年对"多样化"的理解主要是针对国家颁布的《纲要》进行的具体阐释,多指向多样化的"内容",并未深入指向多样化的"内涵"。而2013年对"多样化"的探究对其内涵进行了比较深入的探讨。

(1) 由"内容"到"目标"的政策解读

根据《纲要》精神,普通高中多样化主要包括办学体制多样化、办学模式多样化、培养模式多样化、评价机制多样化和管理制度多样化等多个方面。

对多样化内容的解读也就意味着需要实现以下几个目标:办学体制多样化要形成以政府办学为主体、全社会积极参与、公办教育和民办教育共同发展的格局;培养模式多样化要形成体系开放、机制灵活、渠道互通、选择多样的人才培养体制;评价机制多样化要逐步形成分类考试、综合评价、多元录取的考试招生制度;管理制度多样化要扩大学校办学管理自主权,扩大普通高中学校在办学模式、育人方式、资源配置、人事管理、合作办学、服务社区等方面的自主权。

(2) 进一步明确多样化的定位

普通高中多样化发展的根本目的是追求培养结果的多样;其根本途径是探寻培养模式的多样;其重要核心是保证教学内容的多样;其重要动力是探索办学体制的多样。

多样化"内容"几个方面的特殊指向需要辨析,普通高中多样化发展是培养目标多样化还是培养模式多样化? 高中学校类型问题实质是高中培养目标问题,培养模式多样化是为了有效实现学校培养目标。

(3) 多层面理解多样化的内涵

普通高中多样化发展可以从四个层面来理解:从价值层面讲,多样化是我国普通高中从精英化阶段跃进到大众化阶段后发展的新范式或新思路;从政策层面来看,多样化要求一方面需要重新思考普通高中在整个教育体系中的职能与作用,另一方面更需要对我国普通高中教育系统重新规划;对于学校而言,意味着需要充分发挥主体性与积极性,在一定的政策空间内根据自身的实际情况追求特色发展,形成发展特色;对于学生而言,意味着需要尊重学生的差异与个性发展,努力为每位高中生提供"适合的教育"。

总体来说,2012 年对多样化内容的解读大多停留在"办学体制多样化,办学模式多样化,培养模式多样化"这几个宏观层次上,2013 年则有"课程设置多样化","招生考试制度多样化"等微观层面的解读。普通高中内涵发展的多样化包括"办学模式多样化"与"课程设置多样化"两大基本内容。前者针对学校类型,是学校发展与培养模式的多样化;后者针对学生发展需求与课程内容,是学校教育内容的多样化。招生考试制度一直是高中阶段教育改革的瓶颈,普通高中教育要走多样化、特色化发展之路,必须从根本上对现有考试招生制度进行调整与完善,考试招生制度的多样化是高中多样化发展的前提与保障。

2. 实践上遭遇多重制约

普通高中学校的多样化发展在实践中困难重重,主要表现在以下几个方面:

(1) 教育管理体制的束缚

教育管理体制对于普通高中多样化发展所产生的制约,主要表现为,第一,统一的管理体制束缚了普通高中自身固有活力的发挥,普通高中同质化发展现象越来越明显。

第二,教育行政主管部门在管理过程中存在重权轻责,重结果轻过程的思想,致使普通高中的发展偏离了固有的普通高中培养目标,出现受教育者发展趋同的现象。这是因为一方面,现有教育管理体制导致教育行政主管部门与普通高中之间权利义务界限模糊。另一方面,现有教育管理体制抑制了普通高中探寻更符合自身发展模式的热情。

(2) 落后社会舆论的制约

社会环境主要是指社会的伦理道德规范、价值信念、风俗习惯和意识形态等一些传统思想与舆论。在社会环境中,存在许多制约着普通高中多样化发展的因素。例如,把普通高中教育理所当然地作为高等教育的预备教育,普通高中被演变成高等教育的加工厂;高等学校唯成绩论录取的选拔模式,使得普通高中失去了自我。越是教育资源充足的学校往往越注重学生成绩的提升,越是唯成绩论;只有教育资源薄弱的学校,在提升学生成绩上无望的学校,才会迫不得已转变思路,另辟蹊径培养学生的其他技能。

传统的固有思维制约着普通高中多样化发展,也使处于探索中的多样化发展学校面临争议甚至非议。

(3) 教育政策不力的桎梏

当前的政策文件对于普通高中"多样化"的规定,主要指向办学体制与形式,其主要目的在于拓展普通高中教育资源,普及高中教育,并未触及高中作为一个特定学段的基本属性与独特价值。在实践过程中出现了"办学形式多样化"被理解为"特殊化"、"重点/示范化"、"等级化"等偏差与误区。

对于普通高中多样化发展的诸多讨论经常陷入一个误区,即"为多样化而多样化",忽略普通高中多样化发展的根本出发点在于提高学生的综合素质,促进学生发展这一基本前提。

普通高中多样发展是有标准的"多样",这一标准就是国家对于普通高中教育质量、办学条件的最低要求。所有普通高中的"多样"应是在满足这一标准之上的"多样",而非任意的"多样",否则就会由一个极端走向另一个极端。

3. 不同路径的推进策略

2013年人们对普通高中多样化发展的探究,集中于从多层面多角度探索科学可行的推行策略和路径。推进普通高中多样化发展是一项重大的系统工程,需要多部门多机构的共同努力。教育行政部门和学校是推动普通高中多样化进程的核心主体,广大教师则是重要的推动力量。

(1) 政策的改革

教育行政部门对推进普通高中多样化发展的作用,主要表现为通过政策指导、完善相关体制、保障经费投入等途径创造普通高中多样化发展的支持环境。

第一,改革办学体制。

鼓励多元办学,可以通过公办民办结合、中外合资、股份制、集团化等多种办学体制,吸引社会力量办学。在充分发挥各自办学优势的基础上,有效实现高中教育的多元化发展。考虑我国国情,参照国际上高中发展经验,我国普通高中可以分四个类型进行定位发展:英才高中、优质高中、综合高中、特色高中。其中普职相融、综合高中的探索成为主流。这样错位竞争,共同发展,为不同类型的高中提供发展空间,让孩子能够选择适合自己的学校,从而有效促进普通高中多样化的发展。

第二,改革管理体制。

政府要大胆赋权,中央和地方各级政府都要梳理现行管理权限,认识高中阶段学校多种类型培养目标存在的必要性和合理性,减少统一要求,给各校广阔的发展空间。做到简政放权,扩大学校在人事管理、资源配置和课程设置等方面的办学自主权,尊重学校管理者对本校发展方向的选择权。

第三,改革评价体制。

首先,建立高中教育发展结构评价制度,建立高中分类评估标准,建立科学的评价体系。其次,完善普通高中学生培养评价制度,设计多元的教育评价标准。改变学业成绩是唯一评价标准的传统观念,建立学业水平、认知、情感、能力、发展性等多维度的综合评价体系。再者,深度改革高考招生制度。探索分类考试、综合评价、多元录取的考试招生机制。建立普通高中多样化办学与高等院校人才选拔的衔接机制,进行分类考试,改变一考定终身的局面。

第四,完善并有效执行经费保障制度。

教育行政部门的重要职责之一是确保教育经费的投入和到位。建立中央、省、地、县四级分担的保障机制,能有效改善高中办学条件,从而适应普通高中多样化发展的需求。

(2) 学校的努力

作为推进普通高中多样化发展的核心主体,学校多样化发展的努力方向主要表现在拥有独特的人才培养模式和优质的教育资源。

第一,明确培养目标,积极探索多样化的人才培养模式。

培养模式变革是实现普通高中多样化发展的载体,也是普通高中多样化发展成果的重要表现。普通高中培养模式的变革应从学校类型、招生制度、培养过程、毕业去向等多方面进行,并注重教学内容的选择与转换。学校通过培养模式的多样化去建设学校特色,形成竞争力,以实现多样化发展。

第二,深化课程改革,丰富教育内容的选择。

学校进行课程改革的重点是为学生提供多样化的课程选择,在坚持国家三级课程管理制度的框架下,赋予高中更大的课程自主权,在保证必修课时数的基础上,鼓励学校开发更多的特色与校本课程,增进课程的多样化与选择性,促进学生的个性发展与全面发展。

第三,加强与高校、企事业单位、兄弟学校等之间的合作交流。

高等院校的参与和引领,有助于普通高中研究性课程的设置、相关课题的研究和师资队伍的培训。企事业单位的合作与支持,有利于学校融合职业教育,通过设立培训基地锻炼学生实际应用能力。与兄弟学校之间的交流合作,能加深学校对普通高中多样化发展的理解,通过经验总结、相互学习借鉴,拓宽各自的视野和思路,提升实际执行力,更好地推进普通高中多样化发展进程。

(3)教师的参与

教师个人的多元化专业发展,必然促进学校管理方式的改革,学校培养人才模式的创新;教师育人观念和教学方法的更新,必然有利于培养学生的创新精神和实践能力,促进普通高中学校多样化发展。

第一,注重专业发展,提升教师素质。

教师教育水平决定教育质量。推进普通高中多样化发展,有赖于教师对高中多样化发展内涵的正确理解,有赖于教师主动参与课题研究、开发校本课程、建立特色创新项目。教师不断完善自身的知识结构,提高自身的专业素质和教学技能,为适应普通高中多样化发展奠定坚实的基础。

第二,改革教学方式与评价方式。

教师通过设计合理、有效的教学活动,激发学生学习的积极性和课堂活动的参与性。要让学生通过探究学习、自主学习、合作学习、启发学习等方式实现对学习过程的体验和感悟,从而获得知识和能力的提升。教师应注重形成性评价和发展性评价。评价过程中应体现必修课和选修课的不同特点,应注重评价结果对学生发展的作用。

4. 实践探索的区域特点

2013年我国普通高中多样化实践试点及其探索扩展到全国各地,各地区及其学校结合当地情况与需求进行改革,正在形成多样化发展的学校类别。

(1)地方的探索

根据期刊文章和各大媒体报纸的报道,以下对2013年全国各地出现的普通高中多样化发展的典型案例进行汇总。

表2.1　2013年媒体报道的普通高中多样化发展案例

地区	主 要 举 措
南京	四类高中类型和三种育人模式
天津	硬件建设现代化标准化,软件建设多样化特色化
上海	"大学附中"的办学形式
山西	多样化发展的统筹规划; 人才培养模式多样化:办学模式、课程计划、评价体系
新疆	注重培养模式多样化:初高中"六年三段制"人才培养模式
内蒙古	杭锦旗中学:三结合办学模式(导学结合、艺教结合、体教结合)
广东	佛山南海区:高中分类,改善区域教育发展的生态
湖南	启动省综合高中建设试点,为学生职业发展奠基

（2）南京的试点

在2013年全国各地普通高中多样化实践探索中,南京市的实践试点探索更为全面深入,将高中类型定位与育人模式培养、课程体系建构、招生考试制度改革等结合了起来。

2010年南京市承担了"以普通高中多样化建设促进素质教育创新发展"的国家教育体制改革试点任务,南京市在实践中不断总结反思,初步探索出一条符合人才成长需求、契合区域教育实际的多样化发展新路。具体改革措施及内容详见下表。（见表2.2）

表2.2　南京市普通高中多样化实践探索一览表

项目	措施	具体指向	参与学校(代表)	经验总结
高中类型	综合改革高中	办学体制、办学模式和培养方式等方面实施全方位改革	南京十二中; 雨花台中学; 民办南京外国语学校仙林校区等	打破了传统的普通高中与职业高中的简单划分。
	学科创新高中	突出学科建设和学科优势,培养具体领域拔尖后备创新人才	"音乐高中"南京九中; "美术高中"宁海中学等	
	普职融通高中	学生可兼有普高、职高两种身份,实行学分互认、双学籍制管理,毕业发放普职两张文凭	湖滨高级中学; 行知实验中学; 文枢中学; 秣陵中学等5所	

（续表）

项目	措施	具体指向	参与学校（代表）	经验总结
高中类型	国际高中	整合中外高中教育优秀元素，培养兼具中国灵魂和国际视野的学生	南京外国语学校；南京市第一中学等	
育人模式	创新素质培养实验班	与上海交通大学、浙江大学联合创办，突破高考束缚，开展课程设计、评价方式改革	南京师范大学附属中学	使普通高中与大学结盟，让高中教育资源多样化。
	准博士培养站、未来卓越工程师培养基地	与南京大学等高校合作，学生结合高校导师研究方向和个人兴趣特长自愿申报，双向选择	金陵中学	
	崇文班	一流科学家主导制定培养计划，优秀大学教授、专家参与教育教学	南京市第一中学	
课程体系	"金字塔形"课程构架	以校本课程和学校活动为塔基，以学生社团为塔身，以准专业水平发展的特长生培养为塔尖	宁海中学；南京市第十三中学；南京市第三高级中学	建立面向所有学生，特殊学生和每个学生的课程体系。

（3）上海借助大学力量

上海在探索普通高中多样化发展的实践中，注意到了利用大学教育资源的优势，发展更多的"大学附中"。近年来上海的大学附中的规模有了较大的发展。截至 2012 年，冠以"××大学附属（或实验）"的普通高中已达到 38 所，约占上海市普通高中的七分之一。

上海市大学附中走过了从少到多、由精英到大众、由单一到多元的发展轨迹。从合作程度和双方需求取向的差异发现，双方的合作可以分为四大类型：传统关系型、高考相关型、特色发展型与品牌利用型。大学附中的独特价值在于通过深度合作探索与提升普通高中教育的现代性；大学附中的独特优势在于拥有大学多样化资源综合利用的有效平台，同时，这种多样化发展模式的发展需要文化、制度和技术的同向优化。大学附中形式最关键是有效利用合作大学的资源推进自身多样

化、特色化发展。(见表2.3)

表2.3　大学为普通高中多样化发展提供的资源服务

利用领域	具 体 情 况
基础型课程建设	理论支持或指导。如,华东师大三附中的"新基础教育"实验。
	教学研究的衔接。如,复旦大学附中在数学学科开展数理逻辑与运用的研究。
	特色理念的吸收。如,上海戏剧学院教师将作文教学和戏剧教育的先进理念引入学校。
拓展型课程开发	借助大学多学科门类。如,复旦附中、华师大二附中的拓展型课程,门类丰富、专业多样。
	大学师生参与。如,上海海事大学附属北蔡高中,邀请上海海事大学研究生为本校学生开设《劈波斩浪话航海》特色课程。
	借助大学实践活动资源。如,同济二附中的"3S"课程野外考察。
学生社团建设	大学团委与附中团委的对接。
通识性学术讲座	大学为附属中学提供学术讲座。
学生生涯发展指导	提供专业实地观摩和考察、专业信息和择业指导。
开展主题活动	参与大学文化活动。如,华东师大二附中积极参与华师大六十周年校庆活动。
	利用大学校园开展中学德育活动。如,复旦附中带新生参观复旦校史,学习文化传统。
	诠释大学文化特点,创新校园文化活动。如,华东政法大学附属中学开展普法宣传与社团文化节活动。
增设专用教室	利用大学资源,建成了具有专业特色的实验室。
大学硬件设施	利用大学图书馆、实验室、训练中心等。

　　总体而言,我国在普通高中多样化上取得很大的进展,但仍然存在实践过程中的误区与不足。多样化发展最终指向学校发展"特色化",学生发展"个性化",但不能一味追求"多样化"而忽视学校、学生的具体情况,要杜绝"被多样化"或者"为了多样化而多样化"现象的发生。同时,学校推行多样化发展不能只停留在政策层面,而应该落实到具体实施的过程中。总之,推行我国普通高中多样化还有待更深入的探索。

四、高中学业水平考试与高考

考试招生制度是当前教育领域中最被关注的领域,深化教育领域综合改革的任务之一就是考试招生制度改革。近年来,对深化考试招生制度改革的期待强烈、期望很高,下面介绍一下 2013 年社会对高中学业水平考试与高考的看法。

1. 学业水平考试的改革

2008 年,教育部颁发了《关于普通高中新课程省份深化高校招生考试改革的指导意见》(以下简称《指导意见》),提出了"高等学校招生录取要在高考成绩基础上逐步增加对学生学业水平考试及综合素质的考察",强调各省市要积极实行普通高中学业水平考试和学生综合素质评价制度,以利于对高中学生学业水平和综合素质进行全面客观评价,为高校招生选拔提供参考依据的作用。此后,高中学业水平考试在各省市陆续开始实施。2013 年不同社会媒介对这一话题进行了诸多探讨,内容主要涉及以下方面。

(1)学业水平考试的功能问题

高中学业水平考试的功能定位一直是学界研究较多的问题,但对于学业水平考试应该具备何种功能,而什么功能才是学业水平考试的主要功能,仍没有定论。

综观各种观点,普遍认可的学业水平考试功能,主要包括以下几个方面:①高中学历认证功能,衡量学生是否达到毕业标准。②教育质量监控功能,有效评估和考查学校办学质量。③高中特色课程开发与建设功能。④高校招生录取的依据。⑤实现教学评价的权威性、导向性和可比性。⑥改变学生学习偏科。⑦维护课程标准的功能。其中,高中学业水平考试所具备的"高校招生录取依据"的功能被社会关注最多。

(2)学业水平考试与高考的关系

从理论上来说,将学业水平考试结果作为高校招生录取的参考依据,这将有利于学业水平考试的健康发展,同时,信度与效度高的学业水平考试与高考形成互补,在一定程度上能有效减轻学生课业负担。所以,正如《指导意见》指出的,高等学校招生录取要在高考成绩基础上逐步增加对学生学业水平考试及综合素质的考察。目前,越来越多的省份逐步将高中学业水平考试成绩作为"高校招生录取的重要依据之一"。

十八届三中全会提出,逐步推行普通高校基于统一高考和高中学业水平考试成绩的综合评价多元录取机制。这一决定更加推动了全国各省市将学业水平考试与高考"挂钩"的步伐。从全国范围来看,主要分为两种情况。

一种是"硬挂钩",如海南省学业水平考试总成绩按 10% 比例折算计入高考总分,江苏省用学业水平考试成绩设置高校报考门槛,广东省明确提出 2014 年"不参加会考无高考资格",没有在规定时间内取得普通高中学业水平考试成绩或普通高中学业水平考试成绩不符合要求的考生,将失去被普通高校录取的机会。另一种情况是"软挂钩",将学业水平考试成绩作为高考录取的参考。2013 年广西壮族教育厅正式出台《广西壮族自治区普通高中学业水平考试实施方案(试行)》,规定学业水平考试成绩是衡量学生是否达到毕业标准的主要依据,同时也是作为高校录取的参考依据,但目前该考试成绩暂不与普通高考成绩直接挂钩。

(3)实施过程中存在的问题

第一,高中学业水平考试与高考职责不清。实践中存在混淆高中学业水平考试和高考之间的不同分工和所应承担的职责。一方面,导致师生均认为高中学业水平考试只是走过场,敷衍了事;另一方面,不仅不能减轻学生负担,反而使广大教师和家长仍然认为高考以外的考试实属浪费时间,又加重了学生负担。

第二,高中学业水平考试功能未得到正常发挥。学业水平考试并没有发挥监控与诊断等功能,不同年份的考试结果缺乏比较性。同时,也未能有效为高校自主招生提供参考依据。

第三,在学业水平考试上,国家没有统一标准,造成操作混乱。部分省市没有建立起与新课改相适应的学业水平考试,并且缺乏统一的学业标准。而且,分类决策的过程不科学,几乎每个省份有自己的一套模式,对考试科目部分"选考"或者"反考",操作五花八门。这也是高校招生不愿意采用学业考试成绩作为参考的原因之一。

第四,实施学业水平考试的能力薄弱。学业水平考试命题中几乎不考虑基本的测量学要求,结果是学生在试题上的得分与学科能力及其认知要求没有关联或关联不强,分数不具有可解释性。多数省市的高中学业水平考试都是以教育行政部门为主导,专业的考试机构无法在考试的设计、开发等方面取得话语权,只能按照教育行政部门的文件要求进行操作。

（4）改革的建议

首先,要明确高中学业水平考试的性质与功能定位。学业水平考试是国家统一领导下由省级教育行政部门组织实施的国家级水平考试。因此要高度重视学业水平考试,以保证其考评制度的权威性、科学性与公平性。

其次,科学规范操作。各省份应按照国家要求,形成本地的考试方案,报教育部审核批准,避免随意性,保证各地不折不扣地落实学业水平考试要求。考试要实现全科考试,以保证知识结构的完整性和基础性。并且,要全面反映高中新课程的要求。

再者,要明确教育主管部门和专业化考试机构的职能界限。教育主管部门应该组织制定高中学业水平标准,制定各项考试政策和改革方案,净化社会考试环境,支持考试机构开展考后的教学评价和教学问题诊断工作。而学业水平考试的设计、开发、管理等专业问题,应该交由专业的考试机构独立进行。

在处理好学业水平考试与高考的关系上,在起步阶段,最好为中度挂钩,既不能太硬,也不能太软,互补最好;要体现出两种考试不同的性质、功能和作用,特别是要凸显学业水平考试在高考招生中的重要地位,推动高中综合评价制度的完善和发展。

2. 高考制度改革的讨论

高考改革一直受到教育界乃至全社会的高度关注。2013 年党的十八届三中全会通过的《中共中央关于全面深化改革若干重大问题的决定》中关于考试招生制度改革的论述,使高考又一次成为人们关注的焦点。社会各方都对此展开了热烈的讨论,主要话题主要集中在以下几个方面。

（1）坚持高考存在的理由

面对"异地高考"的难题和整个高考制度改革的困境,学术界出现了恢复全国统一高考和彻底取消高考的两种对立的主张,但坚持高考存在的观点仍占主流。在 2013 年 3 月 7 日全国人大教育界别联组会上,教育部部长袁贵仁表示,高考制度还是要坚持,不能取消,但要改革。

高考是中国传统文化遗传和现实社会环境的产物,现行高考制度有其产生的必然性和存在的合理性。无论从现实还是理想来说,高考制度不坚持也不行,不改革也不行。高考在中国有多方面的使命与功能,一是科学选拔人才,为高校选拔合格新生,保证高校生源的质量;二是促进学生健康成长,促进中小学生努力向学,提高民族文化水平;三是维护社会公平、坚持社会公正、稳定社会秩序;四是促进社会阶层流动,参加高考长期以来是平民子弟向上流动的一条重要渠道,高考造成大范围的人才区域流动。同时,现存高考制度存在太多弊端,必须进行改革。

(2)高考制度面临的问题

舆论归纳出高考制度存在的主要问题是:第一,高考内容与高中课程教材直接挂钩,而考试科目与大学所学脱钩;第二,尽管我国高考内容在不断变化,却始终没有摆脱单一知识测试的特点;第三,各省自主命题,没有统一的参照系数;第四,考试次数少,考生一年只有一次高考机会;第五,学业水平测试与高考没有直接联系;第六,录取路径和方式单一,高校自主招生机会少,招不到自己想要的学生。

这种高考制度对中小学教育也产生一些负面影响,如有些高中在"备战"高考期间对学生实行准军事化管理,主要采用题海战术,学生犹如"考试机器",学校类似于"高考军营"或"高考工厂",片面追求升学率,尤其是强力追求"一本率"甚至"北清率",只抓智育而忽视德育和体育,扭曲了高中教育的目标,因此高考制度必须改革。

(3)高考改革要关注民意

高考改革涉及社会的许多方面,是一个社会系统工程和重大民生议题,也是我国教育改革中最复杂、最敏感的改革,具有综合性、系统性。高考改革应遵循统筹兼顾、公平公正、科学高效、多样选择、循序渐进、实践可行等原则。具体而言要兼顾四个方面:兼顾近期与长远;兼顾公平与效率;兼顾科学与可行;兼顾统一与多样。其中,兼顾公平与效率是在高考改革中讨论最多的。因为高考改革中的公平问题也是民众最为关心的问题。

2013年11月5日教育部副部长刘利民在接受采访时表示,教育部已经完成考试招生总体方案的制定,即将面向全社会公开征求意见。此次高考改革过程中吸纳民意是可喜的一步,此次高考改革方案中"文理不分科"、"给学生更多的自主选择权"等,也是顺应民意的举动。

3. 高校自主招生的情况

自2003年高校自主招生改革全面开展试点以来,一直受到社会的高度关注。2013年3月29日,教育部召开高校自主选拔录取改革试点工作会议,发布了《关于进一步深化高校自主选拔录取改革试点工作的指导意见》(以下简称《指导意见》),提出了完善改革试点的一系列具体思路和举措。自主招生"新政"再度成为舆论焦点。

（1）政策走向

高考成绩必须仍是招生录取的基本依据。《指导意见》提出"建立高校招生综合评价体系"，也是明确要求"在统一高考的基础上"。这说明，高考成绩作为录取基本依据的地位仍然未能动摇，现阶段的自主招生仍是统一高考前提下的自主招生。

选拔对象应当是选拔具有学科特长和创新潜质的优秀学生。在功能定位与选拔标准上，从最初要求选拔"特长突出、品学兼优、全面发展"的优秀学生，演变为"选拔学科特长以及全面发展且具有创新潜质的人才"，到2013年3月出台的《指导意见》定位于选拔"具有学科特长和创新潜质的优秀学生"。这样的人才选拔定位，对多年存在的自主招生定位模糊问题是一个很好的回应。

考核方式要强调对面试等新型评价手段的应用。《指导意见》提出"试点高校考核要结合本校相关学科、专业特色及培养要求，针对不同学科特长的学生采取相应的考核方法"，"注重以面试为主考察学生的素质和能力"。对考核科目也做出了限制，要求"笔试科目原则上一门，不超过两门，主要考察学科特长基础"。

操作要求上要加强程序公开，体现兼顾公平。《指导意见》在总体要求中提出"加强规范指导"，在选拔程序上对中学公开推荐办法、高校公示考生资格等提出了具体要求，并要求依法严肃处理暗箱操作、弄虚作假等违规行为。同时，要"在保证选拔质量的基础上，向扎实推进素质教育的地区和中学，以及中西部地区、农村地区中学的申请考生适当倾斜"。这有利于降低自主招生对城乡间、区域间不同考生的差异性影响，保障社会弱势群体的公平入学机会。

（2）取得的成效

自主招生是我国高校招生制度的重大变革，在实践中取得了显著成效，得到社会认可。

第一，有助于引领社会人才观的转变。自主招生改革对选才观念与高考招生体制产生一定冲击，增加招考选择机会，开辟了自主录取的新路径。

第二，有助于落实和扩大高校办学自主权。开展自主招生改革，允许高校根据自身情况合理设置招生条件、考试内容和形式以及录取方式，有利于进一步落实高校的办学自主权。

第三，有助于促进中小学实施素质教育。不少高校自主招考从生活中取材，紧扣时事和社会热点问题,考查学生观察事物与分析问题的能力,引导中学教育关注现实,转变教育观念。

第四,有助于探索人才选拔和培养的新机制。作为统一招录模式的重要补充,自主招生既维护了现行制度的合理性,又较好地弥补了"一考定终身"的缺憾,同时为高校选拔出了一批优异人才,改善了生源的知识和能力结构。

(3)存在的问题

自主招生改革在推进过程中还存在一些问题,受到了社会的不少质疑和指责,主要集中在:

第一,公平性存在缺陷。

主要体现在城乡间不公平、地区间不公平、校际间不公平。具体表现为:试点高校的招生条件,都明显有利于城市学生。重点高校的指定推荐中学多有利于东部沿海地区和经济发达地区的重点中学,将农村考生置于弱势地位。自主招生中的"城市化取向"使得农村考生被边缘化,极大地冲击了教育公平。这些实质上是机会不公平问题。在这种机会不公平中还隐含了过程不公平问题,主要是指在社会诚信机制不健全的现实情况下,各种腐败现象在相对"自主"的环境中找到了生存空间。2013年中国人民大学招生就业处处长蔡荣生就因涉嫌违法违纪问题接受调查,更是引发公众对自主招生的普遍质疑与担忧。

第二,认识上存在偏差。

试点院校对自主招生的内涵理解与功能定位出现偏差,助长了基础教育"应试"风气,也限制了大学自主招生的推广。在不少人看来,自主招生就是选拔"特长生"。这种以选拔"专才"为导向的自主招生,并未真正体现自主招生的应有价值,也未能降低中学生的学业压力和升学竞争程度。究其原因,主要在于学校、考生和社会大众对自主招生的理解过于狭窄和功利化。

第三,异化为"抢生源之战"。

部分高校包括一些顶尖高校曲解政策,利用自主招生的政策优势"掐尖"抢生源,提前把一些高分学生揽入本校。这样的自主招生,完全背离了"自主"的本意,造成了自主招生资格高校之间的恶性竞争,以及自主招生高校和非自主招生高校之间的不公平竞争。

第四,增加成本、加重负担。

总体来看,自主招生的投入与产出不成比例,实施自主招生的试点院校需要投入大量的人力、物力和财力。同时,参加自主招生考试的学生也要付出一定的经济成本。他们需要赶赴各招生高校所在地参加考试,来回的路费、食宿费都是一笔不小的开支。

(4) 改革的建议

要确立自主招生改革的价值取向。推进自主招生改革,需要以"全面发展"、"公平性"和"规范化"为导向。"全面发展"导向有利于衔接普通教育的人才培养目标;"公平性"导向是衡量招生考试制度完善与否的重要标准;"规范化"导向是指自主招生要以法治为保障,加强社会监督,防止招生舞弊。

要改革和完善自主招生选拔机制。建立科学有效的选拔评价机制,完善综合评价,才能体现自主招生的特色和个性。重视学生的自主选择,强调学校与学生之间的匹配。

加强政府的统筹协调管理,使高校自主招生良性运行。建立高校自律与社会参与相结合的监督机制。实现信息公开,依规运行的长效机制,建立和完善问责制度。

4. 异地高考政策的进展

根据国务院办公厅《关于做好进城务工人员随迁子女接受义务教育后在当地参加升学考试工作意见》,截至 2013 年 3 月,除西藏外,我国已有 30 个省(自治区、直辖市)公布异地高考方案。下表是 2013 年部分省市异地高考改革新方案。

(1) 各地出台的政策

表 2.4　2013 年部分省市异地高考改革新方案一览表

地区	实施时间	改 革 方 案
北京	2013	过渡性方案;2013 年符合相关条件的随迁子女仅可参加中等职业学校考试的录取;2014 年起,有本市学籍且连读高中 3 年的随迁子女,可以在京借考,回原籍录取。
上海	2014	持有《上海市居住证》且积分达到标准分值,其子女在沪参加中招并完成高中学习后,可在沪参加高考; 连续持有《上海市居住证》3 年及以上且积分达到标准分值,其子女在沪高中毕业,可在沪参加高考。
广东	2014	简化社保证明,取消失业、工伤、生育险种证明。 2013 年起,积分入户务工人员,高技能人才子女"零门槛"; 2014 年起,符合条件的随迁子女可以参加中职报考高职;2016 年起符合规定的随迁子女可以报名参加普通高考。

（续表）

地区	实施时间	改 革 方 案
海南	2014	外省籍随迁子女需要满足"3个6"，报考高校不受批次限制； 报名设高中低三个级别门槛。
福建	2013	有条件的设区市辖区内所有高中面向随迁子女开放招生；暂无条件的设区市，力争于2015年前，实现辖区内所有高中面向随迁子女开放招生。
浙江	2013	具有完整高中学习经历，具有在浙高中学籍，可就地报名参加高考，享受与浙籍学生同等待遇。
江西	2014	具有一年以上在赣学习经历并取得学籍的随迁子女享受与赣籍考生同等待遇。
安徽	2013	具有在徽高中阶段完整学籍。
湖南	2013	外省籍学生在符合一定的条件下可参加湖南省普通学校对口招生考试。
广西	2014	父母其中一方（或法定监护人）具有合法稳定的职业和合法稳定的住所。
宁夏	2014	具有完整在宁初、高中6年学习经历；父或母（其他法定监护人）在宁具有连续6年或以上合法的稳定职业、合法稳定住所，并在宁累计缴纳3年以上社保； 符合条件的随迁子女，允许报考自治区内所有普通高等学校，第二批、第三批录取的自治区外本科院校和第四批录取的区外高职（专科）院校或专业； 以上同样情形满3年不满6年可以在宁夏报名参加普通高考，但仅允许报考第三批录取的自治区内外本科院校和第四批录取的区内外高职（专科）院校或专业。
新疆	2014年起	以2014年、2016年、2017年3个时间节点，分步骤分层次解决外来务工人员随迁子女在新疆高考的问题； 2014年起，报名参加高考的非疆籍随迁子女须有小、中、普高12年完整学籍，其父母在新疆具有连续12年以上（含12年）合法稳定职业和居住证，并在疆有一年以上社保交费记录及纳税证明，可报名参加高考，允许报考自治区内外本专科院校。

从上表方案的内容看，各地政策呈现出一定的差异，"门槛"高低差别较大，推进方式和时间表不一。全国30个版本的异地高考方案，各地均通过设"门槛"的方式对考生户籍、在当地就读时间、合法稳定住所、父母合法稳定工作、社保证明等条件有所限制。

总体上分为三种情况:一是学籍认定。辽宁、黑龙江、江苏、浙江、安徽等地对考生提出 3 年高中学习经历并获得学籍,河北提出高中 2 年,江西提出 1 年即可。二是户籍、学籍双重认定。包括云南、广西、海南、宁夏等地,多集中于西部地区。三是随迁资格、学籍双重认定。北京、天津、吉林、上海、广东等地不同程度地对考生及其父母提出了学籍和社保要求,其中北京、上海、广东等人口流入集中地对异地高考的限制较为严格,上海和广东针对积分入户或取得工作居住证的外来人员的子女,北京对非户籍学生的教育年限和家长的社保、职业年限分别做出了 3—6 年的规定。

在实施年限和开放程度方面出现多种模式。(1)安徽、湖南、河北等 11 个省份异地高考方案以"低门槛"为特点,从 2013 年起开始实施异地高考方案,且一步到位,实现异地与本地高考生享受同等待遇。(2)部分准入条件较低的省份 2014 年实施,主要涉及山东、福建、海南、山西、宁夏等 8 个省区。(3)"北上广"和青海、新疆等 10 个省份开放异地高考持较谨慎态度,设置"门槛"相对较高,强调过渡和渐进,采取"分步实施"的执行战略。

(2)异地高考人数"遇冷"

2013 年是各省异地高考方案执行的第一年,异地高考方案的实施备受社会的关注。据悉,全国近 20 个省份在 2013 年不同程度地放开异地高考。当年 10 个省份官方披露数据显示,约 4 500 名考生参加异地高考,这一数字与 912 万的高考人数相比,仅占约 0.5‰。

很多人据此判断"异地高考遇冷",原因是,第一,有些地区并非异地高考矛盾突出的地区,开放后不会引起人数激增。第二,2013 年刚出台异地高考政策,符合条件的学生并不多,很多进城务工人员子女可能在读完初中之后就回到原籍就读。第三,经过审核符合条件的异地高考考生数量不多,存在"门槛高的地方不能报名,门槛低的地方不愿报名"现象。

另外,各地异地高考政策出台较晚,不少学生为规避风险不敢贸然报名;又由于各省高考录取率不平衡,如河南、湖北等省高考竞争激烈,录取分数高,录取率低,多数外籍考生宁可舍近求远回原籍参加高考。

不过,异地高考政策毕竟已经迈出了第一步,政策实施后的效果可能不是短时间内能够展现的。

(3)政策推行中的阻碍因素

高考报名的户籍制度与高考招生分省配额制度,造成了省际之间是"零竞争"。

异地高考产生了各方利益的重新调整,涉及到多方群体的利益。地方政府为了保证当地考生的利益和当地经济的发展,事实上并没有全面放开异地高考,难以使外来考生分享当地考生的高考录取名额。而高校的经费来源与地方政府直接关联,在招生人数分配上,更多考虑本地方利益。地方社会及其家长的影响,尤其是高等教育资源丰富的地方,如"北上广",这些地区的异地高考门槛最高。户籍家长强烈反对异地高考的原因归根结底是担心外来考生和当地考生争夺少数优质的高等教育资源的权利,分摊本地考生的名校录取名额。所以,传统的高考既得利益地方及其家长,对异地高考持消极甚至阻碍的态度。

综观全国各省市异地高考方案,异地高考的标准不同,考生资格认定门槛不一,加上各地高等教育资源配置的不均衡,异地高考推行的困难就可想而知了。

(4)改革的建议

为了推行异地高考,社会各方提出了诸多建议。

第一,合理配置教育资源,促进利益相关者的协调。

首先,地方上的人口管理,要从以户籍人口为主向以实有人口为主转变,按实有居住人口的数量来提供基本教育公共服务,科学配置教育资源。同时,建立居住证全国联网系统,及时掌握全国人口流动情况。其次,改革中央下拨教育经费的方式,使教育经费能随着学生的流动而转移,通过中央财政的宏观调控,例如建立随迁子女非义务教育经费保障体制,以减轻地方上的教育经费压力。再者,完善现有高校财政支撑体系,多渠道增加高校经费收入。从而改变地方高校被当地政府财政绑架的窘境。

第二,取消以户籍为依据的报考条件,改以学籍为报考依据。

取消高考报名"户籍+学籍"的制度,改以"一定年限学籍"制度,这样有条件地放开户籍准入,不仅能够解决外来考生户籍限制所带来的危害,还能够防止部分投机现象的产生。

第三,打破传统的高校招生分省配额模式。

建立以各地实际考生数量为基础的录取指标分配模式。以考生数量为基础分配名额,流入地当地人口所担心的高考"蛋糕"分配问题就可迎刃而解。实行这一指标投放模式还可以充分调动地方政府推动异地高考工作的积极性。从人才储备的角度来看,一省高校的招考人数越多,越有利于他们选拔和任用优秀的人才。为了吸引随迁子女就学,各地政府必然会加大对高中教育资源的投入力度。

第四,简化和规范异地高考的门槛。

细化异地考生资格认定规则,可以借鉴积分制管理办法,将当地公共服务优先向贡献大、积分高的人群倾斜。同时,异地考生资格认定条件亟待细化,因为在异地高考政策实施过程中,现有的一些标准认定是十分困难的,诸如稳定的职业、居所之类等。

从以上梳理可以看出,相较于以往,2013年学界及社会对普通高中教育改革与发展的关注程度进一步增加,并形成了许多旗帜鲜明、新颖独到的观点。这不仅得益于《国家中长期教育改革和发展规划纲要(2010—2020年)》和普通高中课程改革有效落实与稳步推进,也体现了时代发展对于普通高中教育的新要求,更说明普通高中教育的改革与发展是切实关涉社会公众利益的重要问题,是办好人民满意的教育的重要内涵和关键目标。

但是,学界和社会对普通高中教育的关注仍然有一定的深化空间。首先,学界对于普通高中教育性质定位、课程改革理念、多样化内涵等议题展开了激烈的讨论,但一些解读或观点相对缺乏实践指向性,无助于实践的改进。其次,一些研究与舆论在关注高中教育问题时普遍存在一种逐"热"心态,往往以"政策、热点"为转移,而忽视了诸如高中课堂教学、德育、社团建设等内部问题。再次,在研究方式上,理论分析较多,缺少严格的定量和定性研究,同时也缺乏中国社会文化语境的深度分析。

因此,为了营造更加有利于高中教育改革与发展的社会舆论环境,学界的研究和媒体的报道在未来一段时间可以着力强化以下方面:一是对高中教育改革与发展有更加系统化的考量。一方面要从当代中国的社会文化语境出发,另一方面要从纵向的教育系统整体层面,分析高中教育发展的路径、面临的困境和现实的出路。二是聚焦学校内部的逻辑。既要注重对有关高中教育各项政策与改革举措的合理性、正当性与可行性的分析,同时也要进一步引导公众更多地关注高中教育的内在使命及内部过程。三是在总结中反省,在批判中重建。当前的一些研究对某些高中的改革探索(特别是成功的经验)有细致的总结,但是对这些探索背后的内在机制往往缺乏清晰的描述和反思;一些研究对现实的高中教育政策和举措有独到的批评,但是对这些政策和举措的实行和调整往往缺乏可行的建构。因此,如何在研究、舆论与学校实践的积极互动和良性互动中促进反思和重建,也是值得关注的问题。

主要参考文献

期刊

［1］陈丹、徐冬鸣:《论普通高中教育发展方式的转变》,载《教育发展研究》,2013(7)。

［2］崔允漷:《全球视野下我国普通高中课程改革的对策思考》,载《教育发展研究》,2013 (18)。

［3］董城:《北京中学首次实现网上跨校选课——推进高中课程改革》,载《中国教育信息 化》,2013(21)。

［4］董凌波:《近五年高中学业水平考试研究综述》,载《教学与管理》,2013(1)。

［5］董凌波、冯增俊:《高中学业水平考试实施背景下的高考改革探析》,载《教育学术月 刊》,2013(3)。

［6］段会冬、袁桂林:《精英抑或大众——几种高中教育价值取向述评》,载《上海教育科 研》,2013(2)。

［7］冯帮、崔梦川:《异地高考政策实施的阻碍因素及对策》,载《上海教育科研》,2013(11)。

［8］冯明:《大学附中的合作现状、价值、优势与发展——基于上海市大学附中办学现状的 调研与思考》,载《教育发展研究》,2013(4)。

［9］关松林:《我国普通高中学生学业水平考试问题分析》,载《中国教育学刊》,2013(11)。

［10］韩保清:《多元智能理论与高考内容改革》,载《教育理论与实践》,2013(22)。

［11］何应林:《普通高中职业类课程开设现状调查与分析》,载《上海教育科研》,2013(8)。

［12］胡惠闵、汪明帅:《我们需要怎样的高中教育——访上海纽约大学俞立中校长》,载《全 球教育展望》,2013(1)。

［13］李伦:《高中多样化改革不是少部分学校的"专利"——对话江苏省南京市教育局局长 吴晓茅》,载《人民教育》,2013(11)。

［14］李润洲:《普通高中教育的定位:"教育—人—社会"的视角》,载《教育发展研究》,2013 (22)。

［15］李伟、李润洲:《对高中教育"大学预科化"的辨析》,载《中国教育学刊》,2013(3)。

［16］刘海峰:《理性认识高考制度,稳步推进高考改革》,载《中国高等教育》,2013(7)。

［17］刘世清:《论普通高中的发展困境与政策取向》,载《教育研究》,2013(3)。

［18］刘世清、苏苗苗:《"异地高考"政策的合理性研究——基于30个省(自治区、直辖市) "异地高考"方案的内容分析》,载《高等教育研究》,2013(6)。

［19］刘世清、苏苗苗、胡美娜:《从重点/示范到多样化:普通高中发展的价值转型与政策选

择》,载《华东师范大学学报(教育科学版)》,2013(1)。

[20] 戚业国:《普通高中多样化发展的理念、经验与模式》,载《人民教育》,2013(10)。

[21] 阮国杰、陈志强、王鹏:《普通高中多元化课程开发的实践探索——以北京师范大学第二附属中学为例》,载《课程·教材·教法》,2013(11)。

[22] 孙丽芝、刘艳:《高校自主招生政策回望——基于理性选择制度主义分析框架》,载《江苏高教》,2013(6)。

[23] 孙艳霞、曾庆伟:《"个适性"质量观下的普通高中多样化发展策略——山东省聊城二中的个案分析》,载《教育研究与实验》,2013(4)。

[24] 谈松华、王建:《"异地高考"需要积极稳妥地推进》,载《求是》,2013(7)。

[25] 唐盛昌:《高中生专门课程的构建与专业取向选择》,载《教育发展研究》,2013(18)。

[26] 屠莉娅:《唯真求实:高中课程改革的反思与前行——浙江大学自然科学组专家学者访谈录》,载《全球教育展望》,2013(8)。

[27] 王柠:《高中教育到底"姓"什么——关于高中教育性质定位的讨论综述》,载《基础教育课程》,2013(1-2)。

[28] 王智超:《普通高中多样化发展的现实困境与理论探索》,载《东北师大学报(哲学社会科学版)》,2013(2)。

[29] 徐士强:《普通高中特色课程建设模式初探》,载《上海教育科研》,2013(5)。

[30] 徐英、吴月文:《试论普通高中多样化的推进策略》,载《教育导刊》,2013(7)。

[31] 许衍琛:《异地高考政策:挑战与应对》,载《山西师大学报(社会科学版)》,2013(4)。

[32] 杨桂青:《2012普通高中定位之辩——对普通高中教育定位讨论的回眸》,载《辽宁教育》,2013(6)。

[33] 袁桂林:《对普通高中多样化发展的理解》,载《人民教育》,2013(8)。

[34] 张华:《论我国普通高中教育的性质与价值定位》,载《教育研究》,2013(9)。

[35] 张文军:《论普通高中课程的基础性与选择性——浙江大学副校长罗卫东教授的观点》,载《全球教育展望》,2013(7)。

[36] 张文静:《高校自主招生改革试行十年的回顾和展望》,载《国家教育行政学院学报》,2013(9)。

[37] 张亚群:《高校自主招生的价值取向与选拔机制》,载《中国高等教育》,2013(24)。

[38] 周坤亮:《对普通高中教育定位的思考》,载《教育发展研究》,2013(22)。

[39] 朱忠琴:《基于学生发展的普通高中课程体系建构——以山东省聊城二中特色发展为例》,载《当代教育科学》,2013(24)。

报纸

[40] 陈志伟、赵建春、蔡继乐、顾佳怡:《改革让高中生自主选择未来》,载《中国教育报》,2013-10-11。

[41] 董城:《北京中学首次实现跨校选课》,载《光明日报》,2013-10-16。

[42] 杨桂青:《2012普通高中定位之辩》,载《中国教育报》,2013-01-02。

[43] 雷新勇:《要更好地研究高中学业水平考试》,载《中国教育报》,2013-03-27。

[44] 雷雨、粤考宣:《不参加高中会考无高考资格》,载《南方日报》,2013-10-02。

[45] 李玉兰:《异地高考为何仍在"原地打转"?》,载《光明日报》,2013-06-13。

[46] 刘海峰:《高考改革的"路线图"》,载《中国教育报》,2013-11-29。

[47] 刘子烨:《异地高考为何难推行》,载《联合时报》,2013-05-03。

[48] 罗琦、杨娜:《我区高中学业水平考试实施方案出台》,载《广西日报》,2013-11-08。

[49] 沈祖芸:《学业考能否撬动高中教育改革》,载《中国教育报》,2013-09-05。

[50] 殷跃明:《换一种思路规划高考改革》,载《中国教育报》,2013-08-03。

[51] 张武升:《高考改革要对症下药》,载《中国教育报》,2013-03-15。

[52] 赵婀娜:《异地高考报名人数不多》,载《人民日报》,2013-06-08。

[53] 邹娟、韩晓蓉、焦苇:《上海高中学业水平考试调整》,载《东方早报》,2013-09-05。

第三章
加快普及高中阶段教育的问题分析

■ **本章要点**

高中阶段教育已经成为了影响教育全局发展的关键性领域。普及高中阶段教育不能简单地沿袭以往普及义务教育之套路,需要有新认识和新思路。普及不只是依靠学校数量增加;必须充分考虑到学习者的教育选择,不是简单地甚至强迫地安置。加快普及高中阶段教育不能成为一种时尚的口号,而必须洞察、研究普及高中阶段教育所面临的现状、问题与挑战。

● 在理论上,把握高中教育对象的特殊性、高中教育功能的定位、高中教育内容的设计、教育内部的结构等要素。认清楚"普及"与"强迫"的关系;把握住"普及"与"收费"的关系;处理好"普及"与"公平"的关系;平衡好"普及"与"提高"的关系。

● 在实践上,关注高中教育结构问题,平衡普通教育与职业教育之间的数量关系,明确高中教育责任问题,发挥各级政府在发展高中阶段教育中的作用;解决高中教育经费问题,保障普通高中教育的政府拨款到位;不回避高中教育质量问题,单一的"升学率"或者"就业率"不能成为评价高中阶段教育质量的唯一指标。

● 在行动上,正确认识普及高中阶段教育的特点,重视和满足学生个体的选择权;优先关注农村高中教育发展与改革,不能以城市化的高中教育发展方式规划与指导农村高中教育的发展;颁布并落实高中学校与高中普及标准,在全国层面保证政策标准的相对一致性;加速发展高中学校多样化,但不是简单的行政主导的贴标签运动。

　　教育改革与发展是当前我国社会事业全面发展的重要领域之一,办好人民满意的教育是党的十八大报告对教育战线提出的要求。近年来我国各级各类教育在改革与发展两方面都得到了显著的进展,但是,纵观教育事业的整体,就其系统、协调发展而言,高中阶段教育已经成为了影响教育全局发展的关键性领域。普及高中阶段教育不仅是社会经济发展的外部需求,也是教育系统本身扩展的需要。但是,高中阶段教育的普及不同于义务教育阶段的普及。高中阶段不仅要为高等教育做准备,而且也要为年轻人进入社会、选择生活、从事职业做准备。高中教育的桥梁作用不只是表现在教育内部,也表现在教育与外部社会之间的衔接上,如教育与工作世界之间的衔接。所以,普及高中阶段教育不能简单地沿袭传统的普及义务教育之思路,需要有新的认识和新的思路。本章从理论、实践和行动三个维度分析加快普及高中阶段教育的问题。

一、普及高中阶段教育的理论问题

　　高中阶段教育作为介于义务教育与高等教育之间的教育阶段,它有着自身的一些特殊性,包括教育对象的特殊性(学生发展的需求)、教育功能的定位(高中教育的价值)、教育内容的设计(基础性与专业性)、教育内部的结构(学校多样性)等。这里从高中教育中的四种关系视角出发,讨论加快普及高中阶段教育中的理论问题。

1. "普及"与"强迫"的关系

　　随着社会经济的发展,教育发展有了更多的资源,能为个体提供更多更好的教育支持和服务。现代社会中教育规模日益扩大,传统选拔式的精英教育已经逐步演变为普及化的大众教育。这种普及化教育从基础教育领域不断扩展到高等教育领域,从传统儿童教育的全日制的学校教育发展到了工作阶段中的在职教育、继续教育、闲暇教育以及老年教育等。

　　我国过去30多年的改革与发展,使九年义务教育普及得到了快速实现,并正在迈向高质量普及的均衡发展道路;同样,高等教育也得到了跨越式发展,实现从精英教育到大众化教育的跨越式发展。目前加快实现普及高中教育,是我国教育改革与发展的必然要求,事实上也是人民群众对教育的期望。普及高中教育是体现中国教育发达的主要指标之一,也是我国教育现代化的一项任务。

　　传统意义上的义务教育,是基于"强迫"(compulsory)教育的思想,基于对学生即尚未成熟的儿童的一种权利的保护(受教育权),基于为儿童提供必需的思想、知识与技能。在过去教育资源受限和教育规模有限的情况下,这种义务教育确实保障了每个儿童接受教育的权利。

　　问题是,当下的社会经济发展及其教育发展已经今非昔比,学习机会的普及化已经成为现实。再加上高中阶段教育的适龄学生人群已经成长为具有相对独立性的社会个体,已经具备了初步的选择观念与选择能力。所以,高中教育的普及含义,或许更多的是意味着为学习者提供越来越多的学习机会,满足学习者享受高中教育的权利。而这种教育机会的普及,并不一定意味着学习者一定都要进入到这个教育系统之中。换句话说,高中阶段教育的普及,不是意味着每个适龄年轻人都一定要进入高中学校学习。

　　当今社会处于数字化时代,已经成为了学习型社会,传统的学校教育概念必须发生转变,人的学习机会不只是存在于正规的学校之中。当前我国那种按照考试分数来决定学生在高中阶段入学或者进入什么类别学校的制度方式,显然没有尊重学生升学中的个人选择权,与真正普及并提供机会的思想是不一致的。

　　在终身教育思想指导下,在信息通讯技术的支持下,教育已经不再局限在学校教育范围之内。学习型社会与学习型组织正在成为现实,个体接受教育和参与学习,可以不再受传统学校教育体系的时空束缚。当代教育的发展,正朝着多样性、选择化、个性化等方向迈进,这对传统的强制性、统一化、模式化教育教学体系提出了挑战。

　　普及高中教育在于使更多学生获得更大发展,意味着为年轻人提供选择、参与和发展的机会,而不应是"被迫"或者"被动"地接受。高中阶段教育学生处于身心发展的关键期,教育与成人社会尊重这些正在成长中的青少年是十分关键的。按照青少年发展的心理学要求,用"强迫"的方式使他们入学以普及高中阶段教育,显然是有问题的,也是不合适的。

　　普及义务教育与普及高中教育的重大区别在于,前者可以是基于政府(或者社会)主导的强迫入学,后者则需要基于学生主动的选择入学。尽管两者都重视教育的内涵及其质量,但后者的内涵及其质量更显得重要且必要。

　　加快普及高中阶段教育,必须超越于以往义务教育的"强迫"思维,而是要从现代教育为个体发展提供教育机会、教育选择和个别化教育的新视角出发。高中阶段教育的普及需要依赖受教育者或者说学生的认可、认同和接纳,需要学生主动参与到高中阶段的教育之中,不论是普通高中学校还是职业学校。学生也是高中教育系统中的重要组成部分之一,他们是有生命的主体,高中阶段是他们成长的一个历程阶段,高中学校是他们成长的一个生活场所。普及的高中教育必须立足于学生本位的立场,以关注学生和满足学生而吸引学生和发展学生。

在普及高中阶段教育上,首先要做到的是,高中阶段教育是学生发展真正所需要的,是学生真正愿意与喜欢接受的教育,是学生真正学有成效的教育。世界银行2020年教育战略报告"全民学习"中的一个重要观点就是,经济增长、发展和减贫取决于人们获得的知识和技能,而不是他们坐在教室里有多少年。所以,要强调学习,要注重全民学习。这对于普及高中教育具有非常重要的启示意义。

2. "普及"与"收费"的关系

很显然,我国教育发展的巨大成就首先来自于政府的高度重视,尤其是政策与投入的支持和保障。我国普及高中教育的经费投入是不是按照之前普及义务教育的路径实施呢?

普及不等于免费,当然,也并不意味着一定要收费。普及教育在很大程度上是政府责任和国家受益,政府提供免费的高中阶段教育也不是不应该,而且随着我国经济不断发展与壮大,免费高中教育也并不是没有可能。目前,我国中等职业教育在农村基本上实现免费,而在城市仍有收费;普通高中教育则不论农村还是城市都坚持收费。不同地区、不同学校之间,在收费方面存在诸多的差异。

当前的问题是,这种不同的收费状况,对于加快普及高中阶段教育则是不利的。

产生这种收费状况的原因,显然来自于对高中教育的认知。当前,在我国,无论政府、社会、学校,还是民众,在对待职业高中与普通高中方面普遍存在着这样的成见:中等职业教育是面向就业(尽管也可以升入高职院校),安置那些学术性考试成绩低的学生,他们将来将因为学历低而收入较低;普通高中则是为大学培养人才,招收学术性考试成绩高的学生,他们以后将升入高等教育并将获得高报酬的职业。所以,现在就要对就读职业教育的"不利"学生予以关怀,通过资助、免费或者少收费的方式,吸引学生进入中等职业教育或者"安抚"那些心有不甘的学生。

这种通过"收费"的方式调节高中阶段教育中职业教育与普通教育之间学生分流有一定的作用,但其实质是错误的、有害的。从服务于学生发展的角度看,职业学校与普通学校的作用是一样的。这种简单的"免费"措施,恰恰进一步强化了人们对职业教育价值的负面印象。

由此,高中阶段教育需要有趋于一致的、更加平衡的收费政策。当然,要使社会对职业教育树立正面的、积极的认识,还需要职业教育自身的努力,也需要全社会对与职业教育相关的工作有新的全面认识。

作为高中阶段教育的两种类别,对职业教育与普通教育的认识不能是主观假设的,或者人为区分的。在普及了的高中阶段教育中,它们代表着两种教育的类别,或许教育目标与教育内容有差异,但都是为年轻人提供成长与发展的场所,都需要为学生在学术性目标、职业性目标、社会性目标(包括公民与文化方面)以及个人目标方面而奠基。

在一个人人获得尊重的社会,职业有分类,但每个职业及其劳动者都应受到同样的尊重,个人的工作收入与社会地区不能因其接受的职业教育或者普通教育的经历而决定。国外最新的研究已经发现,当代高等教育毕业生的收入回报率呈现下降的趋势,影响个人收入的因素正在发生变化。尤其是在知识经济的背景下,决定劳动者价值的关键因素已经从传统的拥有什么文凭或者知识,转向了是否有创新的素养,实现了从学历水平到实践能力的转变。

在当今社会经济日益发达的情况下,教育对于个体的价值意义,并非只是局限在获得高收入的职业工作,还在于个体获得教育活动中的一种享受、体验与积累。发展普及高中教育不应该再停留在以往那种"教育是一种经济性投资"的认知上,普及高中阶段教育不仅是满足个体发展的需要,也是教育系统科学发展的需要。

所以,在加快普及高中阶段教育的政策分析中,必须充分考量免费与收费之间的关系问题。在当前的情况下,实现免费的高中教育似乎不现实,甚至也没有可能。在不实现免费的情况下,"如何收费"要成为决策普及高中阶段教育的优先事项。

关键是,不同类型的高中教育(即普通教育与职业教育)和不同等级的学校(如示范学校与非示范学校)如何采用相对合理的收费政策,这种收费政策要体现政府对发展高中阶段不同类型教育与各类高中学校的公平性、公正性,要有利于促进它们的各自发展、持续发展和健康发展。诸多的事实可以证明,期望通过"收费"的市场经济手段而满足与平衡高中教育的各种需求,显然是不现实的。这就需要政府重新审视和制订高中教育的收费政策。

3. "普及"与"公平"的关系

高中阶段教育的公平与平等是普及之后的问题，还是普及中就必须优先考虑的问题？高中阶段教育中学校有"分类"或者"分等"的区分，在关注非强迫的选择性入学的背景下，如何将学生合理而科学地安置到各自所合适的学校中学习，而不是人为地被"分类"或者"分等"？这是一个不可回避的问题。

教育公平是社会公正的重要体现。这种背景下，普及高中教育，显然不能遵循之前义务教育先普及再公平的发展路径。公平必须成为高中阶段教育普及发展政策的优先考虑事项之一。教育公平理应成为高中阶段教育普及的重要前提基础。

在当前教育行政体系框架中，基础教育发展以地方为主，其中普及义务教育以区县为主。高中阶段教育归属地方负责，但发展高中阶段教育是不是也以区县为主呢？高中教育的办学体系与管理体系在各省市区之间并不一致。

纵观我国高中阶段教育发展的现状，全国普及高中阶段教育重点区域与难点区域在于中西部的经济欠发达地区。公平不仅意味着教育投入有保障，而且意味着优先关注不利地区与不利人群。从公平的角度出发，首先要实现高中教育发展中的区域平衡。由此，讨论加快普及高中阶段教育的责任，首先就在中央政府：如何支持这些地区的省级地方政府加快发展有质量的、有保障的高中阶段教育。

教育公平的概念并不意味着完全的一致，而是要注重不同的个体得到应有的支持、帮助和最大的潜能发展。同时，教育要体现对教育对象即学生主体性的重视，满足不同学生的多样化要求与选择。

在中西部农村地区加快普及高中阶段教育必须慎重而行，普及不只是简单的高中教育规模扩展而已。事实上它涉及到农村学生出路、农村社会发展、农村经济发展等多方面实际问题，尤其是要注重人们对高中教育的认识和理解。

在农村地区，普通高中教育不能演变为单一的为高考做准备的教育；高中职业教育不能直接变成是单一的劳动力转移的技能培训。在高中学校中，要实现学生学有所成，真正为这些学生未来发展奠基和服务。所以，需要为这些地区的学生提供他们所真正需要的高中教育及其服务。

4. "普及"与"提高"的关系

如果说教育的"普及"是有关数量与机会的问题，那么"提高"则可以理解为质量与结果的问题。在高中阶段教育发展中，需要处理好普及与提高的关系问题。

按照科学发展观的要求，高中教育事业的发展必须先做强再做大，实现可持续的、以人为本的发展理念。由此,高中教育质量"提高"同样需要置于普及高中阶段教育的政策议题之中。

在理论上,普及与提高之间可能是矛盾的关系,即普及可能影响提高。在实践中,如果需要注重质量,则普及的速度可能需要缓慢和适度,以确保质量的体现。问题的关键在于,在各地区内部,高中阶段教育发展现状之间不平衡,而且普及水平与普及质量之间的关系是一种对应的而不是矛盾的关系,即东部地区、城市地区的高中阶段教育普及水平高,而且教育质量也相对较高;但在中西部地区,尤其是西部农村地区,高中阶段教育发展的普及水平较低些,而且教育质量水平也有一定的差距。

所以,西部地区高中阶段教育发展中的普及与提高都是不可忽视的方面,在发展政策的制订上,究竟如何处理或者平衡它们之间的关系,是一个很现实的难题。

高中阶段教育作为一个承接义务教育与高等教育的教育阶段,它具有自身的教育定位:为接受了义务教育的学生提供更多的教育与支持,既为他们将来接受高等教育做准备,另一方面又为他们进入现实的职业工作世界做准备。当然,也为这些学生提供适合他们年龄阶段的同伴生活实践。鉴于高中阶段是学生个性成长与自主发展的关键期,学校必须为学生提供全方位的各种支持与服务,而不只是局限在旨在升学的学术性考试分数与旨在直接就业的技能训练。

高中教育的质量是一个多元角度才能界定的概念,而不只是一个统一的标准或者要求。这也是当前普通高中教育领域中强调多样化发展的原因之一。回到高中阶段中职业教育与普通教育两方面,是不是两者之间有谁好谁不好的区分呢?中等职业教育难道真是"差生"的"收容所"? 对质量的认识同样是影响制订普及高中阶段教育政策的因素。

普及的质量及其提高是对于整个高中阶段教育而言的,既要包括普通高中教育,也包括职业高中教育;这种质量不能单纯地完全以分数、升学率或者就业率为验收指标,必须更多地注重学生学习需求(内容)、学习参与(过程)、学习成效(结果)等多方面的表现(质量)。

这就需要突出"高中学校"的作用:办好每所学校(普通高中与职业中学),使每个在校学生都能够好学、乐学、学好。因此,在普及高中阶段的框架中,需要有最基本的科学、全面、正确评价学校教育质量的体系。

在结束本段论述之前,介绍一些台湾普及高中教育的情况。2011 年台湾宣布从 2014 学年起实施的"12 年国教政策":将高中阶段教育纳入"国民教育"范围,即纳入义务教育范畴。但是,2013 年底台湾《教育部人才培育白皮书》中明确指出,12年国教的后三年(即高中教育)"定调为'普及'、'自愿非强迫入学'、'大多数免学费'及'免试为主'。前两项为现况之延伸,至于何时可以达成全体学生免学费,将持续成为一个重要议题"。这一议题涉及的就是当前高中教育体系中的"入学制度"与"明星高中"存废问题,也就是我们所说的"中招"与"重点中学"制度取消问题。很显然,台湾名义上把高中阶段纳入国民教育(即义务教育范围),但实际上并不属于真正的"义务教育"。台湾的这一实践值得我们大陆参考。

所以,综上所述,在当前普及了义务教育、高等教育大发展的进程中,高中阶段教育发展受到关注是好事。但是必须意识到:

- 普及不只是依靠学校数量增加;高中阶段教育的普及必须充分考虑到学习者的教育选择,不是简单地甚至强迫地安置。
- 加快普及高中阶段教育不能成为一种时尚的口号,而必须洞察、研究普及高中阶段教育所面临的现状、问题与挑战。
- 改变现状,可能意味着制度的重新设计,这或许需要多方面的参与和努力。

二、普及高中教育的实践问题

高中阶段教育尤其是作为普通高中教育在过去这些年间,尽管取得了不少成就,2012 年全国高中阶段教育毛入学率已经达到 85%。但是,相比较义务教育、高等教育和职业教育而言,在发展上,高中阶段教育并没有在国家政府层面引起足够的重视和支持,普及高中阶段教育在各地呈现出各种不同的状态,由此导致了高中阶段教育发展实践中的诸多问题。

1. 高中教育结构:普职之比

在我国,尽管高中往往笼统地归为基础教育领域,但与义务教育显著不同的是,高中阶段教育包括了普通学术类教育(普通高中教育)和职业技术类教育(职业高中教育)两种类别。而且,当前这两类教育在实践中基本上是完全分离的,包括招生、课程教学、培养目标以及教育行政与管理体系等。基础教育通常并不包括高中职业教育在内。

近年来,自上而下的各级政府鼓励和支持大力发展职业高中教育,实施诸多建设项目,提供各种办学保障,包括免学费的措施,吸引了一些学生进入职业高中学习;中等职业教育规模得到了不断扩大,与普通高中教育规模之间的比例基本维持在"大体相当"。2012年,全国中等职业教育招生人数占高中阶段总招生数的47.17%,中等职业教育在校生数占高中阶段在校生总数的46%。

相对而言,在发展普通高中教育上,由于国家没有明确的政策导向,过去十年始终以课程改革为抓手,这对于提高普通高中教育质量具有重要意义,但是对于全面推进普通高中教育数量发展作用有限。由此导致各地在发展普通高中教育方面并不一致。在中央政府提出大力发展职业教育的背景下,近10年,我国高中阶段教育的数量扩展,在一定程度上是依靠了中等职业教育发展而产生的。

表3.1　2005—2012年全国高中阶段在校生人数统计

年份	合　计	普通高中	中等职业	成人高中
2005	4 030.9	2 409.1	1 600.0	21.8
2006	4 341.9	2 514.5	1 809.9	17.5
2007	4 528.8	2 522.4	1 988.3	18.1
2008	4 576.1	2 476.3	2 087.1	12.7
2009	4 641.0	2 434.3	2 195.2	11.5
2010	4 677.3	2 427.3	2 238.5	11.5
2011	4 678.3	2 454.8	2 197.0	26.5
2012	4 595.3	2 467.2	2 113.7	14.4

(数据来源:2005—2012年间全国国家教育事业发展统计公报,教育部。)

事实上,从个体的角度出发,人们对普通高中教育的需求明显大于职业高中教育,目前学生进入高中阶段的普通高中或者职业高中,在很大程度上是政策导致的人为性分流,而不是真正基于学生的意愿的选择性分流。在这一点上还很有些"强迫教育"的特征。

目前学生进入高中阶段学习,基本上是沿袭按照考试分数录取的方法,当然,有些职业学校也采取了直接注册入学、提前招生的方式,以吸引学生入学。普通高中学校则是按照考试分数的高低,来决定学生进入什么级别的高中学校,如重点或者一般,示范校或者非示范校。政府对这些高中学校的招生有严格的操作规定。

很显然,高中阶段教育中普通教育与职业教育比例大致相当的政策规定,促进了职业高中教育的发展,但在当前强调满足人民群众对教育的选择、实现人民满意的教育背景下,这种发展政策面临着挑战。

第一,我国各地社会经济文化历史等差别因素较多,在全国各地实现统一的高中阶段教育结构模式,可行性显然不会高。

在经济产业发展不同的地方,社会和人们对教育的认识及其需求是不一样的。例如,在发展职业教育(包括中等职业教育发展)上,人们往往认为经济欠发达是发展职业教育的推动力,其实在经济不发达的地区,尤其是生产力水平还比较低的地方,发展职业教育更困难,因为这些地方在产业需求与就业保障方面明显要差于经济比较发达的地区。另外,在那些人口密度比较小的西部区县,学生人口总数相对较少,实现职业高中教育与普通高中教育的双轨发展,显然也是不合适的。

第二,纵观世界各国教育发展的历史与实践,职业教育与普通教育之间数量关系并不是固定的或者确定的。

世界各国高中阶段的教育模式是多样的,例如以德国为代表的欧洲国家比较注重发展职业类的高中教育,注重职业教育与培训,实现有普职之分的高中教育,而且两类学校之间的区别比较显著。但在美国等北美国家,比较重视普职融合的综合教育,强调高中教育在应对升学与应对就业方面的双重职能,通常不单设中等职业学校,往往通过综合中学或者社区学院开展技术教育。另外,在以儒家文化为特点的东亚国家与地区中,普通高中教育往往更为人们所期待,职业教育并不受待见。

第三,传统的普通教育与职业教育划分的依据正在发生变化,在一定程度上动摇了普通教育与职业教育之间的严格区分。

在我国社会经济全面发展的大背景下,尤其在经济发展转型与产业结构变动的过程下,高中教育在人才培养与人才供给方面的分流作用被大大减弱了。当代高中阶段教育包括职业教育与学术教育,在培养学生为参与工作和个人终身发展奠基方面,显然不是简单的职业教育或者升学教育就能够完成的。人才发展需要更为宽泛的基础,即"通才"的教育。作为基础教育的高中教育,包括职业教育在内,都需要在学术目标、职业目标、社会公民与文化目标、个人目标等四方面为学生发展提供支持和服务。这就是生涯教育的意义所在,强调生涯教育与指导是当今国际高中教育改革与发展的趋势之一。

总之,当前我国高中阶段教育中职业教育与普通教育之间的关系问题,并没有得到合理、科学的区分或者处理,而只是简单的、全国各地接近统一的"大致相当"。这种严格的"双轨制"对于高中阶段教育的科学发展是极其不利的。如何将有效的教育资源运用到最有价值的高中阶段教育发展之中,是亟待明了和清晰的问题。我们不反对发展职业教育,但是,更希望有质量地普及高中阶段教育。所以,发展高中阶段教育需要思考的是:在支持发展职业教育的同时,也能支持普通高中教育发展。

正确确立高中阶段中的普通教育与职业教育之间的比例关系,实现高中阶段内普通教育与职业教育之间的融合和渗透,是加快普及有质量高中阶段教育的重要基础之一。在一个社会经济发展存在多样性的国家,普及高中阶段教育的途径、方式与模式肯定不能全国统一。高中学校的类型多样性、高中教育的内容丰富性、高中学生的自主选择性,都将是加快普及高中阶段教育的本质需求。

2. 高中教育管理:政府责任

正是高中阶段普通教育与职业教育两类学校甚至两类教育的存在,导致了当前高中阶段教育的管理存在诸多问题。

作为职业教育的职业高中,近年来得到了大力发展,这归功于政府大力发展职业教育的政策与举措。但是,从中等职业教育发展的本质看,政府的干预似乎并不合理,或者说干预过多。

中等职业教育具有一定的专业划分,这种专业与学生毕业之后的就业岗位很有关联。由此,中等职业教育发展需要比较多地关注与地方社会经济发展的匹配性,要更多考虑学生毕业之后的去向。中等职业教育发展要强调与部门、行业及其企业的合作,而不是单一的教育系统内部的事情。

尽管我国一直强调职业教育的社会参与和企业合作等要求,但是实践上,发展中等职业教育基本上都是政府教育部门在实施,明显缺乏社会与企业的参与和合作。近10年一些农村地区建立的职业学校或者职教中心,大多是响应国家大力发展职业教育的号召而产生的"政府行为";同时,政府在发展中等职业教育上采用了"免费"措施,这可能将导致中等职业教育发展的不可持续性。

显然,另一方面,过去20多年间,普通高中教育显然没有像职业高中那样得到国家政策的高度重视和支持。普通高中教育纳入了基础教育管理范畴,但又得不到与"义务教育"一样的政策待遇和发展支持。在地方为主的基础教育办学体制下,甚至连究竟是省级政府、地级政府还是县级政府承担普通高中教育发展经费的问题,都尚未有一个清晰的表达或者说明。

当前,普通高中学校的管理者分别有省级、地市级、区县级等不同的部门,而这些不同的管理者造成了普通高中学校在发展条件上的差异,这在生均公用经费拨付或者学校基建项目费来源等方面差别很大。所以,普通高中教育发展区域间的不平衡性有着加大的趋势,至于普通高中学校之间的差距(办学条件)同样有加大的趋势,农村高中更是问题重重。

在加快普及高中阶段教育发展上,一些省往往是按照中央的要求出台原则性的规划目标,地市县则按照省里的要求,结合自身的利益,一方面运用来自上级的职业教育经费发展建设职业高中或者职教中心,而较少考虑这些建设是否能够真正产生效益,这在一定程度上其实是伤害着职业教育的健康发展。另一方面,地方政府又在不为或者无力提供普通高中教育发展经费支持的情况下,要求普通高中学校自筹经费扩建、改建、新建校园,由此建设示范学校、星级学校或者特色学校等,进而产生巨型学校、学校欠债甚至乱收费现象。

所以,是否能够像义务教育一样,加强对高中阶段教育的管理呢?是否应该确立一个全国相对一致的高中阶段教育管理体系?实际上,就是要明确发展高中阶段教育的责任主体,尤其发展普通高中教育的责任者:县、地还是省?或者在三者之间合理分配各自的责与权!

3. 高中教育经费:收费现象

在各级政府大力整治下,教育领域中的乱收费现象已经得到了根本性治理,教育产业化思想也得到了有效的遏制。但是,在普通高中教育领域可能并非如此。

当前,在职业高中教育普遍实行免学费的情况下,普通高中教育仍被人更多理解为需要投资的教育,需要付费的教育。普通高中教育领域的产业化思想或者说商业化思想仍然显著地存在,由此导致很多地方的普通高中学校还是建立在收费办学的基础上。

过去几年间,各地政府在发展普通高中教育上实现了"三限收费"政策(限分数、限人数、限金额),似乎规范了高中教育中的乱收费现象,又解决了政府办普通高中不出钱的难题。其实,这种收费政策还是教育产业化的本质表现,也可以认识仍是收费"乱"的表现。

正是这种教育产业化思想的影响,各地政府在发展普通高中教育方面不愿意投钱或者没有钱可投,或者提供经费不足。所以,普通高中学校的基建和运行都要依托学生学费、择校费、高复班学生学费等来源而支撑,这在各地普通高中学校中普遍存在,这也导致了各地普通高中学校普遍欠债的情况。

在一些地区,在公用经费拨款方面,甚至往往是有名无实。有些农村的完全中学,由于难以收到来自学生的费用,而导致使用初中部的义务教育经费支撑着整个学校的经费支出,类似于弟弟的口粮供弟弟与哥哥两人吃。

即使在一些经济发达的地区,政府在为普通高中学校提供在编教师工资之外,也不再提供其他费用,甚至包括生均公用经费,来自学生的学费、补习费和择校费成为了维持学校运行的基础。此外,一些普通高中学校之中或多或少地存在临时教师、非编教师或者代课教师,而他们的工资都由学校自己解决。

近年来,各地政府已经注意到了普通高中学校的欠债情况,并着手摸底和清理事宜,但并没有采用切实行动帮助学校偿还欠债,而只是控制了新增债务的出现。教育部在2014年2月发布的数据是,全国高中欠债1 600亿,其中多为优质高中。

在"收费"思想的影响下,在校园扩建困难的情况中,班级规模增大成为了学校规模扩大的方式。近年来,大班额、超大班额的比例始终难以降低,与学校的"经费成本"理解与"经费供给"能力密切相关。

为了解决办学经费问题,不发达的农村地区普通高中学校中高复班仍然大规模存在;这一方面缓解了这些学校办学经费的紧张状态,但另一方面影响到正常的普通高中教育教学,仍助长着片面追求升学率的态势。

大班额现象对于开展有效的课堂教育教学、全面推进高中课程改革、全面提高普通高中学生的综合素质等都产生着消极的影响。这对于切实提高高中教育质量是不利的,同样也不是普及高中阶段教育所需要的。

所以,必须全面认识普通高中教育作为基础教育的意义,必须对普通高中教育的收费政策予以重新认识。在高中阶段教育中,为什么职业教育可以免费,而普通高中教育要交学费?普通高中教育的办学经费究竟如何分担?政府在其中应该承担什么样的责任?是按照高等教育方式分解办学经费,还是参考偏向义务教育的基础教育经费分担?

我国的教育体系以公办教育为主体,教育事业发展以政府投入为主。近年来,各级政府为教育发展投入了大量资金，各级教育的生均预算内教育事业费支出不断增加。但是，普通高中生均预算内的教育事业费支出在各级教育之中显得增长偏慢。所以，如何在国家教育经费普遍增长的情况下，使普通高中教育的政府拨款得到有效增加，这是一个急需关注的问题。

加快普及高中阶段教育，经费始终是一个不能回避的问题。如何建立高中学校的办学经费保障体系，确保学校有质量地运行，真正让学校校长成为办学的教育家，而不是办学的企业家。

4. 高中教育质量：概念界定

教育质量是发展教育的根本所在，有质量的教育才是教育发展的目标。所以，加快普及高中阶段教育，必须以质量为生命线，这其中包括普通高中教育的发展和职业高中教育的发展。

当前我国高中教育体系内部是明显的双轨制，即普通高中教育与职业高中教育，通常前者为高等教育输送人才，后者为就业做准备。在实践中，普遍存在把学生的高考分数及其升入大学的比例作为评价普通高中学校的质量指标，把职业学校学生的就业率作为评价职业学校的质量指标的现象。在高等教育扩招之后，职业高中学校就业率得不到保证的情况下，开始将中职学生升入高一级学校的比例，作为了职业学校办学质量评价的又一新指标。

很显然，这种直接的高中毕业生安置情况作为高中阶段教育的办学目标，是一种短期的、功利性的。高中阶段教育无论是普通高中还是职业教育，都需要围绕每个学生的全面发展与终身发展。

事实上，我们的调查发现，普通高中学生及其家长并非把升学作为唯一学习目标，学生家长还是希望孩子能够在高中学校中得到更多的全面发展，拥有更多的知识视野，能够获得一些生活技能等。

究竟如何认识高中阶段教育的特点和学生发展的要求，以及判断学生及其家长对高中教育的期望，是界定高中阶段教育的质量要素的根本，也是普及高中阶段教育发展的关键所在。

早在 1945 年，美国哈佛大学发表"自由社会中的通识教育"报告，俗称《哈佛通识教育红皮书》，是美国教育史上的经典著作。这本书好像是在讨论高等教育的问题，其实，它也高度关注了中等教育的问题。哈佛大学校长詹姆斯·B. 科南特在该报告发表的序言中指出，该报告适合的读者，首先就是"关注中等教育问题的专家"。这里不妨摘录该报告中的一些相关观点：

> 高中所面临的最艰巨任务是，高中如何尊重众多学生在智力、背景、家庭、
> 兴趣，以及期望等的目的差异，并作出相应的反应。在过去的高中里面，如果
> 学生不能够或者不愿意学习，他们不会被强迫留在学校里。而现代高中必须
> 为所有学生找到合适的位置，无论其愿望和天分如何。它应在合理的范围内
> 使用来适应每个学生的需要。
>
> 高中的任务就不仅仅只是把聪明的孩子变成最好的，它至少同样是为（从
> 数量上讲，甚至更多的是为）普通孩子扩展眼界和见识，使他们和他们的下一
> 代在成功的道路上少遇到一些困难。

之所以哈佛大学的专家们提出这些观点，是由于当时美国高中"本身的爆炸性
扩展和发生在校外的同样具有爆炸性的变化"。这种变化就是当时美国的免费教
育发展和社会的城市化和工业化，它们对高中教育提出了新要求。社会希望教育
能够同时实现两种目标："向有能力的人提供舞台，给普通人提供机会。"作为高中
教育更需要如此。

如果认真比较当时的美国社会及其教育与当下的中国社会及其教育，不难发
现两者之间有着诸多的相似之处。在现今讨论中国高中教育发展方向的时候，确
实有必要认真阅读这份哈佛报告书！

2005年，联合国教科文组织发表了题为"中等教育改革：迈向知识获得和技能
发展的结合"的报告，全面地介绍了该组织对中等教育改革的看法，其中罗列了近
年来全球所达成的一致观点：

> 中等教育是关于生活的准备；教育应该采取非实用主义的方式，要有助
> 于个体的全面发展、自我实现和社会参与；多部门的广泛参与是促进中等教
> 育发展的必要条件；职业教育与普通教育的改革不应该隔离开了，两者间要
> 建立桥梁，要有相互的资格认同；要尽可能延迟学生在职业教育与普通教育
> 之间的分流，以便为这些学生提供更多的统一而共同的知识；普通教育中不
> 能将所谓的学术科目与职业科目严格区分，而是要考虑各个学科之间的相互
> 依赖；为学生提供指导和辅导，帮助他们在教育和生涯发展方面更好地做出

自己的决定。

两份前后相差了 60 年的报告，都抓住了高中阶段教育发展的一些共同特征。前者基于教育的立场，强调要为高中学生提供基本的通识教育；后者则从当今社会经济发展的新情况出发，强调高中教育如何为学生适应知识经济及其现代生活做准备。同时，两者都基于通识教育的理念，将高中阶段教育看成了教育系统中的一个有机部分，而不是单纯地为高等教育或者就业做准备。

《国家中长期教育改革与发展规划纲要（2010—2020 年）》中提出，"关心每个学生，促进每个学生主动地、生动活泼地发展，尊重教育规律和学生身心发展规律，为每个学生提供适合的教育"；而且"高中阶段教育是学生个性形成、自主发展的关键时期，对提高国民素质和培养创新人才具有特殊意义。注重培养学生自主学习、自强自立和适应社会的能力，克服应试教育倾向"。

显然，高中教育肩负着重要使命，而且具有自身的特点。一方面要为每个学生提供更多基础性的教育，即超越于义务教育；另一方面，又要为每个学生个体的终身发展提供支持和帮助，所以，在高中学生群体规模日益增加的情况下，高中教育的内容与服务必须更加庞大。这对承担高中教育的学校也提出了挑战，即：一方面，传统的为升学服务或者为直接就业服务的两类教育机构必须转型；另一方面，可能还需要不同于这两类机构的新型学校。总之，高中学校需要适应新形势下普及化的要求。

其实，全面提高学生综合素质，不能只是对普通高中学生的要求，也是对所有高中学生的要求。多样化的高中学校发展要求，同样适用于职业高中学校发展。学校发展需要立足于使每个高中学生得到其最有价值的成长与发展，学校多样化是高中教育质量的保障，也是普及化的需要所在。单一的"升学率"或者"就业率"不能成为评价高中阶段教育质量的唯一指标。

"树立人人成才观念，面向全体学生，促进学生成长成才。树立多样化人才观念，尊重个人选择，鼓励个性发展，不拘一格培养人才"，必须转化成为高中阶段教育改革与发展的实践，这就需要办好每一所高中学校。

由于历史的原因，我国普通高中教育体系中存在按照等级划分的不同类型，尤其是传统的重点中学，或者所谓的优质学校、星级学校、示范学校等。要办好人民满意的高中教育，不能只是办好这些所谓的重点中学或者示范学校，关键是要办好每个学校,使每所高中学校都能够为他们所服务的学生提供最恰当的教育,促进学校内每个学生的最大发展。只有促进了所有高中学校的发展,整个高中教育才能显示出质量和令人民群众满意。所以,如何使每所高中学校都成为优质学校,创造有助于他们可持续、有质量发展的政策、条件和措施,是摆在政府面前的重要课题。

教育政策的公平公正公开是促进高中学校有序发展、竞争发展、共同发展的前提条件。类似于以往的重点学校的教育政策在当前追求公平的环境下,必须改变。所谓的优质教育资源都是相对的,都有一定的环境和适用范围。现有优质学校的简单扩展,包括规模扩大、分校或者集团化等,都需要慎重而行。城市高中教育质量固然不错,但农村高中的质量提升也很关键,高中教育质量并非是简单的"进城"或者名校扩编就可以自动生成的。

当前,普通高中教育发展的定位在理论上不明确,在实践中片面追求升学,在培养学生综合素质和为学生终身发展奠基方面还有诸多不足。为此,需要充分利用课程改革的契机,推进普通高中教育及其学校的全面改革,在高中教育阶段真正贯彻科学的人才观,切实体现全面发展的教育方针,成为每个学生终身发展的基石,而不只有进入高校的分数。

三、加快普及高中教育的策略问题

加快普及高中阶段教育,首先要有清晰的指导思想。必须对高中阶段与学生发展、社会发展之间的关系有全面而合理的认识,尤其是要认识到当今社会与时代背景下的高中教育的价值与意义。推进高中阶段教育的普及发展,需要选择制订合适的策略与方法。

1. 普及高中阶段教育的特点

当代社会发展中,教育发展及其普及是一种全球性趋向。但是,鉴于各国社会经济发展水平、教育体系及其文化传统等因素的差别,全世界并不存在可复制的教育发展模式。改革开放以来,我国社会经济的快速发展,包括我国九年义务教育的普及与高等教育的跨越式发展,在全世界没有先例,都是创新发展的典型案例。因此,我国加快普及高中阶段教育不能简单地模仿国外发展高中阶段教育的经验与模式。

长期以来,我国高中阶段实现普通教育与职业教育的分离,普通高中是作为高等教育的预备教育而实施的,这不仅表现在发展规模的规划上,更表现在普通高中教育管理及其内容上。正是由于把普通高中教育定位于高等教育的预备教育,导致了人们过于看重普通高中教育而忽视中等职业教育的价值与意义。

加快普及高中阶段教育,不能以限制人们对高中教育的需求愿望与选择可能为基础,而是要重视和满足学生个体的选择权。为此,需要重新审视普及视野下高中教育的特点。

首先,教育权是现代社会的重要特征之一,发展教育不只是国家发展和社会建设的需要,同样也是促进个体发展和个体生活的需求。扩大高中教育尤其是普通高中教育,是我国提高和发展人民群众受教育权的需求,是更好实现全民终身教育的具体途径。

其次,在全民终身教育思想指导下,传统的中等教育甚至高等教育,都不再具有终结性的特点;在学习型社会中,学习机会将不因为年龄增长或者离开学校而减少或者消失;对于个体而言,教育或者学习的选择将不因为选择之后而不可更改或者难以更改。所以,必须淡化普通高中教育的"不可替代性"。它只是一个教育阶段、一种教育形式、一种教育实践而已。

第三,高中教育作为教育体系(结构)中的 个环节,具有自身发展的目标和任务,它为个体发展提供与其成熟和社会化相匹配的知识、技能、价值观和态度等教育,关注每个学生个体的成长和成熟。普通高中教育要成为学生个体成长中愉快的体验与经历,而不是"不堪回首"的往事记忆。同样,职业教育也不能称为那些"考试失败者"的"收容所"。

第四,需要从基础教育的立场出发,在为学生未来生活、工作和学习做准备的多重目标下,确立高中教育的目标定位、内容课程、学生发展目标等,必须满足学生个体终身发展的需求及其社会发展对个体的要求。普及化的高中教育必须超越单纯的学术教育或者技能培养的模式,要基于学生生命成长的阶段特点而为学生提供生涯教育与指导,发展学生适应时代变化所需要的个体素养,满足个体的多元化选择和促进学生的多元化发展。

总之,在尊重个体和以人为本的思想指导下,基于个体发展的需求,高中教育必须为个体发展提供多元化选择,促进个体差异性的发展。

正如前文已经论述的,最近10多年我国高中阶段教育发展的模式是由职业教育规模的扩展而推动起来的。不过,近年来中等职业教育数量扩展步伐已经减缓,一方面是由于职业教育与普通高中教育之间比例实现了基本平衡；另一方面是由于中等职业教育规模扩展的方式可能已经不再有效。传统的基于经济发展的需求和按照学生分流的职业教育发展的思维与认识，显然已经不再适合当下高中阶段教育发展的需要。

在传统中国文化背景与现代转型社会中，不得不承认，职业教育并未受到应有的尊严与尊重；在实践上，学生接受和参与中等职业教育并非是一种主动的选择，而往往是被迫无奈不得不去。在以往高中教育资源（尤其是普通高中教育）及高等教育资源有限的情况下，职业教育能够招收到学生。但现在随着高等教育资源的更多供给，单纯的以就业为导向的中等职业教育受到了影响。

当前中等职业教育学校本身的办学能力存在不足，其中包括对办学目标的理解、对学生的认识、课程教学的设置、与社会的广泛合作等。职业教育要受到社会重视、获得与普通教育同等的地位，需要职业教育自身的努力，而不是简单的政府政策倾斜。尤其是在当前向城镇化、工业化和现代化迈进的过程中，中等职业教育必须超越于传统的职业技能训练，必须为学生适应未来信息社会与知识经济奠基。中等职业教育自身急需改革与创新，而不能是简单的规模扩展。

所以，中等职业教育要成为学生真正的选择和未来发展的准备，必须改变目前的办学定位与教育方式。发展职业教育必须将培养学生的个人兴趣与特长、基本素养与工作能力、职业认知与就业发展等全方位结合在一起，中等职业教育是学生对工作世界的认知起步而不是个人职业发展的全部。要结合经济与产业的变化与转型，从而不断提高职业教育的吸引力和竞争力，真正使职业教育成为学生高中阶段教育的一种选择，成为学生在高中阶段的发展途径。

高中教育必须是普通教育与职业教育之间的有机组合。普及高中阶段教育，必须充分注意到普通教育与职业教育之间的相互渗透，这也是国际教育发展的一个显著特点。

我国一直在努力创建普通教育与职业教育之间的立交桥，鼓励和寻找普通教育与职业教育之间的相互开放。但在实践中，更多的则是要求普通高等教育向中等职业教育的开放，即职业高中学生可以考入普通大学的"向上通道"，而没有重点关注增强高中阶段内部两类教育之间的关联性和相容性。

综上所述，在高中普及思想的要求下，不应该更多地强调普通教育与职业教育的严格区分，必须强调高中阶段教育的共同性。所以，不论是什么类别的高中教育和高中学校,都需要向全体学生提供必要的学术教育与必需的职业教育,在学校教育实践中探究实施普职融合的高中教育。

2. 农村高中教育发展与改革

目前全国高中阶段教育普及水平已经超过 85%,在数量上可以认为已经实现了普及或者基本普及。问题是,这种普及的质量如何?从确保高中普及的质量角度出发,必须重点关注农村高中教育的现状与发展。

当前,中西部农村地区的农村职业高中教育发展,大多以输出学生到外地就业为主,以转移农村后备劳动力以前提。这也是目前不同地区(如东部与西部)职业教育合作的主要内容及其形式。在城镇化与工业化的发展过程中,农村高中职业教育首先必须实现为当地社会经济发展服务。显然,这种职业教育的发展路径值得反思。

在现代化新农村建设的过程中,必须更好地将农村教育与农村发展结合在一起。包括高中教育在内的农村教育,现在急需反思人才培养的目标与内容。当前,农村教育的城市化方向是制约农村教育科学发展的主要障碍之一,也是影响国家教育全面、均衡而有质量发展的问题所在。

为此,直接面向农村发展的农村职业教育,需要率先体现服务农村发展、促进农村发展的作用。在建立农村职业教育的过程中,切实加强和改进农村职业教育的办学能力,是当前普及农村高中教育的优先事项。农村职业教育的吸引力提高,也可以缓解普通高中教育片面追求升学率的现象。

教育发展的不均衡性同样存在于高中阶段教育之中,而且高中教育发展的区域差异、城乡差异呈现日益加大的趋势。这在学校规模、师资队伍、办学经费、办学条件等各个方面都有体现。

为此,政府必须优先关注不利地区、农村地区的高中教育发展问题,但是,千万不能以城市化的高中教育发展方式规划与指导农村高中教育的发展。如何保持农村高中教育的特色,如何将农村高中教育发展与所在地区的社会经济文化发展相结合,如何为农村高中学生的终身发展服务和指导,都是农村高中教育改革与发展中的重大课题。

各地必须制定出具体的高中学校发展与建设规划纲要,确立各自高中学校办学定位和发展目标,而且需要落实到每个区县。

当前,中西部地区是普及高中教育的重点区域所在,但是,中西部农村地区普及高中教育的步伐不宜过快、要求不宜过高,而必须以确保质量为基础。这些地区普及高中教育,优先事项可能不是规模的快速扩大,而是切实提高高中教育质量,吸引学生选择上高中学校、家长愿意送孩子上高中。

为此,在一些人口数量偏少的农村县,要坚持办一所融普通教育与职业教育于一体的综合性高中学校,必须鼓励办出有地方特色的高中学校,必须将高中教育发展与地方社会经济和谐发展结合在一起。

当然,上级政府不能以简单的升学率评价与考核这些农村学校。国家要为贫困地区的高中学校提供奖助学金,使所有在校学生没有经费负担的困扰。这将非常有助于促进高中普及发展。

3. 高中学校与高中普及标准

加快普及高中阶段教育发展,首先必须确立高中普及的政策标准,其中包括普及下的高中学校标准、区域标准、评价验收标准等多个方面。在全国层面要保证政策标准的相对一致性,要防止各地根据所谓的"因地制宜"而人为地拔高或者降低标准,避免"因地制宜"而导致地区间高中普及的差距。

学校是实现教育普及的关键,无论是普通高中教育还是职业高中教育,都需要有明确的办学条件。高中阶段教育的普及,是有条件、有质量的推进实施。为此,高中学校的标准亟待具体的政策明晰,否则高中普及是困难的、没有保证的。

最近几年来,高中学校建设中出现诸多的问题。第一,有些地方为了扩大高中阶段教育规模,对现有的(好)普通高中学校进行扩建、改建和新建,使这些学校成为大班额的学校、规模超大型学校,即巨型学校。第二,为了响应发展职业教育,为了实现职业教育与普通教育比例大致相当,一些经济不发达的县纷纷建立了职教中心或者职业学校。而事实上,这些职业教育机构的办学都存在明显问题,包括专业及其课程设置的合理性、教师队伍的能力、学生学习及其实习的条件等。第三,各地忙于给高中学校包括普通高中学校和职业学校进行等级评定,如示范校、优质校或者星级校等,仍然继续强化着学校之间的等第与差距。这些学校建设策略事实上并不利于普及高中阶段教育。

加快普及高中阶段教育,必须确保高中学校的基本建设,或者说,推行高中学校标准化建设。实现公立高中学校基本办学条件的标准化和统一化,尽可能减少学校之间、地区之间等的发展不平衡性。需要强调的是,政府支持的高中学校标准化建设,是一种全体性的"保底",而不是少部分的"示范"。

总之,需要确立国家的高中学校标准,包括校园物质设施条件、教师专业水平及其配置、课程标准与教学设施、教育投入水平与保障机制、质量监督与支持系统等,其中包括区分普通高中学校和职业学校的不同要求。

以往普及九年义务教育是先从城市入手、从发达地区起步。从当前高度重视教育均衡和实现旨在关注不利地区与不利人群的教育公平出发,普及高中阶段教育上,中央应该优先关注薄弱地区,要从薄弱地区普及出发而实现全国的普及,将教育公平作为实现普及高中教育的基础。

所以,中央制定普及高中阶段教育标准时,要基于薄弱地区普及高中教育为对象而分析,制订普及的区域标准;最基本的或者说最低的标准才是国家标准。这种区域普及的标准包括高中学校的数量与布局、普职的平衡、与义务教育的关系、教育投入的机制、教育管理与评价的方式等。

当前,一些发达地区和城市地区,尽管高中阶段教育的入学率很高,但这并不意味着这些地区高中教育的普及。要从高中阶段教育的可持续发展和人民满意的教育等要求出发,判断每个地区高中阶段教育普及的进展。

标准的制订,意味着政府承担应有的责任,包括管理职责、财政投入、检查与评估等。普及高中教育是国家发展的需要,是人们的一种福利,不能仍然理解成是个体未来的一种“经济的”回报。普及化的高中阶段教育,必须是以政府与社会投入为主的公益性的教育领域;个人承担的高中教育支出,不能成为影响学生入学与就学的因素。

各级政府在高中普及发展中要有各自清楚的责任。对于贫困地区而言,上级政府的责任更大,尤其是中央政府,必须为这些地区普及高中教育提供足够的支持,帮助这些地区实现普及的标准,需要超越“以县为主”的办学体制,要在省级层面加大落实普及高中阶段教育的责任,增加省级层面的统筹管理和责任承担。

省级政府在规划本地区高中阶段教育发展的总体规模时,必须确保每个县都有一所或者几所高中学校,达到国家规定的高中学校办学标准。当然,根据实际情况,在职业类高中和普通类高中之间可以有适当的区别,但同类学校中,务必实现统一标准的规范化办学。目前的主要任务,不是要降低已建的高标准学校,如省市示范性学校,而是要着重实现高中学校必须达到统一的标准化要求,要确保达到国家的高中学校办学标准。

人口流动是当前我国社会建设与发展中的重要问题,适龄学生人口的流动影响着普及高中阶段教育的发展规划;全国范围内区域间教育差异性的客观存在,与当前基于户籍制度的学生入学与升学考试制度,又都影响着学生入学的选择与在校学习的稳定性。

为此,加快普及高中阶段教育,必须充分利用大数据技术,加强对学生人口的管理,尤其要制订合理的教育政策,引导和规范学生人口的有序流动与合理布局。充分利用已有的人口数据,正确把握各地区分年龄人口数据,以确认高中阶段教育的学生人口基数;同时,充分利用义务教育学生人口数据库,真实而科学地为各地制订高中普及规模提供数据支持。实行对每个学生的学籍流动跟踪,掌握初中毕业生流动与转移情况,把握高中教育目标人口分布与流动状况。运用全国范围内包括各类高中在内的高中学生学籍管理系统平台,在学生转入与学生转出、留级与辍学等方面实行规范化管理,科学把握学校间、地区间在学学生人口流动的状态与趋势,确保对在学学生的辍学或者流失的监控。

4. 普通高中学校办学多样化

高中学校是普及高中阶段教育的基础,建设高质量的高中学校是加快普及高中阶段教育中的重要任务之一。为此,必须推进学校内部改革,全面提高学校教育质量,并实现学校办学模式多样化发展。

第一,加强学校课程校本化建设。

课程的多元化、丰富性、开放性,是培养高中学生全面发展和提高他们综合素质的关键所在。不论是职业学校还是普通高中学校,都有必要在国家课程改革的整体框架下,审视学校内课程体系及其内容。每所高中学校需要从服务于本校学生、促进本校学生发展的角度出发,思考如何更好地落实国家课程要求,建立起适用于本校的校本课程框架,并开展有效的实施。

高中学校需要根据自身学校的办学定位,尤其是需要根据所服务的学生人群,结合国家对高中课程的要求,建设校本化课程体系,为每个学生创造尽可能多的个别学习、选择学习、未来学习的空间。

就普通高中而言,需要考虑在确保国家规定的学术性课程科目基础上,如何建设旨在为学生进入工作与生活世界做准备的相关课程?同样,职业学校在完成专业性技术教育与训练的基础上,是否可以考虑如何为学生提供通识性学术与兴趣性特长的教育内容?

学校课程校本化建设,不仅要求学校不断提高课程领导力,更需要每个高中教师增强课程意识与课程开发的能力。高中学校要依托课程的校本化建设,加强学校教师队伍建设。学校不能只是关注教师的学历提升,也要关注教师的专业素养提升,以及考虑教师来源的多元化构成。

学校课程的校本化建设中,还必须充分注意和使用校外教育资源,包括校外人员与校外场所,将学校课程延伸到工作与生活的现实世界之中。同时,也要注意运用高等教育资源,让学生提前学习大学课程。

第二,聚焦高中课堂教与学改革。

普通高中课堂中应试的教学方式,严重地影响着学生的学习态度、学习动机、学习参与和学习效果等。普及的高中教育,不仅要吸引学生参与其中,而且要切实提高学生学习发展的水平;不论是职业教育还是普通教育,都必须致力于学生的主动学习、自主学习和有效学习。高中课程不能死气沉沉,而应该充满青春的骚动与朝气。高中课程的教与学,必须超越于说教式的满堂灌与机械式的训练。

高中课堂的教与学,需要为学生提供学业发展的有效教学、就业准备的必要帮助、生涯发展的正确引领与幸福生活的全面指导。这可能对当前教师队伍及其教育教学能力是一大挑战,但它们确实是当代高中学生的学习与发展的客观需求。

即使就具有专业定向特点的中等职业教育而言,职业学校不仅要培养学生直接就业的工作技能,具有执行工作要求的岗位胜任力,还要有适应岗位不断变换的学习能力与主动参与工作变革的创新力。当前,以直接上岗就业为导向的职业教育,在一定程度上忽视了为学生培养各种基本生活与适应工作变化的技能,在未来的转行与转岗的过程中,他们将处于不利的地位。

所以,高中学校必须致力于课堂教学的改革,思考如何在课堂教学中体现出全体学生的主动参与,实现有效的、高效的课堂教学。例如,如何有效开展研究性学习,并将它与学科课程教学融合在一起,彻底改变传统的教师讲学生听的教学方式。

第三,加大推进学校办学多样化。

高中普及势必产生高中学生人口数量增加,并导致学生群体的内在差异性增大,包括家庭背景构成、学习基础与学习能力、学习动机与学习需求、学习方式与学习结果等各方面。很显然,传统的"千校一面"高中学校现状,不能适应高中普及的要求。所以,大力推进高中学校的多样化发展,是推进高中普及的关键举措之一。

学校办学多样化不只是局限在普通高中教育领域,而是指整个高中阶段教育范畴。也就说,中等职业教育领域同样需要学校多样化发展。普通高中教育要走出单一的升学准备模式,职业教育则要走出传统的"培训"模式。普及的教育要让每个学生在其中找到自己的位置和明确未来的方向。高中教育的多样化发展,不是简单的行政主导的贴标签运动,而是每所学校主动发展、积极发展、可持续发展的结果,是学校实现全体学生全面发展的表现,是学校办学特色的彰显。

当然,学校办学多样化,并不只是学校自身努力就能够实现的。实现高中学校多样化办学,还需要国家教育政策的正确引导和有力支持,需要社会及其公众认识与认知的改进。尤其是,政府要改变传统的学校评价体系,不能以单一的升学率或者就业率为唯一评价指标,要将办学条件评价与办学结果评价相结合;另一方面,政府要在高中学校学生录取与课程设置等方面给予学校更多的自主权,同时,在高校招生制度改革上充分关注到高中学校办学多样化的需求。

第四章
河南省普通高中教育发展调研报告

■ **本章要点**

作为人口大省的中部省区河南省,高中阶段教育发展的任务艰巨,普通高中教育发展更为艰难。

- 国家对普通高中教育发展没有明确的指导性文件,造成地方政府对此也不重视。省政府确立了一些普通高中教育发展专项,每年投入为1000—1500万,难以满足高中学校发展需要。高中示范校建设,基本上是靠学校或者地方政府自筹建设,也没有明确的建设标准。

- 基于"谁管谁掏钱的"的体制,高中学校在各地市之间、城乡之间发展的差距更加明显。目前河南高中学生学费标准还是1998年制订的标准。全省约有60%普通高中属于县属,基本上靠"择校费"维持发展。

- 河南高中实现新课程以后,先后出台了20个指导性文件,推进了高中的改革。但是,除郑州外,其他地市的经济条件不够,办学条件有限制,课程改革也难以深入。师资学历有所提高,但新师资难以进入,培训及其质量得不到可靠保障,目前在较多地方还有学校自聘的代课教师。

- 高中阶段教育的普及,不是普及数量的问题,关键还是质量和内涵的问题。学生选择普通高中学校的比例远超过职业教育。尽管职业教育免费,还是难以吸引学生及其家长。

- 高中学校多样化要有可操作的办法,学校要理顺办学思路,结合自身学校特点,建设校本课程和选修课,而不是简单地归纳出某种模式。

本报告是课题组在 2013 年 6 月 17—20 日对河南省进行实地调研的基础上撰写而成的。课题组成员访问了河南省教育厅基础教育二处,并到河南省北部的濮阳市以及该市下属的濮阳县进行实地调研,包括与市县教育局的领导座谈、实地走访几所高中学校等。报告旨在通过了解河南省高中阶段教育发展的现状,发现其中存在的问题并对其进行分析,进一步提出对策建议。

一、全省高中阶段教育发展概况

1. 高中阶段教育整体概括

2012 年全年河南省生产总值 29 810.14 亿元,地方财政总收入 3 282.75 元,地方公共财政预算收入 2 040.57 亿元,地方公共财政预算支出 5 006.00 亿元,增长 17.8%,其中教育支出增长 30.0%。截至 2012 年年末,河南省全省总人口为 10 543 万人,有国家级贫困县 34 个,连片贫困县 26 个。中等职业技术教育招生 63.3 万,在校生 173.87 万,毕业生 59.99 万。普通高中招生 66.57 万,在校生 192.63 万,毕业生 63.98 万。[①]

《河南省中长期教育改革和发展规划纲要(2010—2020 年)》中提出,改善部分学校基本办学条件,基本消除普通高中大班额现象,提高普通高中办学质量。

2012 年,河南省启动了普通高中改造工程,其总体目标是用 3—5 年时间,每个县(市)重点改造 1—2 所普通高中,全省共完成 200 所左右学校的改造任务。

同时,河南省实施了普通高中改制学校清理规范,对省内公办普通高中改制学校实施规范清理,规范后的学校或为民办或为公办。截至 2013 年 6 月,已完成清理规范改制学校 107 所,其中归公有的学校有 56 所。

近几年来,河南省普通高中发展规模略呈下降趋势。其中,公办普通高中在校生数由 2008 年的 207.26 万人下降到 2012 年的 192.63 万人,学校数量由 2008 年的 908 所下降到 2012 年的 785 所;而民办普通高中在校生数在经历了几年的下降之后又于 2012 年有所回升,达到 25.98 万人,学校数量达到 196 所。

河南省中等职业学校的发展规模与普通高中大体相当。2012 年,河南省有公办中等职业学校数量 920 所,在校生 173.87 万,民办中等职业学校 234 所,在校生 24.48 万人。

---

① 引自《2012 年度河南省国民经济和社会发展统计公报》[EB/OL]. (2013 - 02 - 27)http://district.ce.cn/zt/zlk/bg/201302/27/t20130227_24149386.shtml. 2013 - 07 - 21.

公办中等职业学校与民办中等职业学校的学校数与在校生数均比前几年有所减少。

2012 年,河南省普通高中与中等职业学校的在校生数分别占高中阶段在校生数的 52.4％和 47.6％。

表 4.1　河南省高中阶段教育发展概况(2008—2012 年)[①]

| 年份 | 普通高中 | | | | 中等职业学校 | | | |
| | 公办 | | 民办 | | 公办 | | 民办 | |
	学校数(所)	在校生数(万人)	学校数(所)	在校生数(万人)	学校数(所)	在校生数(万人)	学校数(所)	在校生数(万人)
2012	785	192.63	196	25.98	920	173.87	234	24.48
2011	792	189.51	174	22.08	961	184.72	254	28.59
2010	825	192.16	176	21.90	1 130	189.31	305	35.30
2009	868	201.20	182	21.55	1 180	187.91	299	35.21
2008	908	207.26	197	22.93	1 173	171.75	272	27.94

2. 普通高中教育发展情况

2012 年,河南省有普通高中学校 785 所,招生 66.57 万人,在校生 192.63 万人。近几年来,河南省普通高中学校数逐渐减少,但校均规模越来越大,2008 年校均规模为 2 283 人,2012 年已增长到 2 454 人。

2012 年,河南省普通高中有教职工 14.28 万,其中,专任教师数 10.73 万。近几年来,普通高中专任教师合格率逐年升高,2012 年达到 96.53％,具有研究生学历的教师比例也比之前有所提高,达到 5.88％。

表 4.2　河南省普通高中教育发展概况(2008—2012 年)[②]

年份	学校数(所)	招生数(万人)	在校生数(万人)	校均规模(人)	教职工数(万人)	专任教师数(万人)	生师比(%)	专任教师合格率(%)	具有研究生学历教师比例(%)
2012	785	66.57	192.63	2 454	14.28	10.73	17.95∶1	96.53	5.88
2011	792	64.63	189.51	2 393	13.85	11.43	18.17∶1	95.47	5.29

---

①　根据 2008—2012 年《河南省教育事业发展统计公报》整理,见 http://www.haedu.gov.cn。
②　根据 2008—2012 年《河南省教育事业发展统计公报》整理,见 http://www.haedu.gov.cn。

（续表）

年份	学校数（所）	招生数（万人）	在校生数（万人）	校均规模（人）	教职工数（万人）	专任教师数（万人）	生师比（％）	专任教师合格率（％）	具有研究生学历教师比例（％）
2010	825	62.85	192.16	2 329	12.58	10.43	18.42∶1	94.99	4.50
2009	868	64.50	201.20	2 318	12.70	10.50	15.84∶1	93.98	3.28
2008	908	136.06	207.26	2 283	12.53	10.27	20.18∶1	90.80	2.60

3. 中等职业教育发展情况

河南省中等职业学校的发展规模与普通高中大体相当。近几年来,中等职业技术教育发展的规模逐年下降,学校数、招生数以及在校生数均有所减少。2012年,河南省有中等职业学校920所,招生63.3万人,在校生为173.87万。

与之相应,中等职业教育教职工数也有所下降。2012年,河南省中等职业教育领域有教职工7.64万,其中,专任教师5.72万人,双师型专任教师1.13万人,专任教师合格率达到87.51％,双师型专任教师数量与专任教师合格率近几年来一直稳步提高。专任教师中具有研究生学历教师比例为5.28％,比去年略有下降。

表4.3　河南省中等职业教育发展概况(2008—2012年)[①]

年份	学校数（所）	招生数（万人）	占高中阶段教育招生数的比例（％）	在校生数（万人）	占高中阶段教育招生数的比例（％）	教职工数（万人）	专任教师数（万人）	双师型专任教师数（万人）	专任教师合格率（％）	具有研究生学历教师比例（％）
2012	920	63.30	48.74	173.87	47.44	7.64	5.72	1.13	87.51	5.28
2011	961	68.02	51.28	184.72	49.36	7.90	5.83	1.07	86.04	5.83
2010	1 130	72.47	53.55	189.31	49.62	8.32	6.04	1.05	83.06	3.92
2009	1 180	73.11	53.13	187.91	48.29	8.27	5.95	0.91	79.91	3.12
2008	1 173	67.74	49.71	171.75	45.32	7.91	5.59	0.94	77.48	—

（注:校数、招生和在校生均含技工学校）

---

① 根据2008—2012年《河南省教育事业发展统计公报》整理,见 http://www.haedu.gov.cn。

4. 财政性教育投入的情况

2012 年,河南省的教育财政总投入达 1 465.7 亿元,其中预算内教育经费拨款为 1 134.7 亿元,教育事业费为 983.9 亿元。在教育财政总投入中,义务教育财政经费达 765.2 亿元,占省内教育财政经费比例为 52.2%;其他各级各类教育共占 47.8%,其中,普通高中教育经费为 151.7 亿元,占 10.35%,中等职业学校教育经费 105.6 亿元,占 7.2%。

2012 年,河南省普通高中生均预算内事业费 5 313 元,职业高中为 5 154 元,中等职业学校为 5 562 元。生均预算内公用经费,普通高中为 2 521 元,职业高中为 2 754元,中等职业学校为 2 380 元。①

2008 年至 2012 年间,河南省国家财政性教育经费总量逐年增长。与 2011 年相比,2012 年国家财政性教育经费增长 28.79%;预算内教育经费增长 28.8%,其中,基本建设拨款增长幅度达 134.1%,创历史新高。

表 4.4　2008—2012 年河南省教育经费增长与来源构成情况②(单位:万元)

项目	2008 年	2009 年	2010 年	2011 年	2012 年	增长%
总计	6 561 523	7 633 496	9 124 226	11 856 608	14 657 070	23.62
一、国家财政性教育经费	4 976 900	5 889 035	6 811 536	9 324 513	12 009 497	28.79
1. 预算内教育经费	4 738 248	5 646 360	6 491 405	8 810 359	11 347 664	28.8
其中:教育事业费拨款	4 175 696	4 940 138	5 689 899	7 700 286	9 839 602	27.78
基本建设拨款	—	85 341	99 605	111 399	260 790	134.1
2. 各级政府征收用于教育的税费	221 988	235 879	271 000	484 164	646 295	33.49
3. 企业办学中的企业拨款	13 703	3 255	6 562	20 632	9 303	−54.91
4. 校办产业等用于教育的经费	2 961	3 541	3 468	3 418	1 166	−65.89

---

① 见《2012 年河南省教育经费执行情况分析报告》。
② 根据《2012 年河南省教育经费执行情况分析报告》整理。

（续表）

项目	2008 年	2009 年	2010 年	2011 年	2012 年	增长%
5. 其他属于国家财政性教育经费	—	—	391 013	5 939	5 070	−14.63
二、民办学校中举办者投入	39 889	59 991	99 621	131 298	147 474	12.32
三、社会捐赠经费	3 850	4 947	8 250	5 735	6 291	9.69
其中:农村	354	100	192	112	437	290.18
四、事业收入	1 424 592	1 535 621	1 982 030	2 106 136	2 234 585	6.1
其中:学杂费	1 117 059	1 174 920	1 582 697	1 883 979	1 986 254	5.43
五、其他收入	116 292	143 903	222 789	288 927	259 225	−10.28

在全省国内财政性教育经费占全省国内生产总值的比例逐年升高的情况下，2012 年，河南省首次实现全省国家财政性教育经费占全省国内生产总值的 4.03%，突破了"4%"的目标。

表 4.5　2006—2012 年河南省财政性教育经费占地方国内生产总值的比例①（单位:亿元）

年份	全省国内生产总值	全省财政性教育经费	所占比例
2012	29 810.14	1 200.9	4.03%
2011	26 931	929.2	3.45%
2010	22 942.68	681.2	2.97%
2009	19 367.28	588.9	3.04%
2008	18 200	497.7	2.73%
2007	15 058	407.6	2.71%
2006	12 464.1	283.9	2.28%

————————

① 　根据《2012 年河南省教育经费执行情况分析报告》整理。

二、地(市)高中阶段教育发展

本部分以河南省北部濮阳市为例,介绍该市范围内高中教育发展的情况。通过对濮阳市高中教育发展现状进行分析,进一步发现当前市域范围内高中教育发展存在的问题。

1. 普通高中发展情况

濮阳市现有普通高中 36 所,在校学生 62 297 人,教职工 5 602 人,其中省级示范性高中 9 所,市级示范性高中 9 所(包含 2 所民办高中)。濮阳市普通高中的教育教学质量一直位于全省前列,普通高考成绩连续 8 年持续攀升。2012 年,濮阳市的本科上线率为 59.5%,且连续 5 年居全省前列。2012 年被省教育厅表彰为全省普通高中课程改革先进单位。[①]

在河南省教育厅启动普通高中改制学校清理规范之后,全市公办普通高中分校实行清理,规范后的公办高中分校实现了校舍独立、人事独立、财务独立、招生独生的"四独立"。然而,改制后的分校的教学和管理等方面依然保留原有的模式。

在现有条件下,濮阳市高中学校的规模数量完全能够满足学生上高中的需求,但优质高中资源比较欠缺,远远不能满足学生需求。

濮阳市实现了高中学校分校的转制工作,实际上并不彻底。发展民办高中学校在农村地区并不可行。

(1) 生源及招生

濮阳市全市范围内生源较为稳定,河南省有政策规定各地市的普通高中不能跨地市进行招生,而濮阳市规定全市范围内不能跨县区招生,实行划片招生,如市直高中只能招收户口在市区的学生,油田区的高中只能招收户口在油田区的学生,县级高中同样如此。全市范围内,学生在外地求学以及外地学生来本地求学的人数较少,几乎没有。

每年该市初中毕业后升入普通高中的学生占所有初中生的 80%。调查发现,2013 年,濮阳市有 3.2 万毕业生报名参加普通中招考试,计划招生 2.1 万。这一数字是按照教育统计数字制订的。但实际上,招生数与制定的计划数字将会相差

---

① 根据濮阳市教育局基础教育二科提供的材料进行整理。

50%左右。

（2）教师队伍

全市所有高中学校在编教师的工资由国家财政统一拨付，有编教师是教育局负责统招。每所学校都聘有代课教师，由学校自行招聘，工资也由学校自行支付。高中教师平均年龄在40岁以上。2009年之后，学校也不再招代课教师；近几年教育局也都没有招聘年轻教师。所以，目前教师编制问题严重。

（3）课程开设

全市范围内只有省级和市级示范性高中开设实验课、通用技术课。在示范性高中的创办过程中，省政府公布了示范性高中验收的软、硬件标准，但示范性高中的创办全部是学校自筹资金，各级政府并无财政支持。

2. 职业高中发展情况

2008年河南省开始实施"5年职业教育发展攻坚计划"，2012年进行了验收。期间，职业教育获得了较大的发展，但在攻坚计划结束之后，职教发展又进入低谷期。2012年中专招生约7 000人；2013年政府规定职业高中招生指标约1万名。

全市统计在册的职业高中有30所，其中民办职业教育学校有17所；属于市直的职业学校，都开展学历教育，学制3年，2年在校学习，1年顶岗实习。但目前实际能开展正常教学工作的职业学校只剩下4所。职业高中发展得到省级专项资金支持，每年约有80万元。

实际上，初中毕业生没有人第一志愿选择职业学校。目前职业高中学生来源主要是：(1)外出务工人员子女返乡学技能，实际上只要实施一些专项培训即可；(2)成绩较差，不能考上普通高中的学生。

职高学生中，有50%选择升学，其中一部分学生会选择考大学，但考上的比例也不大；另一部分学生会对口升学考试，升入高等职业院校；50%的学生选择直接就业。由于濮阳市并无大型企业，尽管职校学生的就业率很高，但都是去外省市就业。濮阳市名义上有14所职业中学，实际正常运行的只有4所。现在只是依靠中央专项维持运行。发展职业中学同样需要大量资金。而现在发展职业教育与发展本地经济之间关联度不大。所以，如何发展职业中学，在农村同样值得研究。

3. 县域高中教育发展

濮阳县是濮阳市的一个县。濮阳县是一个以农业生产为主要经济来源的省级贫困县,全县有 20 个乡(镇),994 个行政村,总面积 1 387 平方公里,总人口 106.6万。①

(1) 高中学校

目前,濮阳县辖区内共有普通高中 7 所,其中公办高中 4 所,包括县一中、县三中、学院附中和县四中,学院附中是一所市直属的高中,委托濮阳县管理,县四中是唯一一所农村高中。民办公助高中 3 所,即兴濮中学、实验高中和二实中。原先县二中已经并入县职业培训中心。

2012 年全县 7 所普通高中共有教学班 182 个,在校生人数 11 584;教师总数为 876 人,其中,在编教师 730 人,编外教师(代课教师)146 人;7 所学校共占地 651 亩,总建筑面积达 33.58 万平方米。②

表 4.6 濮阳县普通高中情况一览表(2012 年春季统计)③

学校名称	在校生情况		现任教师情况			办学条件	
	班数	学生数	总数	在编教师	编外教师	学校占地(亩)	总建筑面积(m²)
县一中	64	3 950	337	306	31	138	130 500
县三中	56	3 770	210	175	35	85	48 590
兴濮高中	22	1 635	78	46	32	48	11 440
县二实中	12	810	89	58	31	50	33 300
实验高中	10	489	93	93	0	97	21 900
学院附中	16	860	69	52	17	203	80 000
县二中	2	70	—			30	10 076
总计	182	11 584	876	730	146	651	335 806

(2) 高中教师

当前,濮阳县普通高中所有教师都实现学历达标,均获得本科以上学历,部分老师获得研究生学历或硕士学位,专任教师平均年龄在 35 岁左右。

在实地调查的两所普通高中中,濮阳县一中有 289 名正式编制内专任教师,其

---

① 根据濮阳县教育局提供的 2011 年的数据整理。
② 见濮阳县教育局提供的材料《2012 年春季濮阳县普通高中情况一览表》。
③ 根据《2012 年春季濮阳县普通高中情况一览表》绘制。

中,12人获得研究生学历或硕士学位,具有高级职称的教师数为52人,专任教师平均年龄为37岁;濮阳县三中有252名专任教师,其中38人获得研究生学历或硕士学位,42人具有高级职称,教师平均年龄为35岁。

表 4.7　濮阳县一中和三中教师基本情况①

学校名称	专任教师数	具有高级职称教师数	具有研究生学历或硕士学位教师数	专任教师平均年龄
濮阳县一中	289	52	12	37
濮阳县三中	252	42	38	35

（3）高中学生

濮阳县普通高中学校的生源比较稳定,几乎都是户籍在濮阳县的当地学生。由于人口数量的减少以及外出务工等因素的影响,近几年,该县普通高中入学人数呈递减趋势,招生总数由2008年的4 660人下降到2012年的3 131人。作为纯粹的农村高中即县四中,目前已经停止了招生。

表 4.8　2008—2012年濮阳县历年普通高中招生数一览表②

年份 学校名称	2008	2009	2010	2011	2012
濮阳县一中	1 645	1 473	1 281	1 266	1 194
濮阳县三中	1 204	1 215	1 193	1 296	1 234
县二实中		305	210	309	95
兴濮中学	302	456	239	192	134
实验高中	423	190	136	21	85
学院附中	654	446	85	324	389
县二中	193	107	56	0	0
合计	4 660	4 218	3 200	3 408	3 131

目前,濮阳县对高中教育的财政投入主要是支付所有在编教师的工资,其他方

---

① 根据笔者在两所学校调研的数据整理,调研时间为2013年6月。
② 数据来自濮阳县教育局。

面并无专款投入,而编外教师工资由各学校负责。高中在校生中受国家资助的学生占 20%,资助额度每学年为 1 500 元。

三、普通高中教育发展中的问题

1. 普通高中发展的政策不清

近年来,国家大力倡导要普及高中阶段教育,同时大力发展职业教育,尤其是发展职业高中,导致了普通高中教育发展的政策不明确。

在国家没有明文政策之下,河南省没有出台关于普通高中学校发展及其办学等标准或者规定。在实践中导致不同(类型)学校的办学条件有很大差异。同时,地方政府在对高中学校办学行为的管理方面也是做法各异。

当前,新建公办普通高中学校到底由哪级政府管理部门审批? 又有谁验收? 这些问题都没有从政策层面作出明确规定。对于经济薄弱的地区,发展高中教育显然任务艰巨、力不从心。

例如,由于国家没有制定公办普通高中的生均公用经费标准,省级政府制定了标准,但要依靠县级政府落实,这对于经济发展不平衡的县级政府而言,标准就难以实施了。不同高中学校之间产生了办学经费方面的差异。

河南省的普通高中学费标准为,每学期省辖市市区学校学生 200 元、县城和农村地区学校学生 150 元。这是 1998 年制定的标准,并一直延续到现在。这一数量水平已经很低了。有些市县对高中教育支持力度大,会从当地教育财政中拨付生均公用经费;而有些财政紧缺的市县,就难以为学校拨付生均公用经费了。经费方面不明确的政策,导致各地高中教育发展状况的差异,由此影响地区间高中阶段教育的发展不均衡性。

当前,河南省普通高中学校办学面临严重的经费短缺问题,尤其是农村地区的高中学校。一直以来,政府投入在河南省的教育投入中占据着主导地位。2012 年,地方财政性教育经费占河南省教育财政总投入的 81.93%。在教育财政总投入的 1 465.7 亿元中,用于普通高中发展的经费为 151.7 亿元,只占总量的 10.35%。而河南省普通高中阶段的规模不小,在财政投入不够的情况下,大部分学校面临经费短缺问题。

这一问题在县级尤为明显。河南省高中学校实行分级管理,地市直属高中由地市级部门管辖,并由地市级财政拨付;县属高中则归县级部门管辖,由县级财政拨付。然而,目前县级财政部门根本没有足够资金来支付普通高中教育发展的经费,即使是低标准的生均公用经费。许多县的财政拨款主要负责解决高中学校在编教师的工资,并没有将普通高中学校发展的基本设施建设列入财政预算,就连普通高中生均公用经费也不在财政预算之列。

一直以来,河南省普通高中学校经费来源主要有三项,一是学生学费,二是政府拨付的生均公用经费,三是择校费。然而,河南省普通高中学费较低,省辖市区学生学费每学期 150—200 元,县城和农村地区学生学费是每学期 100—150 元。此标准远远低于全国平均水平(全国平均 350 元/生/学期)。相比之下,省内小学的生均公用经费已经达到 500 元/学期,可见普通高中学生收费之低。

对于那些县财政难以提供普通高中生均公用经费的市县而言,择校费成为学校办学的主要经费来源。学校的发展,包括教学楼、图书馆、微机机房、通用技术实验室等基础设施的建设,都只能靠学校自己借债。不少县镇和农村普通高中学校甚至根本没有建设微机室、实验室等教学设施。"生存靠择校,发展靠贷款"成为河南省大部分普通高中的真实写照,学校负债办学现象普遍,普通高中成为各级各类教育中的"凹地"。省教育厅在 2010 年的调查显示,当时全省 468 所公办普通高中欠债达 93 亿。但之后政府并没有采取有效措施缓解学校的欠债压力。所以,这些高额债务仍然严重影响着普通高中学校的发展。今年,河南省提出要到 2015 年全面取消择校费,如果政府不能提供有效的经费支持,普通高中学校的办学经费将更加困难。

2. 生源变动与大班额的现象

河南省是全国有名的人口大省,也是教育大省。虽然其高中教育阶段在校生数较之往年有所下降,但在全国范围内与其他省市相比,仍然排在前列。2011 年,河南省高中阶段毛入学率已经达到 90%,现有的普通高中教育资源已经能够基本满足学生接受高中教育的需求。然而,高中阶段教育发展不均衡现象比较严重,农村优质教育资源短缺,城乡学校差距日益加大。

具体而言,省会城市郑州市的普通高中学校在办学条件、办学质量等方面都优于省内的其他地市,而其他地市的市直属普通高中又普遍优于该市辖区内的县级和农村普通高中,导致县乡的优质教师和优质生源向城市流动。

调研发现,濮阳市普通高中教育资源分布极不均衡,市直学校在办学条件、教师质量和教学质量方面普遍优于县域学校。尽管濮阳市严格规定按照片区招生，不能跨区域招生，但广大学生及其家长都怀着"上好学"的心态，尽可能地向市区内学校转移，甚至不惜交纳大量借读费，由此产生县内高中生源尤其优质生源的外流，严重影响县内高中的办学。

学校之间的发展不均衡在很大程度上归咎于教育财政投入的不均衡。一些县级和乡村高中由于获得的财政投入少，学校经费短缺，无力改善学校的教育教学设施，难以改善教师的工作和生活条件，无法吸引和留住优秀教师，由此导致了县内高中学校发展及其办学质量的恶性循环。例如，濮阳县二中已经并入职业技术培训中心，县四中已经不再招收高中学生，而改为纯初中学校。

河南省优质高等院校数量与其他省市比相对较少，省外优质高校在河南省的招生名额也有限。"片面追求升学率"、"抓高分"仍然是大多数普通高中学校的办学目标，其教育教学工作的开展紧紧围绕学生成绩与升学率的提高。高中的升学压力还进一步下移，导致初中阶段，甚至是小学阶段的学生都开始努力奋战以争取升入更高层次的学校。

大班额是河南省普通高中学校存在的一大问题。濮阳县所有普通高中学校的班级规模都在56人以上（大班额），大部分班级的学生数达到66人以上（超大班额），而容纳80人以上的班级则在河南省也常见。

3. 教师编制紧张与编外教师

河南省全省范围内由各级人事部门管理教师的进编，如市直高中由市人事局负责教师的招聘工作，县属高中则由县人事局统一负责新教师的招聘，这些由人事部门统一招聘的教师是享有编制待遇的。教师聘任的决定权在当地人事部门，普通高中学校只是报送本校的招聘计划，并没有权利决定新进教师的人选。

一直以来，河南省普通高中学校教师编制较少，市直高中教师编制短缺尤为严重。为保证教学质量，学校不得不自行招聘一些编制外（代课）教师，代课教师现象普遍存在。由于代课教师的工资全部由学校自筹资金解决，对学校而言也是一笔不小的经费支出，这在一定程度上加剧了学校经费短缺的问题。

以濮阳县三中为例，目前该学校仍然按照濮阳县在2003年核定的编制标准，即县镇高中教职工与学生比为1∶13。几年之后，学生数量已有所增长，但教职工编制并未增加，学校只能自行招聘编外教师。这部分教师的工资需要县三中自己承担，每年需支付代课教师的工资近 50 万。①

4. 职业高中教育发展的障碍

讨论普通高中教育发展，回避不了职业高中发展的问题。如果没有职业高中的良性发展，普通高中教育发展的环境及其条件也不好。当前，河南在中等职业教育发展，尤其是农村职业教育发展上，面临着诸多障碍。

（1）传统观念和现行教育体制的制约

在我国"学而优则仕"的传统观念的影响下，人们普遍认为脑力劳动比体力劳动更"体面"，这就导致人们更愿意上普通高中，然后继续考入大学，而不是选择读职业高中、从事技工类工作。大量学生不愿意接受职业教育，学生家长也不愿让自己的孩子接受职业教育。这一传统社会观念在一定程度上阻碍了人们对职业教育的选择。

与此同时，现有教育体制也制约着职业教育的发展。职业教育的发展没有实现与普通教育的融合，导致职业教育缺乏发展的空间。

（2）生源少且质量差

对于河南省而言，在现有的教育体制下，只有那些没有希望考上高中的初中毕业生才会选择去职业高中上学。职业高中的生源较少且生源质量较差。

近几年，由于国家对职业教育发展比较重视，政策规定市县两级教育费附加的30％要用于职业教育的发展，因此，相对而言，职业教育发展具有一定的财政保障。但是，在财政条件完备的情况下，生源少、质量差成为主要问题。同时，生源质量差也进一步影响了学校的教学质量。

（3）学校自身建设不到位

由于国家积极倡导兴办职业教育，从政策和财政上都给予了大力支持，我国出现了职业教育的大发展，职业学校数量获得显著增长。然而，在现实过程中，大量教育资金分散到各个学校，许多职业学校自身建设不到位，导致学校办学质量并无提升，已有的教育资源无法得到有效利用。

（4）职业高中学生就业出口不畅

当前，用人单位对职工的学历要求较多。对于那些技术型工作而言，在同等条件下，用人单位会招聘高职毕业生而不是中职毕业生，导致中职学生就业出口不

---

① 见《濮阳县教育局关于对普通高中管理情况的调研报告》2011 年 10 月 10 日。

畅。而对于一些体力劳动而言,没有上过中职学校的初中毕业生也能胜任。考虑到时间和机会成本的情况,部分初中毕业生可能就会选择直接就业,职业高中缺乏吸引力。

一些农村职业学校的专业与教学难以与本地区社会经济及其产业等对接,为了毕业生的就业而把学校办成了劳动力输出的机构,造成了学校与地方之间的脱节,最终影响到了学校的发展。

四、促进普通高中发展的思考

1. 政策上支持普通高中发展

上文提及,目前我国尚未出台关于普通高中办学条件、生均公用经费的标准,普通高中学校办学的评估验收等方面也没有做出统一的规定。导致不同省市、同一省市的不同地区、同一地区的不同学校之间的办学条件存在极大差异,教育发展严重不均衡。

在这种情况下,国家应尽快制定普通高中学校办学条件最低标准、生均公用经费标准等,并制定相关政策保证标准的贯彻落实。同时,国家应建立支持普通高中发展的政策环境。近来,国家三令五申取消教育乱收费、规范办学行为等,这些政策确实消除了我国教育发展中的一些不规范现象。然而,对于普通高中学校而言,这些政策"堵"住了办学经费的来源,与此同时,国家却没有及时给予财政方面的支持与投入,导致学校办学经费短缺,限制了学校的正常发展,影响了学校的教育教学质量。因此,建立支持普通高中发展的制度环境,对于学校的良性发展至关重要。

2. 财政上保障普通高中经费

各级政府亟需加大对普通高中的财政投入。根据河南省教育厅的统计,2010年该省普通高中生均预算内公用经费支出仅为 596 元,比普通初中的 1 175 元低579 元;普通高中生均预算内教育事业费支出仅为 2 458 元,比普通初中的 3 410 元低 952 元。面对这一"倒挂"现象,增拨普通高中的生均公用经费,加大对普通高中的财政投入迫在眉睫。

其次,尽快落实提高普通高中学费标准。针对普通高中学费标准偏低的问题,河南省教育厅自 2002 年以来每年都把调整普通高中学费标准工作列为重点工作,但调整计划一直未能实施。随着普通高中学费标准过低的问题越发凸显,2011 年,教育厅进一步提出建议，将普通高中学费标准调整为省辖市市区每生每学期 800 元、县城高中每生每学期 600 元、农村高中每生每学期 500 元，但至今尚未实现。在严格教育收费的情况下，省内各相关部门之间的协调很困难。

第三，在中等职业教育免费的背景下，从财政上确保普通高中教育发展的经费需求，将势在必行。有必要出台区域（省级或者地区级或者县级）普通高中办学最低标准。

务必加大对县级和乡村地区普通高中学校，特别是一些薄弱学校的财政支持力度，帮助它们进行相关基础设施建设，如操场、教学楼、实验室、通用技术实验室、图书馆等，使每所学校至少在硬件设施上都能达到最低标准，保证正常的教育教学工作的开展。

3. 切实改进教师待遇与工作

首先，提高县级和乡村地区普通高中学校教师的待遇，至少实现与市直学校教师的工资持平，防止县级和乡村地区骨干教师的流失。同时，积极创造条件，吸引优秀本科及本科以上学历的毕业生到这些地区任教，切实提高学校的教育质量。

其次，将教师流动与优质教育建设联系在一起。可考虑采取"集团化办学"或"一对一帮扶"等措施，打破省内市、县之间的地域界限，盘活省内的优质教师资源，让每所优质学校帮扶一所或几所相对薄弱的学校，将优质学校的办学理念、学校管理以及教育教学中的经验带到薄弱学校中去。

积极组织开展不同教职工座谈会等交流活动，有针对性地解决薄弱学校办学中的问题，提升学校的办学质量。只有切实改善这些相对薄弱学校的办学条件、提高教育教学质量，才能从根本上解决生源流动的问题。

第三，有效解决教师编制与编外教师问题。

濮阳县教师编制数量仍然是 2003 年按照生师比 13∶1 的标准所核定的数量。由于办学规模不断扩大，学生数量不断增加，但教师编制数却并没有同步提高。因此，应按照新的办学规模核定学校教职工编制，增加编制教师数量。

对于现有的没有编制的教师，各级政府应出台相关支持性政策，建立普通高中代课教师入编绿色通道，解决这些没编制的教师的编制问题。另一方面，必须坚决控制新代课教师的出现。

4. 高考招生改革促高中改革

当前，在普通高中学校，考入大学几乎是所有高中学生的愿望。普通高中学校也都将大学升学率作为办学的重要目标,甚至是唯一目标。这一现象在河南省尤其严重,大多数学校都是"高考考什么,学校教什么,学生学什么","一切向高考看齐"。在现有国情和教育体制下,要想改变这种片面追求升学率的现象,首要措施是改变当前高等院校的招生模式和招生标准总过于依赖高考分数的状态。

如果这种简单的招生模式不改革,只是依赖高考模式与方式的改变,在实践中还是难以促进普通高中内部教育教学改革的。所以,改变高中教育以应试为目标的教育教学思想及其模式,必须为高中学校创造一个好的外部环境,这种外部环境首要的就是政策环境,如高考招生制度的改革。

当前,国家出台了高考招生制度改革的实施意见,在一定程度上或许会减小这种应试的现象。但进一步分析实践状态,不难发现,这种高考制度改革设计及其内容,对于农村地区高中学校而言,如果学生在高校招生中没有优势,高中升大学的入口不如之前通畅,势必会反过来影响学校的办学。由此,应将高考改革与普通高中内部的教育教学改革衔接起来。

第五章
甘肃省高中教育发展调研报告

■ 本章要点

西部省区甘肃省在加快发展高中阶段教育中,面临着诸多困难和挑战,需要中央政府的重点关注和支持。

- 全省普通高中教育发展因政策不明与资金不力而显得困难,普职之比维持在5.5∶4.5之间;但学生及其家长对普通高中教育的需求明显大于职业中学;民办普通高中学校发展更是举步维艰,而且质量难以保障。

- 高度重视普通高中课程改革,但在实践中困难重重,基层教师对于课程的认识和理解有待提高。普通高中学生"高中学业水平考试"实施中没有足够的经费保障。应试教育的现象还有存在。

- 普通高中教师学历达标表面上比较高,全省达到92.5%,但教师队伍质量难以适应课程改革和高考改革的要求。高中教师编制总体紧张、进人困难、结构性短缺;英语、信息技术和通用技术学科教师数量不够;在职教师队伍士气不高。

- 普通高中学校基本上依靠学费、择校费等收入维持运行,政府投入明显不够。农村高中的学生由于学校没有住宿条件而借宿在民居中,安全隐患尤为突出。2011年全省445所普通高中欠银行贷款33亿,2012年估计超过40亿。

- 随着农村大学生因找工作困难而返乡人数增加,新的读书无用论有着抬头的迹象,造成了初中毕业生升学意向下降,尤其是在一些民族、边远的农村地区,普及高中阶段教育任务变得艰巨。

本课题组于 2013 年 7 月 1—4 号实地访问了甘肃高中教育发展的情况,与基础教育处分管高中教育的同志进行了交流,并先后走访了定西市和武威市,重点了解了这些地区 19 所普通高中学校和 2 所职业高中的发展现状。在考察学校办学条件的情况下,与基层校长开展了广泛的交流,并与一线教师进行了座谈。

一、当前发展中的问题

1. 办学条件的困境

（1）经费短缺

经费问题的确是甘肃高中阶段教育发展的最大问题,是限制高中阶段教育发展的首要障碍。同时,经费问题不只是数量问题,还在于经费如何分配的问题。

首先,基本经费无法保障。调研的十九所普通高中和两所中等职业学校全部负债,包括银行贷款、公司投建、教师集资等不同形式,有的甚至高达千万,这对学校发展造成制约。

维持学校生存的经费主要来自学费和学杂费,学校发展因此成为规模发展,有些高中学校因学生人数减少而办学经费锐减,处在撤并边缘。加之各级政府财政投入不多,专项经费稀缺,来自个人或企业的捐款鲜有,而学费和学杂费只能维持学校正常运转,多所学校提到取暖费和供电费花费了学校收入的绝大部分,在其他涉及学校发展的方面只能"省吃俭用"。

很多高中学校的生均占地面积严重不足,只能达到标准的一半左右,但是学校处在矛盾的境地,一方面,希望通过政府给地扩大学校面积,以此解决学校场地紧张问题,但另一方面,其实并不希望或不太想扩大学校面积,因为任何的校园动工都意味着学校债务的扩大与加重,而且,扩大的学校面积(如教学楼和住宿条件的改善)也伴随着取暖和用电等费用的增加。除去基础建设,经费也影响到教师和学生。

教师培训因受限于经费稀缺,只能采取网络培训、以研代训等形式,教师出外参加培训的机会稀少,请名师进校培训也因经费不支难以推广。

高中理化生实验仪器设备和药品数量匮缺,更新、维护与保养费用不菲,有不少农村或贫困地区高中只能进行教师演示实验。计算机数量不够、机型落后,直接导致通用技术等课程无法开展。可见,经费问题波及面广,影响深远。

其次,欠缺国家层面对整个高中阶段教育的政策支持与财政支持,普通高中教育成为被遗忘的角落,国家对西部高中阶段教育的偏向性政策支持与资金支持尚未到位,再加之省级政府财政支持往往不具有连续性、整体性和前瞻性,只能针对部分地区和部分学校,如甘肃省 2003 年以后,省财政每年拿出 1 000 万元左右资金,对每个新完成"两基"的县,给予 100 万元奖励,专项用于建设普通高中。高中学校的发展不能依赖这种省级财政的专项援助。同时,来自县/市级公共财政的拨款支持更是凤毛麟角,绝大多数县/市级政府由于自身财政紧张,没有对高中教育的财政支持,倒是存在"学校收取的学杂费上交财政局,再由财政局以教育投入的名义返还学校"此类所谓的教育投入。省级和市县级别的财政支持如此之少,遑论乡镇,高中学校是由县/市级政府设置和开办的,乡镇除去偶尔的以奖金(万元左右)形式对辖区内的某所高中进行教师或学生奖助之外,并没有资助高中学校发展的义务或者能力。

再次,与政府对高中阶段教育财政性支持匮乏形成鲜明对照的是,各级政府(尤其是国家层面)对高中学生提供的奖助学金资助面倒较广,有利于困难学生入学。在此次甘肃调研的十九所普通高中学校中,得到国家资助的学生的比例基本都达到 1/3,有的学校甚至超过 1/2,两所中等职业专科学校学生所得到的国家助学金比例则分别高达 100％和 50％(参见附件)。可见,对贫困生的资助,国家可谓不遗余力。

但是,调研校的校长直言不讳地指出,尽管在高中贫困生补助、奖助学金方面的支持力度颇大,但是此类政策于学校自身发展无所助益。学生数量的增加更显示学校办学的经费困难。

校长们认为,并不存在大比例的学生需要政府支持与资助(当然需要考虑地域因素),政府的钱没有花在刀刃上。以两千学生的中等规模高中学校为例,助学金每人每年 1 500 元(职业高中是每人每学年 2 000 元),比例 30％(职业高中更高),年国家助学金总额就近百万,但该校校长认为 5％—10％的资助比例足以解决贫困生就学问题,或许国家可以将这每年近百万元的经费用于学校发展。有的校长甚至指出,对于高中学生个人的支持,如贫困生援助项目,不但无益于学校,学校还要受损,学校因贫困生国家资助政策必须少收费用;同时,对个体的大比例帮扶,也引发了家长和学生在升入高中学校的过程中过分竞争、不正当竞争、行贿受贿等不正之风,甚至对是否进入特设班级向学校频频发难。

最后,高中阶段教育所得的支持与义务阶段教育、高等教育、职业教育得到的支持相差悬殊,使得应起承上启下"腰部"作用的普通高中教育难以承受。并非要将义务阶段教育等经费挪动到高中阶段教育,但在完成了普及义务教育之后,必须及时地注意到高中阶段教育发展的重要性和需求。

(2) 师资匮乏

教师质量决定高中的教育质量,教师问题是高中学校普遍反映的主要问题之一。

首先,因为编制受限,高中学校招不到教师或者招不到好教师,结果大部分学校(如定西市和武威市都有反应)教师人数紧张,师生比例严重不达标,进而导致教师工作量大、工作负担重,特别在生物、地理等偏旁学科上缺口严重。编制控制严格,学校对于有实力、有学历的高水平教师/毕业生就不具有吸引力,再加之经济落后地区自身发展的局限性,师资质量一直上不去。而临聘教师一方面不具有稳定性,另一方面花费也不小,所以学校招收教师存在较大困难。

一中职学校校长提到,学校教师有文化/学历的技术不行,会技术的文化/学历不行,双师型教师几乎空缺,应有编制 187 人,实有编制 130 人,缺口庞大,这样的编制问题在绝大多数普通高中和职业高中都存在;经济落后地区的职业类学校很难聘到讲授与动手同样兼得的老师,职业高中的确又希望将技能好的企业师傅聘为兼职教师,但是,政府在教师的待遇和编制问题上,没有相应的支持政策,而刚刚毕业的大学生,虽然在理论知识上比较充分,但是在动手能力和操作技能方面非常欠缺。

政府部门在教师招聘上的政策不具灵活性,人事科对于人才引进的制度太过死板,结果将一些很具教师潜力的人才因细节问题卡在编制之外。某校校长介绍说,自己学校有一名西北师范大学硕士毕业生,在校实习很久,但因不符合 985 高校要求而被人事科掐掉。与此相对应的是教师的职称问题,严格限制的职称比例很大程度上挫伤了教师的工作积极性。实践上,职称评选只能论资排辈,甚至形成了"本科毕业生十二年中职,十八年高职"的不成文职称晋升规定,对教师形成较大的心理压力和消极影响。

其次,教师结构不合理。一方面,高中教师年龄普遍偏大,平均年龄均在 40 岁左右,年轻、学历高的教师稀少,研究生学历的教师人数大多高中学校以个位数计,高学历教师少的状况在一般高中以及贫困地区高中尤显严重。经济落后地区难以吸引高学历的大学应届毕业生。年龄老化带来诸多问题,如在新课程改革上意愿不强烈,反应迟缓,影响了学校的教学质量与变革性发展。后备力量不充分,也深刻地影响到学校的教师队伍建设。

对于一般高中和农村地区高中来说,优秀教师流失严重,多年培养的优秀教师被城市和示范性高中吸纳。此外,结构不合理在职业高中/中职院校的表现也很突出,专业教师比例不协调,存在某些专业教师饱和,而其他专业教师空缺的现象,尤其缺少那些在文化理论知识与技术实践能力上均专长的双师型教师。

最后,教师培训效果堪忧。为了配合国家教师培训的要求与计划,单纯的教师培训在量上是达标的,但质量却无法保障,特别是高中学校受限于经费等因素,很难保证培训效果。在经济欠发达地区为了节省开支,往往实行"请进来"的培训方式,在经济不发达的地区实行的是"以研代训"的培训方式,再辅之以网络培训等,但无论是前者,还是后者,都无法取得理想的效果。比如说"请进来",不但要大量花费学校与政府的经费,使得"请"的成本增加,因而只能少量地"请",另外也难以保证"请进来"的教师能够进行足够的培训,充足的培训,所以效果无法得到保障;而教师到发达地区或者著名高中接受培训的机会非常稀缺。另外,高中学校教师培训大多围绕高考展开,这也在一定程度上弱化了教师培训的深度,降低了教师培训的力度,限制了教师培训的宽度,因而并不能对教师的发展起到充分的促进作用。

(3)设施设备差

首先,校舍面积窄小。在高中调整的过程中,因撤并而产生了一些规模较大的学校,动辄四五千学生,但在此过程中,学校的面积却没有响应的变化,或者变化较小。

此次调研的学校大多反映学校的生均占地面积不足,这一方面影响到教育教学效果,另一方面也存在很多安全隐患。这在一些农村、贫困、郊区的学校尤其严重,学校宿舍得不到改建,危房问题大量存在,而学生住宿又比较集中,一个宿舍要住到八至十二个学生,安全问题突出。较多的农村高中学校并不具备住宿的条件,大多数学生都自行借住在学校附近的居民家中。学生安全问题十分突出。

此外,场地少,就会导致室外活动(如阳光体育)以及体育课(没有或缺少标准的篮球、排球场地)无法开展,再加之来自政府与社会的安全责任的考量,有些学校甚至取消了单双杠等体育设施,给教学活动造成很大影响。

其次,仪器数量不够,老化严重,无法满足学生的实验要求,故而只能以教师演示实验代替学生实验,而问题严重学校,只能取消实验课,因此成为讲解实验。计算机老化,有多所学校因此不能开设通用技术这一国家课程。

一乡镇完全中学仅高中部就有 21 个班级,班额 56 人,而全校只有一个机房可以使用。另外,有示范性高中提到图书馆建设面积不达标,藏书量不够,校园绿化面积与示范性高中的要求还有较大差距等问题,而一般高中的窘况更可以想象了。

2. 发展失衡的凸显

高中阶段教育的失衡问题主要表现在四个方面:区域高中学校发展失衡;职业高中与普通高中之间的支持失衡;城乡失衡;以及一般高中和示范性高中之间的发展失衡。

首先,区域之间发展不平衡。甘肃西部高中教育的普及程度好于甘肃东南部。造成这种发展不平衡的原因是多方面的,首要的是区域经济发展存在着很大差距,而经济发展的不平衡,必然导致经济薄弱地区对教育的投入不足,使得教育资源配置不平衡,在硬件建设、教师队伍等方面产生差距。

其次,国家在普通高中和职业高中之间的财政支持偏向明显。总体而言,职业高中以及中等职业教育所获得的国家支持与政府支持要远远高于普通高中所获得的支持,与此相反的是,家长和学生对于职业高中以及中等职业教育的需求度却远远低于普通高中的需求度,这就形成了比较无奈的现象,需求度高的普通高中教育得不到支持,而需求度不高的职业高中得到了大力支持。

职业高中近年得到国家的支持而大发展,但其培养的人才并不为地方及其人们所认可与接受。职业高中/中专的校长指出,职业学校在仪器设备、材料更新、实训基地、土地面积等方面都不匮缺,国家有政策支持,但在本地就业还是问题;而与此形成鲜明对比的普通高中既无财政支持,也少专项经费帮扶,发展捉襟见肘。

再次,城乡高中办学条件和教学质量之间的差距在不断扩大,而且差距是全方位的。此次调研的两所农村乡镇高中,面临着加重版的高中阶段教育所面临的全部问题,它们已经处在了继续办学还是撤并的边缘。因为考虑到撤并所带来的学生入学等问题而暂时保留,但暂时保留中学校实际的运作与发展困难,面对教师缺乏、好教师流失、学生生源外流等问题。某县唯一一所乡镇高中(完全中学)就处于此境地,学校因为高中生源少,规模办学的路子不通,学费收入少,企业不投资,银行不贷款,现欠债两百多万元,已经不具备高中的基本办学条件。学校甚至存在九成的危房率,高中理化生实验设备奇缺,教师只能进行演示实验。另一所农村高中的情况比之更严重,以化学试验品为例,大多都是 20 世纪六十年代的遗存;学校不能为高中学生提供校内住宿,八百多高中生全部在外寄宿,因为父母在外务工,学生的安全很成问题。

最后,一般高中和示范性高中的差距明显,难以形成良性的竞争局面。甘肃自 2000 年迄今,先后有 51 所高中被评为省级示范性高中,示范性高中与一般高中在收费(示范性高中收费较高)、招生(示范性高中可以优先录取前几百名)、经费支持(示范性高中优先获得仪器设备的更新费用)等方面都全面占优,而一县一般只能支持一所示范性高中的建设,导致县内其他高中在办学竞争中处于先天不利局面。

3. 应试现象的严重

甘肃的高中学校中,约有 60% 属于县属的农村中学。尽管这些年来课程改革的影响日益增加,但是应试的现象在高中学校中普遍存在,尤其是在经费得不到保障的情况下,只有通过提高升学率,才能吸引更多的学生入学,或者招收到更多的复读生。复读班可以多收费,并成为了学校自筹经费的主要来源。甚至,在统计升学率方面,也将复读生升学数量纳入统计范畴。由此造成一些学校甚至将教学重点放在了复读班上,严重影响了正常的学校教育教学工作。

农村高中学校在课程与教学改革方面也明显滞后于城市学校。尤其是在教育思想与教学方法方面,还沿袭比较刻板的以惩罚为主的方式,一些寄宿制学校崇尚采用"严管",缺少对学生的足够尊重和关爱。

基层学校普遍反映,因为学生的安全问题,加上权责不明确,使得学校在正常教育教学活动中包括高中课程的开设上不敢有所作为,如阳光体育、单双杠等课程因为安全因素而不敢开展。实际上,其中也有追求升学率的因素在内。有教师反映,不考的就不学、不教。所谓的高效课堂、课程改革、教学改革在实践中往往没有进展。

4. 政策缺少灵活性

除了教师招聘政策的僵化之外,在普职分流的高中招生指标确立上,现在也完全是政府行为,很少考虑学生及其家长的实际愿望和需求。直接说,目前职业高中与普通高中的招生比例设置并不合理。

甘肃省制定的招生标准是职业高中与普通高中的比例要达到 1:1,事实上无法达到。基于传统观念、职业教育的质量及其吸引力等多种因素的影响,甘肃学生对于普通高中的需求量远远高于职业高中,这也就出现了职业高中无人上,而普通高中挤破头的局面。

据职业高中校长介绍,为了完成教育部门制定的招生计划,职业学校可以在不参加任何考试的情况下招收春季初中毕业生,只要来就有学上。硬性的招生指标无形中扩大了职业高中的招生难度,平添了很多招生压力;也有意无意地扩大了普通高中的升学难度,学生和家长都要为升入普通高中或者有限的几所教学质量上乘的普通高中承担巨大压力。可以说,职业高中学生上得并不情愿,普通高中学生上得竞争激烈。

在政府投入不足的情况下,依靠学费而运行是大多数普通高中的现状。目前,甘肃普通高中的学费标准还是早先的十多年之前的水平。尽管地方教育部门和学校希望对高中教育的收费进行调整,但省财政与物价部门始终不愿松口,所以高中收费迟迟没有改变,在物价增涨的情形下,学费收入维持学校运行已经更为可能。学校的基础设施、餐饮、仪器设备等方面的投资与发展得不到保障,造成教育教学的质量问题。而为了筹集资金,学校又纷纷开办高复班,又设有择校费,以高复班收费和择校费来弥补学校办学经费的困难。

尽管职业高中以及中职学校也存在经费紧张的问题,但相比于普通高中,职业高中甚至可以说是"财大气粗"了。但其实质并无太多变化,并仍不受人们欢迎,导致职业高中的最大问题是生源差。尽管有省里统一的招生指标,但职业高中总是学生初升高不得已的选择,人们也本能地将职业高中的学生贴上学业落后和无路可走的标签。层次低,学业差,学生普遍具有失落和无所谓的情绪,踏实学习的少,学生安全与学校管理就成了大问题。

中职学校学生的就业也具有很大的不确定性。尽管一些学校甚至提出百分百就业的口号,事实上也可以满足和达成,但因为学校培养的学生层次低,所学技术不具有迁移性,学生综合素养不高,所以学校毕业生所找工作大多以吃青春饭为主,是体力劳动和操作工,再加之工资低,所以很难扎根工作单位,尤其是沿海等经济发达地区,工作不具稳定性和持续性,工作半年或一年的学生从单位返回家乡然后失业的现象普遍存在,而这种现象又给当地人造成不好的印象,对中职和职业高中教育的悲观印象进一步加深,学生进入中职和职业高中就学的愿望进一步受挫,如此恶性循环。所以,中职和职业高中学生就业"扎根难"和欠缺连续性是困扰职业学校发展的重要原因。

二、促进发展的建议

1. 切实关注高中学校生存

（1）政府必须确保经费供给

目前作为贫困地区的甘肃要解决高中阶段教育的经费问题，需要以国家财政为主、省级财政为辅，县市支持、乡镇奖励的多级支持体系。需要有保障高中学校基本的办学经费或者说生均公用经费。当然，也要鼓励社会、企业和个人对高中阶段教育的投资和建设，化解高中办学经费的难题。

调研学校的校长甚至认为，政府在高中阶段教育上的投入如果很难一步到位，也可以通过过渡阶段逐级实现。政府尤其是物价部门要适时就高中学生的收费标准进行调整，与当地物价水平至少要大致相符。重要的是，教育系统内部的经费投入要进行优化，如贫困生资助比例要根据地区和地域特色进行衡量，义务阶段教育的某些投入是否合适，等等。

（2）重点建设高中师资

首先，需要政府相关部门给予政策支持，从教师工资、编制、职称等方面增强高中教师职业的吸引力，吸收优秀人才进入教师行业，提升教师整体实力。扩大的编制和职称比例也将解决当下师资紧缺，课时重，压力大的情况。政策支持还包括人事等部门对于特殊人才和教师的处理和对待，增加政策的灵活性。同样也要为职业高中解决临聘教师问题，引进企业操作技能出众的师傅当教师等。

其次，积极引进优秀的应届毕业生从而优化教师年龄结构，形成老、中、青层次鲜明、结构合理的教师队伍，并制定适度的教师在一般高中和示范性高中之间的流动政策，促进学校发展。

最后，加大高中教师培训力度，丰富培训方式，从原先单一的校本培训为主转向"走出去、请进来、校本培训、网络培训"等多种方式相结合的培训方式，并注重培训结构，提升教师综合素养。

2. 均衡思想引领高中发展

将高中阶段教育的均衡问题，仅仅理解为高中内部的平均或均衡发展，显然不够。此次调研恰值甘肃省义务阶段教育均衡验收，事实上，在义务教育追求均衡的情况下，还要实现四个层面的均衡发展。

首先,实现"学段均衡"。在义务阶段教育、高中阶段教育和高等教育之间实现均衡发展,取得必要的平衡,可以推见,一个高效优质的教育系统离不开高中阶段教育的承上启下作用;在实现了义务教育普及和高等教育大发展的当下,高中阶段教育的短板效应理应得到纠正,在保持义务教育和高等教育工作成效的同时,现在是时候将工作重心转到高中阶段教育上来了。

其次,实现"区域间均衡"。与东中部经济发达地区高中阶段教育相比,甘肃省等西北地区的高中阶段教育还存在较大差距,表现在经费投入、教育理念、硬件设施、课程改革等几乎所有方面;而甘肃省内的经济发达地区和欠发达地区的高中也差异显著。国家应该加大甘肃等西北地区以及贫困地区的高中教育支持力度,逐步缩小东西差距和贫困地区与发达地区差距。

再次,实现"区域内平衡"。市县级政府既要保证示范性高中的引领带头作用,又要避免过度的"重点"政策。目前需要就某些农村乡镇高中存在的必要性进行及时深入的讨论。如果不需要,就及时撤并;如果需要,就必须加大投资力度,使其免于生存困境。

最后,实现"普职均衡"。普通高中与职业高中的发展既要有政府层面的纠偏与规划,也要考虑地域和传统因素,考虑家长与学生的需求。在保证职业高中大发展的同时,遗忘普通高中的发展显然得不偿失,在职业高中和普通高中之间保持适当比例、科学规模具有重大意义。但这种均衡绝对不能演变为"均分"。

在均衡思想指导下,能否实现不同学段(如高中阶段教育与高等教育)、同一学段内的不同学校间(如普通高中与职业高中)的衔接,是检验均衡思想是否得到实现、教育体系是否具有灵活性的主要方面之一。为此,需要做到:

首先,努力实现"中高衔接"。如在中职与高职之间建立相应的对接项目,从而解决职业高中与中等职业技术学校毕业生的可持续发展问题,为职业高中学生提供新的、更进一步的发展机会,这种方式已经在调研学校有所体现,如甘肃省某县中职院校与省外某高职学校建立"2+3项目"和"2+1项目",为学生提供继续深造的机会,具有很大的发展前景。

而普通高中教育与高等教育学校的衔接,将更有利于普通高中学生的升学问题,升学途径多样化和便捷化,提升招生工作的灵活性,同时,也可以与著名高等学府商量扩大对于甘肃等西部地区的招生规模。

其次,努力实现"普职衔接"。比如说采取同样的招生政策,同样的录取平台,扩大职业高中基础知识的学习面,当普通高中学生无法进行学业或想进入职业高中学习技术的时候,为他们提供相应的机会。

最后,努力实现"校企衔接"。高中与企业的对接,一方面将扩大高中办学的资金来源,另一方面扩大高中毕业生的就业面,尤其是职业高中和中等职业技术学校的就业问题将得到改善。

3. 高中学校责与权要明晰

明确教育系统和学校具有的权力,有利于教育系统作用的发挥和责任的承担。

首先,学生的安全问题是包括教育系统在内的全社会的责任,而不能无限制地投放到学校和教师身上,要把教师从担忧和顾虑中解放出来,投入到真正的教育工作中去,应该在明确学校责任的同时,强调家长的监护责任、交通、公安、社保等所有相关单位和部门的责任,这当然不是责任均摊,要对所有涉事单位"各打三十大板",而是要真实地明确各方责任,避免息事宁人的糊涂账。

其次,要赋予学校和学校校长在特定方面一定的决定权,这涉及学校的自主性和创造性,使学校在关乎自身发展的招生、教师聘用、校本课程开发等上具有更大的自主权,真实发挥校长负责制的效用。只有这样,才能办出有特色的学校。

第三,高中学校的多样化发展和特色化办学并不只是学校自身的责任或者行动所能够实现的。

必须从政策上入手,真正建立起结构比例合理的普通高中、职业高中或中等职业学校等不同类别高中多维发展的格局,为每个高中学生提供合适的升学或者就业的支持和服务,提升全体高中学生选择的自由度,增加他们成功成才的机会。

在发展多样化学校上,则需要学校勇于探索、勇于改革、勇于突破,要根据自身学校的文化传统,形成自己的办学风格和办学特色,从单纯的高考至上的指标体系上跳脱出来,打造主各自的品牌,摆脱千校一面的局面。

学校必须加强课程建设,强化综合素质评价导向作用,开设选修课,建立和完善学分制,开展特色课程活动,积极引导支持学校挖掘本校历史传统和办学优势,开发特色课程,发展特色学科,培育特色文化,促进特色发展,满足不同潜质学生的成长和成才需求。

4. 职业高中发展要有内涵

必须重新思考职业教育规模的问题,至少必须从学生就业、文化传统、学生需求、地区特色等多个方面统筹考虑,将扩大规模变为适度规模,即与其不断扩大职业教育的规模,不如将职业教育规模放置在适当的范围内,适度发展,精品发展,质量发展,通过精品工程提振群众对于职业高中/中专的信心,扩大职业教育的知名度,提升职业教育的名誉,从而吸引好的学生进入职业教育,在此基础上逐步扩大职业教育的规模。

将扩大职业教育规模上投入的经费,重置到职业教育的内涵提升上,如教师质量的提升(通过工资与编制吸引优秀教师)、学校课程的建设、校企结合、中职与高职的沟通上,效果或许更好。总之,就是要摆脱粗放的发展方式,从"外延式发展"转向"内涵式发展",小规模发展,先把质量做高,提升名誉与信心,再把规模做大。

要转变职业高中的培养目标和培养方式,职业高中在学生动手能力、综合素养上的培养,不能太过短视,要知识、能力、道德三位一体促进学生的综合发展,从而保证毕业学生的可持续发展和职业生涯的成功。

第六章
浙江省深化普通高中课程改革的实践探索

■ 本章要点

2012 年 6 月,浙江省在前期改革的基础上,颁布并实施《浙江省深化普通高中课程改革方案》。《方案》按照"调结构、减总量、优方法、改评价、创条件"的总体思路,着力推动以下方面的实践探索:调整课程结构,提升选修课程的比例,减少面向全体学生的必修内容总量;扩大学校的课程自主权和学生的课程选择权;建立普通高中学业水平考试制度和完善学生成长记录与综合素质评价制度;实施学分制与选课走班制度;建立配套的教学管理制度和进行相关培训等。

经过几年的实践,必修课程的内容得到了调整,明确了毕业水平考试和高考中各学科的考试范围;选修课程建设和实施大大加强,开发了大量的选修课程并建成了普通高中选修课网络课程学习平台,促进了选修课程的共建共享;部分学校形成了自己的课程建设模式和课程特色;选课走班制度广为采用,必修课程分层走班的探索方兴未艾。

改革在预设的方向上取得了初步的成效,并促进了学校和教师对于普通高中教育发展目标、学校定位和办学特色等问题的思考,提升了教师的课程开发能力。目前也面临着一些挑战,主要是学校之间发展不均衡,选修课程质量参差不齐,对于课堂教学方式的改革探索和创新不足,区域之间和学校之间资源差异大。高考制度的改革也将对深化课程改革带来新的挑战。

浙江省是工业化、城镇化、市场化进程较快,信息化、国际化程度较高的地区之一,这给教育发展提出了越来越多的要求。特别是,产业的升级换代,需要大量高质量的技术工人,更需要一批具有创新力的各类人才。浙江省的教育改革与发展正是在这一背景下展开的。

一、《浙江省深化普通高中课程改革方案》解读

1. 产生的背景

2001 年《基础教育课程改革纲要(试行)》(下文简称《纲要》)的颁布,标志着全国范围内新一轮课程改革的正式开始;2003 年 3 月,教育部颁布《普通高中课程方案(实验)》和《高中课程方案和各学科的课程标准》。

2006 年浙江省启动普通高中新课程改革;2010 年,《浙江省中长期教育改革和发展规划纲要(2010—2020 年)》出台,动员全社会力量加快建设教育现代化和人力资源强省。浙江提出,到 2015 年,基本实现教育现代化,教育发展水平位居国内前列;到 2020 年,实现教育现代化,教育主要发展指标达到发达国家平均水平。其中,有"实现普通高中教育多样化发展,扩大特色高中自主招生,开展优质特色普通高中评价活动,争取到 2015 年,全省优质特色普通高中达到 50%"的具体目标。

该规划还强调,"努力提高普通高中学生综合素质。优化课程设置,增加学生的选修课程。加强人文教育、科学教育、实践教育,注重帮助学生开展研究性学习和参与社区服务、社会实践。完善学生学业水平考试和综合素质评价,促进各类学生全面发展。开展对特殊潜质学生的个性化培养,建立学生发展指导制度"①。

2012 年 6 月浙江省基础教育课程改革工作领导小组办公室印发《浙江省深化普通高中课程改革学习资料》,其中指出,前期课程改革的成效主要体现在"学校和教师的课程意识有所增强;教师教学和学生学习方式正在发生变化;关注学生全面发展的评价体系正在形成等方面"。但是,"课程改革的要求和任务还远没有完全落实,新课程理念还未成为自觉的行动;课程结构不尽合理,学生个性发展和学校特色发展空间不足;个性发展仍未受到应有关注,育人模式转型效果不佳;过度应试的局面尚未明显改变,学生学业负担仍未减轻"。面对一系列问题,浙江省提出

---

① http://www.zjedu.gov.cn/news/20292.html

了深化普通高中课程改革。

2. 主要的内容

2012 年 6 月,浙江省教育厅发布《浙江省深化普通高中课程改革方案》(以下简称《方案》),方案定位于巩固前一阶段课程改革成果,继续推进和深化课程改革,解决实践中的突出问题,致力于在六个方面实现突破:一是大幅度提高选修课的比例,二是学校自主设置课程,三是分类建设选修课程,四是扩大选课范围,五是实施弹性学制,六是建立学分收费制度。

《方案》的文本分为四个部分:重要意义、指导思想与基本原则、主要内容和保障措施。指导思想中提出了按照"调结构、减总量、优方法、改评价、创条件"的总体思路,"坚持有利于培养高中特色,有利于促进学生个性发展,有利于为国家培养各类人才的原则,加快选修课程建设,转变育人模式,把更多的课程选择权交给学生,把更多的课程开发权交给教师,把更多的课程设置权交给学校,促进高中多样化、特色化,实现学生在共同基础上有个性地发展"。以这些指导思想为基础,《方案》确定了多样化原则、选择性原则、可持续发展原则和循序渐进原则作为深化课程改革的基本原则。

《方案》确定了五个方面的改革内容:

(1)调结构

减少必修学分,必修学分从 116 学分减少到 96 学分,选修学分从 28 学分提高到 48 学分。综合实践活动列入选修课程,研究性学习渗透于各学科必修课程教学与选修课程教学中,专题教育列入必修课程。增加选修课程,选修课程分为知识拓展、职业技能、兴趣特长、社会实践等四类。调整后的课程与学分结构如下表:

表 6.1 浙江省普通高中课程与学分结构

必 修			选 修		
学习领域	科目	学分	类别	内容	学分
语言与文学	语文	10	知识拓展类	包括必修拓展课程、大学初级课程、学科发展前沿课程、学科研究性学习等。	至少 48
	外语	10			
数学	数学	10			

（续表）

必　修			选　修		
学习领域	科目	学分	类别	内容	学分
人文与社会	思想政治	8	职业技能类	包括生活技能、职业技术、地方经济技术等课程。	
	历史	6			
科学	地理	6			
	物理	6			
	化学	6	兴趣特长类	包括体育、艺术、健康教育、休闲生活、知识应用等课程。	
	生物	6			
技术	信息技术	4			
	通用技术	4			
艺术	艺术或音乐、美术	6	社会实践类	包括调查探究活动、社会实践活动、校园文化活动等课程。	
体育与健康	体育与健康	12			
专题教育		2		主要包括国家有关部门和教育部规定普通高中必须组织开展的各类教育内容。	

（2）减总量

主要是梳理与整合学科知识体系，"明确必修课程基本、基础性知识要求，删减重复、非主干和过繁过难的内容，适当减少面向全体学生的必学内容及学习总量"，同时"充实能体现各学科核心思想、观念和价值的基本知识内容，确保必修课程学科知识和能力体系清晰完整"，并"形成必修课程与选修课程结构合理、层次递进的课程格局"。

（3）优方法

主要包括：构建开放型选修课程体系，学校充分利用各种资源开发和引进各种类型的选修课程；扩大学校课程自主权，学校"自主制定课程开设计划，科学安排课时与教学进度，构建满足学生个性发展、体现鲜明特色的课程体系"；鼓励学生个性化学习，通过建立和实施学生发展指导制度，指导学生建立支持其个性化发展的学程方案；实行学分制和弹性学制，允许学生修满学分并完成相应考核后提前毕业。

《方案》规定每周课堂教学时间不超过 26 小时，要求"控制各学科必修课程教学的课时总量，课时总量应与该学科学分相对应"，同时要求学校按照规定开设思想政治、体育与健康、艺术等必修课程。

关于教学方式的变革,《方案》规定要"严格控制教学进度和难度,关注学生学习过程,优化课堂教学模式,推进轻负高质,提升课堂教学品质。鼓励学校和教师进行教学方式改革的探索,形成个性化的教学风格和特色"。

(4)改评价

主要是建立普通高中学业水平考试制度和完善学生成长记录与综合素质评价制度。关于学业水平考试,《方案》规定:"考试科目为语文、数学、外语、思想政治、历史、地理、物理、化学、生物、信息技术和通用技术等11门必修课程,各科目每年开考一次,分别在1月和6月施考。高中期间,学生参加同一科目考试次数最多2次,以最好成绩记入档案。"

(5)创条件

《方案》提出"逐步实行普通高中学分制收费",以支持学生的课程选择。另外,要求增量教育资源向课程改革倾斜,"逐步提高教师配备与培训、选课走班设施与设备等方面的课程支撑能力"。

在保障措施方面,《方案》明确要求建立配套的学校教学管理制度,加强相关的专项培训,同时将课程实施状况作为对于学校、教师考核的重要依据。

从整个方案看,浙江省此次普通高中课程改革与《基础教育课程改革纲要(试行)》和《普通高中课程方案(实验)》(2006年)的主旨和方向是一致的,因而改革定位为"深化"课程改革,具体表现为将前期改革行动深入推进,同时在以课程选择推进学生个性化发展和学校特色发展等方面力求有所突破。

3. 突出选修课程

为实施此课程改革方案,浙江省教育厅还发布了相关的支持性政策和文件。《浙江省深化普通高中课程改革方案》还包括了9个附件,分别是:1.浙江省普通高中课程与学分结构;2.浙江省普通高中必修课程调整意见;3.浙江省普通高中选修课程建设的指导意见;4.浙江省普通高中知识拓展类选修课程实施方案;5.浙江省普通高中职业技能类选修课程实施方案;6.浙江省普通高中兴趣特长类选修课程实施方案;7.浙江省普通高中社会实践类选修课程实施方案;8.浙江省普通高中学业水平考试实施方案;9.浙江省普通高中实施学分制和弹性学制的意见。

这些配套文件主要是指导和支持学校进行选修课程开发与实施,以及进行评价等方面的变革。相关政策从课程开发、课程开设、课程管理、学分认定等四个方面进行安排,具体如表6.2所示:

表 6.2　选修课程实施方案

		课程开发	课程开设	课程管理	学分认定
知识拓展类		学校作为主体,主要选用已经通过国家审查的选修课程。大学初级课程、学科发展前沿课程学校可以自主开发,可以与高校、中等职业学校、科研机构、社会机构及行业企业合作开发,也可以引进国内国际精品课程二次开发。	占总选修课比例不超过60%。	制定课程建设规划;提前公布课程目录、课程信息;建立选课指导制度。	学校是认定主体;学生修习时间不少于规定时间的2/3、学习过程良好、参加课程考试(考查)合格,经学校学分认定委员会认定后取得学分。
职业技能类		直接选用经审定通过的中职技能类课程,也可以根据学生特点和培养目标二次开发,调整教学内容和要求。	一级特色示范学校不少于15%,其他高中不少于10%。每个高中学生职业技能类选修课程学分不少于6学分。	制定课程建设规划;提前公布课程目录、课程信息;建立选课指导制度。允许学生到中等职业学校、高校、社会机构选修职业技能类课程鼓励本校教师通过进修、自学等途径,或者聘请高校及社会专业人士,担任职业技能类选修课程教学工作。	学校是认定主体;学生修习时间不少于规定时间的2/3、学习过程良好、参加课程考试(考查)合格,经学校学分认定委员会认定后取得学分。学生获得初级、中级职业技术资格证书,经市、县教育局相关部门认定后,可分别获得2分或4分。同一项目,有多级证书的,以最高级别计分,不重复计分。
兴趣特长类		学校自主开发、与社会机构合作开发以及利用社会资源等形式开发兴趣特长类选修课程引进国内外相关课程,学校根据实际进行二次开发,使课程内容与要求切合学生实际。	制定课程建设规划;创造条件开设兴趣特长类选修课程;提前公布课程目录、课程信息;建立选课指导制度。	无	由学校进行:1. 选修课程学分认定;2. 特长学分认定。

（续表）

	课程开发	课程开设	课程管理	学分认定
社会实践类	以学校自主开发为主，鼓励学校与社会机构（包括行业企业）联合开发社会实践类选修课程，引进国内外精品课程，并进行二次开发。	建立社会实践类选修课程导师制。	按课程模块配备专任教师，按活动小组配备指导教师。专任教师全面负责课程实施方案设计、理论教学、活动实施与管理；调查探究活动指导教师要帮助学生提出课题，确定研究范围、内容、方法与方案；社会实践活动、学生社团活动小组指导教师要帮助学生设计活动方案。	分三类认定： 1. 调查探究 2. 社会实践 3. 校园文化 认定主体为学校，主要根据参加活动的时间以及完成的调查研究课题进行认定。

其中，对于职业技能类选修课程允许学生到中等职业学校、高校、社会机构（包括行业企业）选修职业技能类课程。

二、主要的实践举措

自《浙江省深化普通高中课程改革方案》颁布以来，普通高中学校和教育行政管理机构及其他相关部门围绕着方案所确定的主要目标，在学校课程体系的设计和选修课程开发与实施、必修课程内容调整、教学管理制度建设等方面，进行了实践探索。

1. 调整必修课程内容

根据 2012 年 6 月发布的《浙江省普通高中必修课程调整意见》，必修课程调整的主要方向是明确每学科必修课程的内容范围，删除或者调整部分内容，整体上减少了必修课程的内容，对部分模块的内容进行了整合。实施方案要求学校按照各学科必修课程教学指导意见的要求组织教学，严格控制教学内容和难度。如，语文学科必修学分的 5 个模块中，调整了少量课文；物理学科的必修学分的 3 个模块为《物理 1》《物理 2》《选修 1－1》（侧文）或者《选修 3－1》（侧理），删除了《物理 2》中

第七章 6 节内容以及《选修 3-1》模块中的第二章第十一节，将《选修 3-2》模块中第四章第二节至第六节内容调整到《选修 3-1》（侧理）中作为必修内容。总体而言，课程内容的知识结构体系保持不变，局部内容有所调整。

随着浙江省高考招生改革试点的进行和课程改革的深入，必修课程内容的调整在 2014 年再次被提上议事日程。2014 年 9 月，《学科教学指导意见（2014 版）》发布，此次调整遵循三个原则：一是连续性和稳定性，在保证课程结构和各学科必修、选修模块基本稳定的前提下进行调整，原则上不增加全体学生必修的内容，数学、物理和化学学科不再分侧文、侧理；二是层次性和选择性，突出学科的核心素养，清晰确定不同层次的学业水平标准，促进学生学术能力的差异化发展；三是发展性和导向性，鼓励学校进一步加强课程规划，继续探索课程的多样化和选择性。

调整后的方案（见表 6.3）重新确定了各学科的必修模块和限定性选修模块的内容范围，其中指导意见中列为"基本要求"的教学内容属于高中学业水平考试必考题的考试范围，语文和数学学科必修模块和限定性选修模块列入高考的内容，其他学科的限定性选修模块和必修课程教学指导意见中列为"发展要求"的教学内容，属于高考选考科目加试题考试范围。

表 6.3　2014 年各学科教学内容调整方案

学科	必修模块	限定性选修模块
语文	必修 1、必修 2、必修 3、必修 4、必修 5	文学作品（包括《外国小说欣赏》） 传统文化经典（包括《〈论语〉选读》）
数学	必修 1、必修 2、必修 4、必修 5、选修 2-1	选修 2-2（导数、推理与证明、数系扩充）、选修 2-3（计数原理、概率）
英语	英语 1（必修）、英语 2（必修）、英语 3（必修）、英语 4（必修）、英语 5（必修）	待国家英语考试要求明确后再定
物理	物理 1、物理 2、选修 3-1	选修 3-2 中"电磁感应"和"交变电流"两章、选修 3-4（删除"相对论简介"）、选修 3-5
化学	化学 1、化学 2、化学反应原理	有机化学基础、实验化学（删除专题 5）
生物	分子与细胞（必修 1）、遗传与进化（必修 2）、稳态与环境（必修 3）	生物技术实践（选修 1）、现代生物科技专题（选修 3）

(续表)

学科	必修模块	限定性选修模块
思想政治	经济生活(必修 1)、政治生活(必修 2)、文化生活(必修 3)、生活与哲学(必修 4)	国家和国际组织常识(选修 3)、生活中的法律常识(选修 5)
历史	历史必修 1、历史必修 2、历史必修 3	中外历史人物评说(选修 4)、世界文化遗产荟萃(选修 6)
地理	地理Ⅰ、地理Ⅱ、地理Ⅲ	选修Ⅴ-自然灾害与防治、选修Ⅵ-环境保护
信息技术	信息技术基础、多媒体技术应用(选修 2)	算法与程序设计(选修 1)
通用技术	技术与设计 1、技术与设计 2	电子控制技术

2. 加强选修课程建设

扩大选修课程比例,促进课程选择性,是此次浙江省深化普通高中课程改革的重点。为此,选修课程的开发以及作为其必然前提的学校课程体系的整体设计就成为高中学校面临的重要任务。

在正式启动此次课程改革之前,浙江省就启动了省级教育改革试点项目"普通高中选修课程建设"。2011 年 11 月,共有 30 所普通高中学校被确定为学科专业类、技术技能类、兴趣特长类、社会实践类选修课程建设试点学校,这些学校的任务是为全省普通高中在选修课程建设、学校教育教学及管理模式改革等方面提供经验和范式,并开发可供全省参考使用的选修课程。

2013 年 5 月,《浙江省教育厅关于加强普通高中选修课程建设工作的指导意见》中要求加强学校课程系统的系统化设计,学校根据办学定位和目标,结合学生发展需要、学校特色创建和传统优势,系统地规划设计学校课程方案,形成"纵向系统化和横向紧密联系的选修课程体系"。

这一《指导意见》特别建议拓展选修课程资源利用的渠道,指出"要打破'关门'建设选修课程的观念,积极拓展选修课程资源利用的渠道,应主动与职业高中学校、高等职业院校、普通高校合作开发选修课程,更应积极主动地利用当地企业、研究机构等社会资源开发选修课程,同时要积极引入社会教育机构的课程资源,最大程度地满足学生合理的教育需求"。

2012年4月,浙江省普通高中选修课程资源库和选修课程教材建设工作启动,建设内容包括:电子教材、网络学习课程、网上学习平台。

浙江省普通高中选修课网络课程学习平台(http://xxk.zjer.cn)建成,实现了分校组班、支持选修课程在手机和平板电脑等多终端应用。平台建设实行课程申报省市两级网络评审推荐以及课程动态管理,建立课程淘汰机制,提升选修课程的品质。平台还创新应用机制,建设"市县课程"栏目,探索新积分管理机制,逐步实现学生通过网络选课、学习。

截至2014年10月底,共发布了五批普通高中网络选修课程,共计达906门,网络课程在线总访问量突破520万余人次,电子教材全册下载量超过10万(册)次。

高中网络选修课程打破了原有的高中教育课程结构设置,进一步增加了普通高中教育的选择性,为学校开足开好选修课、构建灵活多样的选修课教学组织实施模式和学生自主选择学习的育人模式创造了条件,有利于推进普通高中多样化、特色化发展。①

区域范围的资源统筹与整合是推进选修课程资源建设的另一条有力途径。湖州市在这方面进行了实践探索,包括:(1)积极整合区域资源,着力拓宽视野,多渠道挖掘和整合各种课程资源,为普通高中开设丰富的选修课程提供支撑与帮助。组织了由湖州师范学院等20个成员单位参与的全市课程改革联盟,已为学校提供了近70门校外选修课程,其中65门(次)课程已被市直各普通高中选用。(2)引入国际教学资源,包括引进国外原版教材、美国大学先修课程、与国外教育机构合作引进国外课程或者小语种课程。(3)整合周边社会资源。如南浔中学借助南浔的法律机构,开设模拟法庭、生活中的法律知识、建设平安校园等课程;借助南浔本地的木制行业,进行通用技术木工小制作课程、参观大型的自动化生产线、企业家进校开设创业讲座等课程。②

此外,湖州中学与浙江大学合作,开设了多门大学先修课程,浙江大学本科生课程《物理与现代文明》在湖州中学同步视频直播,学生可以选修此课程,选修课考试过关,将来去浙大后就能免修。湖州二中与国内9所高校合作开设了大学先修课程,例如同济大学的《交通运输工程概论》等8门课程。③

---

① http://www.zjedu.gov.cn/news/27087.html
② http://www.zjedu.gov.cn/news/26865.html
③ http://www.zjedu.gov.cn/news/25959.html

3. 建设特色示范学校

浙江省教育厅在 2011 年 11 月印发的《浙江省普通高中特色示范学校建设标准（试行）》的通知中明确指出，"切实明确普通高中特色示范学校建设重点。着力构建丰富且具有特色的学校课程体系，以及相应的选课制度、学分制度、弹性学时制度和评价制度，以课程特色彰显学校特色，彰显普通高中教育多样化，满足学生全面而有个性发展的学习需要和经济社会发展对多样化人才的需要"。

在特色示范学校建设标准中，选修课程的实施情况和相应制度建设情况作为重要的考核指标，包括了校内选修课程、校外选修课程、选课体系、学分制等具体指标。2014 年 5 月和 12 月，浙江省教育厅分别公布了省二级和一级普通高中特色示范学校，并将在三年后进行再审查，以推动学校持续深化课程改革和特色建设。

在选修课程的开发与实施方面，有的学校主攻某种类型的课程，形成了学校的课程特色和办学特色。

永嘉中学在深化课程改革的过程中，在职业技能类选修课程的开发和实施方面强调职业技能课程渗透学科知识，强调从教师自身能力兴趣与学生兴趣的整合出发而不是从学科知识出发开发课程，在课程实施过程中将学科知识自然融入进去，在引导学生动手实践的过程中学习与该课程相关的文化知识。比如《茶馨问道》课程涉及了茶史、茶经、茶中哲学、茶叶化学分析等内容，让学生在学习茶艺的同时进行多学科内容的学习。在实施课程改革仅一年的时间里，学校就开发了职业技能课程近 30 门。调查显示，学生对于职业技能课程有着很高的认可度，并认为这类课程还对文化课学习产生了十分积极的影响。此外，学校强调围绕地方文化开发选修课程，教师基于楠溪江的历史文化、自然景观、特色经济，开发了《楠溪江边上的趣味数学》、《楠溪江民俗文化》、《楠溪古村落》、《楠溪民间故事欣赏》、《楠溪武术》、《楠溪江水资源的开发和保护》、《印象楠溪——网页设计制作》、《楠溪泵阀机械制作》、《楠溪蔬菜栽培》、《楠溪江经济》等课程，这些课程内容涉及多个类型的选修课程。①

萧山二中以"发现兴趣点—夯实衔接点—生成研究点—探索拓展点"作为课程开发的基本路径，形成链式反应的课程开发方式。具体做法是："学生的兴趣是课

---

① http://www.zjedu.gov.cn/news/23807.html

程设计的立足点,通过学生访谈及问卷调查等形式了解学生的主要兴趣点;然后理清支持学生兴趣所需的学科知识,找到兴趣与学科知识间的衔接点,设计课程;在具体某一课程实施中,学生根据自己的兴趣生成某个研究点,针对这一研究点进行深入探究;在探究过程中,积极探索新的知识和领域,从而形成新的拓展点。"此外,学校还进行了跨学科整合模式的探索,比如《校园电视节目制作》课程涵盖了语言知识、艺术知识和计算机信息处理技术等,《花卉与盆景种植》课程融合了生物、地理等学科的知识。这种课程开发模式也使得选修课程得到学生的认可,对于学生的学习兴趣和方法产生了积极的影响。①

天台中学则着力通过开放办学、校企合作打造选修课程模块。在课程建设方面,来自企业的核心技术成员、大学教授与学校教师一起组成课程开发团队,开发了"汽车与数学"等汽车系列选修课程模块,为学校特色化课程群建设奠定了扎实基础。在课程实施方面,学校与多家企业合作,将学校的特色发展与企业的科技发展前沿相结合,让学生有机会直接接触企业的科技前沿,理解学科知识的应用价值。校企合作开发的课程由企业工程师为学生授课,学生有机会走进企业的现代化生产流水线,了解高精尖设备,并亲历一些加工、测量和试验分析等过程。选修课程吸引力、学生学习兴趣和学业质量都有一定提高,学校的艺术教育和工程教育特色办学水平也不断提升。②

4. 改革教学管理制度

在教学管理制度方面的探索主要在于建立支持课程选择的教学管理体制,并为学生进行课程选择提供指导。学校的普遍做法是成立学生选课指导中心,加强学生发展指导工作,特别是加强人生规划教育,指导学生根据人生规划选择课程。

杭州二中从四个方面着手建立选课指导制度:(1)成立学校选课指导小组,为学生编写《学习指导手册》;(2)从高一第一学期开始即开设"生涯规划"课程,通过生涯规划课程的学习,帮助学生认识自我,提升人生规划意识与能力,提高选课适宜性;(3)建立生涯规划导师制。在学生选课过程中,由生涯规划导师给予学生点对点的指导;(4)建立家校选课沟通平台,在学校发布学期选修课程纲要时,通过家

---

① http://www.zjedu.gov.cn/news/23054.html
② http://www.zjedu.gov.cn/news/23050.html

校沟通平台联系家长,动员家长参与指导学生选课。①

在教学管理上实施"选课走班"是深化课程改革的重要举措。这一制度起初主要在选修课程中实施。同一行政班中的学生选择的选修课程科目不同,走班制成为必然。加上学分制的实行,使得学校课程的选择性和灵活性大大增强。

2014年3月,全省16所普通高中学校开始试点必修课走班,这样,走班制从选修课程进一步扩大到全部课程,逐渐成为学校的常态化课程实施方式。在浙江省教育厅印发的课程改革问题答疑中提到,"学校要从实际出发,采取灵活多样的方式实施选课走班。选课走班不只是校内走班,还可以走校、走向社会;不只是学生走班,还可以教师走教;不只是选修课程走班,必修课程也可以走班。"

在实践中,必修课程的走班教学往往与分层教学相结合。比如,浙江师范大学附中在2012年秋季选择数学、外语两个学科进行分层走班的实验,2013年扩大必修课程分层选课走班的实验,并逐步推行至全部课程。根据该校的方案,学生分层主要参考学生成绩、学生意愿和学科备课组意见,学生在期中、期末时可以申请调整层次,学校结合学生学习的情况和备课组的意见进行调整。概言之,分层的原则是"尊重差异与选择,动态反馈与递进"。②

浙江省教育厅基教处方红峰副处长将选课走班制的普遍做法概括为以下五个方面:(1)分层处理必修课程内容,通过校本化改造将必修课程分为2—3个层次,最终均达到课程标准的要求。教师针对不同层次学生特点提出不同教学路径、设计不同教法,重点考虑排除学生的学习障碍,设计分层练习。(2)学生自主选择组成教学班。学校通过确定各层次教学班数量、宣传发动、摸底测试、自主选择、公布名单的方式组成教学班。学生在教学班学习半个学期,主动提出要求的,可以进行调整。(3)授课教师平行安排,个别学校也尝试实行学生选层次的同时可选教师。(4)改革教学和评价方式。采用"同一科目同时上课"的方式排课;分层备课和上课;实行过程性评价和终结性评价相结合的学生评价制度,将学生日常考勤、课堂表现、作业完成情况、日常学段检测成绩作为过程性评价,与终结性考试共同构成学科成绩,用于学分认定。(5)强化教育资源配给。鼓励学校整合资源,一方面盘

① http://www.hz2hs.net.cn/sites/main/template/Detail.aspx? id=16014

② http://www.zjedu.gov.cn/news/26010.html

活行政班教室资源,另一方面充分利用学校其他教学空间。同时对普通教室进行专门化改造,尝试建设学科专用教室,逐步将教师固定在教室中。[①]

三、初步成效与挑战

浙江省深化普通高中课程改革的实践探索,其最大的特点是将课程的设计、开发、实施、评价的权利和责任部分地转移到了学校和教师,将课程选择的权利很大程度上交给了学生,从而推动了普通高中课程结构的变化和教学方式的转变。

1. 初步成效

在基础教育改革中,普通高中阶段的教育和高考关系最为密切,课程改革的难度也就更大。对于习惯了统一课程、统一教材、统一评价的教师和学校而言,处于一个发展条件和社会评价机制变革相对滞后的情境中,更为深入的变革还有待时日,但是从浙江省深化普通高中课程改革的实践探索中,我们能够看到这些实践对于教育传统的触动,也能够看到这些探索在向着目标方向前进过程中取得了初步成效。

总体来看,改革推动了学校领导和教师更为深入地思考普通高中教育的目标、任务和路径。学校在确定发展定位和办学特色,并以此为基础设计自己的课程体系的过程中,能够在不同程度上结合自身的特点、优势和发展情境,提出、讨论和确定各具特色的方案。这一行动过程本身就是一个思考、参与、探索、创新、实践、分享的过程。这为学校和教师在超越具体教育教学事务的层面上理解教育问题、思考和探寻教育发展道路提供了内在的动力。课程规划的制定和各类选修课程的开发,进一步提升了学校和教师的课程意识和课程开发与实践能力,提升了教师的专业能力。

深化课程改革的一个明显的成效是各类选修课程的开发和实施,这为学生提供了前所未有的课程选择机会和个性化发展空间。虽然选修课程开发有多有少,质量有高有低,但是学校和教师的重视程度和投入程度明显提高。

目前已经开发了大量的各种类型的选修课程,支持选修课程共享的网络平台

---

① 方红峰:《把课程选择权还给学生——浙江省普通高中必修课程走班教学的因与果》,《中国教育报》,2014 年 5 月 14 日第 6 版。

已经建立,部分学校初步形成了自己的课程特色和办学特色。一些学校在选修课程开发的过程中和其他机构(高等院校、企业等)建立了较为密切的合作关系,探索出了开门办学的发展道路。从选修课程的内容看,相当比例的选修课程主要是从学生发展需要和兴趣出发开设的,满足了学生个性化发展的诉求。选修课程比例的增加,加上相应的学生发展指导制度的建立和完善,也让学生更为有意识地认识自己,规划自己的未来。

深化课程改革的另一项成效是初步建立了选课走班制和学分制,有些学校还探索了必修课程的分层选课走班制度,新的教学管理体制开始逐步建立。根据教育行政部门的估计,在选课走班方面,制度较完备、实施情况较好的约占三分之一,约有三分之一跟着走,也有部分学校存在一定的困难。

无论最终的改革成效如何评价,浙江省深化普通高中课程改革的行动已经在实践中带来了多个方面的变化,也为教师的专业能力提升提供了实战锻炼的平台。

2. 面临的挑战

但是,深化课程改革的实践探索也存在一些问题和不足,主要体现在以下几个方面:

一是在选修课程的开发和实施方面,学校原有的基础不同,发展不均衡,不同学校之间水平差异较大;选修课的质量参差不齐,有些选修课程存在着低层次、碎片化的情况;有些选修课程主要是从教师的能力、兴趣出发进行开发的,对于学生的发展需要关注不够;部分学校在实施选课走班时存在场地和师资不足的情况。

二是对于课堂教学方式的改革探索和创新不够,必修课程分层选课走班的实践探索还有待深化。这一方面是由于课堂教学方式变革这一任务本身的挑战性很大,另一方面是由于这次改革在结构调整和选修课程开发方面任务艰巨,教师投入课堂教学改革的精力有限。

三是必修课程的内容和难度调整幅度不大,选修课全部开足的情况下,仍存在着学生负担增加的风险。

四是在资源方面,区域和学校的差异很大,地方课程资源的统筹不足,社会资源的开放性也有待提高。网络课程平台在一定程度上弥补了学校课程资源的不足,但以后仍需在资源的拓展、整合和分享方面付出更多的努力。

2014 年 9 月,浙江省和上海市一起,率先进行高考和高校招生制度改革的实验。两次学业水平考试的实施、等级考试科目选择组合的多样化,将为学校的教学管理、师资和资源调配带来更大的挑战。新的考试和招生规则也将对不同类型、不同发展水平的学校带来不同的挑战。在这种背景下,浙江省深化普通高中课程改革的实践探索也必将面临新的挑战。

第七章
让每一个学生都体验成功

——广东省深圳市布吉高中的理念与实践

■ **本章要点**

2005 年起布吉高中以"扬长教育"为办学理念,并有效地付诸实践,使学校从农村薄弱高中快速发展成为目前的广东省一级学校、国家级示范高中。学校的办学思想是:

- 使每个学生都能够最大限度地发展个性和特长,挖掘潜能发挥才智,享受到成功的喜悦。

- 突破"升学"＋"就业"的传统定位,实施"成人"教育,为社会培养一批高素质的、能够承担起时代责任的现代公民。

- "让每一位学生都体验成功",实现具有不同学业基础、不同兴趣爱好的学生在各自的起点上均有所发展。

学校开展的实践探索:

- 管理先行:制定教职员工行为标准;推行扁平式管理模式;建立整体性量化评价机制;成立学生自律委员会;强化整体协调和专业指导等。

- 育人为本:发现"学困生"长处,激发"学困生"信心;改变灌输式教育模式,构建全程全员育人模式;加强德育与教育教学的融通工作。

- 教师为本:以师德教育为核心,以课堂教学为基点,以科学评价为激励,以培训学习为促进,引领教师走上专业化发展之路。

- 特色扬长:扬科技教育之长,推动学生和谐发展;发挥学生体艺潜能,促进学生特长发展。

广东省深圳市布吉高级中学创办于 1995 年，当时是仅有 6 间教室、6 个教学班、20 余名教师、200 多名学生的农村薄弱高中学校，这些学生考入学校的分数普遍不高。然而，经过 20 年的实践探索，尤其是最近十年的努力，学校已经发展成为广东省一级学校、国家级示范高中，并具有鲜明的办学特色。如今，布吉高中已拥有 60 个教学班，学生 3 300 余名；教师 260 人，其中特级教师 2 人，高级教师 63 人，外籍教师 2 人，省、市、区学科带头人和骨干教师占教师总数 70％以上。

学校之所以能够在短时间内得到快速发展，一个很重要的原因就在于，自 2005 年起，布吉高中提出了"扬长教育"的理念，并在教育教学实践中全面践行，逐步形成了特色独具、成效显著的布吉高中"扬长教育模式"。

一、"扬长教育"的办学思想

1."扬长教育"的理念认识

"扬长教育"理念的提出，是布吉高中领导和教职员工深入思考新时代教育本质以及我国高中教育定位问题的结果。作为一所普通中学，起初布吉高中的生源质量一般，学生受外部商业社会的负面影响明显，家庭对教育的支持也不够，加上学生原先基础不牢，学习动力明显不足，由此也造成教师教育教学的积极性不够，教育质量难以保证。

在这种背景下，布吉高中马瑞雄校长认为，各个层次的学校都应该而且可以根据自身情况，确立合适的、特定的培养目标，办出特色，办出成就，实现"让一般的学校不一般，让普通的学生不普通"这一发展目标。

马瑞雄校长强调，在思考和解决现实的教育问题时，必须回归教育的本源，明确教育的本质是"育人"，是在为每个学生提供最合适的发展道路。教育的本质就是育人，是促进每个学生走向最适合自己的发展之路，并最终成长为人格健全、学养深厚、品质高尚并具有一技之长，可以对社会有所贡献的人。

布吉高中统一了思想认识，一致认为，学校教育的"育人"本质要求必须确立学生的主体地位，以人为本，就是一切从学生实际出发，面向每一位学生；"育人"本质决定了教育的目的就是"使人变好"，教育的过程就是"引导人变好的过程"。"引导人变好的过程"就是"提升个人生命价值"的过程，是一个实现价值增值的过程，其中的显性增值表现为长本领、会学习、考得好和有作为；隐性增值表现为发展智慧、提高修养和健全人格。

实施"扬长教育",在于"让每一个学生都体验成功",在于在探查、了解学生学习能力和学习兴趣的基础上,为具有不同学习能力和学习兴趣的学生提供不同的学案,使不同的学生都能在各自的起点上实现"扬长发展",形成各自的自我规划、自我发展和自我实现的能力,最终实现"学会负责、学会学习、学会生活、学会发展"。

为此,学校在学习有关教育理论与思想的基础上,把"扬长教育"的内涵界定在以下三方面:

(1) 学校要根据时代精神和社会发展的需要,把培养学生全面、健康、可持续发展作为学校一切工作的出发点和最终归宿,使每个学生都能够最大限度地发展个性和特长,都能挖掘潜能发挥才智,享受到成功的喜悦。

(2) 学校要突破"升学"+"就业"的传统定位,转为实施"成人"教育,为社会培养一批高素质的、能够承担起时代责任的现代公民。一所学校对社会有无贡献,关键看能否把学生培养成对社会有用的人。

(3) 学校教育要面向全体学生,让每一位学生都体验成功,对待困难学生要不抛弃,不放弃;就是把"让每一位学生都体验成功"确立为学校教育的基本目标和办学宗旨,努力实现具有不同学业基础、不同兴趣爱好的学生在各自的起点上均有所发展。

2. "扬长教育"的实践思路

在全面把握"扬长教育"理念的基础上,布吉高中积极探索,推行了旨在实现"让每一个学生都体验成功"的管理、教育和教学改革,形成卓有成效的"扬长教育"实践。在实施"扬长教育"思想的实践中,学校采取了以下方式:

(1) 从学制到课程结构,从教学内容到教学方法,从评价到督导构建一种全新的教育教学模式,为激发学生潜能、张扬学生个性创造条件,从而使具有不同个性品质和潜能的学生都能成为既具有现代科学素养,又富有实践精神,兼备现代人文品质的新型建设人才。

(2) 坚持以人为本,追求学生的和谐发展和科学发展的人才培养模式;坚持为未来培养具有创造潜力的可持续发展的人才;注重为学生将来的不断成功奠定良好基础。

(3) 提倡为每个学生提供一个展示自我的空间,发现学生个性,张扬学生个性,实现"特色学习,个性发展",让学生在体验成功中快乐学习、快乐成长。追求的就是让每个学生体验成功,让每个家庭体验成功。

二、"扬长教育"的实践探索

1. 管理先行:建章与立制落实

"扬长教育"的实施需要相应的学校管理制度与体系的现代化作为前提。为此,布吉高中致力于建立健全包括后勤服务体系、安全保障体系、德育支撑体系、教育教学质量监控体系在内的现代学校管理制度体系,加强全面地教育教学制度建设,将学校管理中心下移至每个年级、每个班级和每位学生身上,实现"扁平化管理",提升管理成效。

在学校管理实践中,布吉高中贯彻教育民主化和以人为本的学校管理理念,关注每个学生,尊重每个学生个体差异,尽力为每个活生生的生命个体提供良好教育和公平发展机会,使每个学生最大限度发展个性和特长,在"扬长"中"让每一个学生都体验成功"。

为实现此目标,布吉高中所采取的具体管理措施包括:

(1) 学校制定具体的教职员工行为标准,给学生以良好示范,并将之内化为学生行为准则;

(2) 推行扁平式管理模式,落实年级负责制,努力减少管理损耗;

(3) 建立年级、班级整体性量化评价机制,突出个性展示,重视班级文化构建,使年级、班级各施其长,各展特色,在良性竞争中共同提升;

(4) 设立各处、室学生助理,成立学生自律委员会,促进学生自我教育,自我管理,对个别问题学生进行会诊式帮教,对个别"学困生"采取"一帮一"教育方式。

(5) 强化各处、室对年级工作的整体协调和专业指导,结合年级、班级实际创造性贯彻、落实学校办学精神的力度,营造民主和平等的氛围,建设和谐的校生关系和师生关系。

2. 育人为本:指导与德育结合

"扬长教育"的核心理念在于发现学生的长处,在于张扬发展学生的长处,所以能否发现学生所长,尤其是发现"学困生"的所长,就成为"扬长教育"能否科学高效实施的基础和前提。

在"扬长教育"实践中,布吉高中已经形成发现学生、发展学生的教育机制。这一机制建立并落实到学生发展规划、自主管理、综合实践、学生之星评选等各个层面，尤其集中体现在发现"学困生"的长处、激发"学困生"信心等具体措施上。

（1）学生发展规划

高中阶段的学生，正处于世界观、人生观、价值观形成的关键时期，如何规划自己的人生道路，对每一位高中学生而言，都至为关键和必要。对于教育者而言，能否结合每位学生的实际情况，指导制定出极具针对性的学生发展规划，将直接影响扬长教育开展的成效和学生未来的发展。

学校认为，每一个学生都是有潜能的，学生潜能的动力系统就好像一辆汽车的引擎一样：一部分学生的引擎熄火了，形成了"你不推我不动"或者"推一推才动一动"的被动状态，这部分学生上课睡觉、作业不做，整日浑浑噩噩，无所事事；一部分学生引擎点着火了，但没踩油门，因为不知该开往哪个方向。这部分学生每天上课、完成作业，学习和生活没有目标、没有方向，不知道自己的需要是什么；还有一部分学生不但引擎点着火了，而且有明确的目标，正驶向自己的目标地。

指导学生做好发展规划的目的就在于让学生清楚自己在什么时间应该实现什么目标，清楚自己实现预定目标的优势与不足，明确自己距离将要实现的目标与规划还存在多大的差距，最终实现变"被动学习"为"主动学习"，彻底改变"学习无动力，升学无希望，生涯无规划，发展无方向"的状态。

为此，学校高度重视对学生成长发展进行规划指导。每个新学年伊始，校领导亲自为新生开设"规划高中生活，促进生命成长"的入学教育必修课。指导教师在全面了解学生学业基础、发展方向、发展特长的基础上，指导每个学生制订《学生成长发展规划书》，为其在三年的高中学习生活中找到自己位置，为今后人生发展奠定坚实基础提供帮助。不同年级的学生有不同的规划重点，高一年级学生的规划任务在于"了解自我，尽快融入"；高二年级为"克服倦怠，有效发展"，重点为学生文理科选择提供指导；高三年级为"规划生涯，高效学习出成果"，重点根据学生学业成绩、兴趣爱好、职业取向等对学生升学给予指导和建议。

为实现学生研究的长效化和制度化，学校推行"导师制"，学校为每位学生配备一位导师。导师为每位"受导生"建立档案袋，记录学生成长过程中的闪光点和不足之处，制订"受导生"的改进与发展目标。关于导师的指导职责，马瑞雄校长特别强调："我们的导师，需要全方位关注每一个学生的需要，不仅是学习上，还有人格和情感、心理的完善，要让知识教学变得有血有肉有意义。""导师"成为学生发展的指导者与亲密朋友,为指导学生发展规划,积极开发其潜能,促进其学习,让导师伴随学生发展,提供了必要的制度保障。为更好地为学生发展提供指导性的服务,导师往往要对学生实施观察和研究,对其学习习惯、行为习惯、家庭教育环境进行调查和了解;对其动手能力、反应能力、人格和气质类型进行诊断和归类;对其艺术、体育信息技术等学科素养、兴趣和潜能进行测试和确定。

(2)学生自主管理

"扬长教育"的最终目的在于实现学生的自主发展,而自主管理是实现自主发展的主要手段。

布吉高中将学校、年级两级学生会确定为学生自主管理的主渠道,各社团组建、活动开展、住校部寝室管理、学生食堂协管,都放手让学生开展自我管理。学校还通过竞争的方式设立了学生校长助理、学生班主任助理。学校体育艺术节、社团科技节等大型活动多由学生组织操办。

(3)课外综合实践

在奠定学校研究性学习课程的基础上,学校还鼓励学生积极参与有意义的社会实践和社区服务,并做好相应记录、存档,作为毕业学分认定的依据。学校将每周周三第八节课安排为社团课,学生可以根据自己的兴趣爱好,参与丰富多彩的社团活动。在"扬长教育"理念的引领下,学校组建了黑白空间、动漫社、街舞社、摄影社、服装社等一批优秀学生社团,每年科技艺术节为学生展示自己的才艺提供了大舞台。

(4)"学生之星"评选

为深入落实学校"让每一个学生都体验成功"的办学理念,引导教师用发展的眼光看待每个学生,发掘学生的闪光点,关注每一个学生的成长,让更多的学生发现自己的闪光点、找到成长中的自信,真正做到"找学生之所长,扬学生之所长",学校制定了详尽的"学生之星"评选方案,每月评选班级、年级和校级的"学生之星",不断挖掘和表彰激励学生之长。

"学生之星"的评选类型多样,主要包括智慧之星、阅读之星、科技之星、演播之星、体育之星、环保之星、摄影之星、协助之星、管理之星、友爱之星、文明之星、劳动之星,等等。各班评选出的班级"学生之星",由各班主任在班级范围内予以公示表扬;各年级评选出的年级"学生之星",由年级领导在本年级师生大会上或宣传板报上予以公示表扬;全校范围内评选出的十大校级"学生之星",则利用学校宣传橱窗、广播站、校园网,在全校范围通报表扬,并在周一升旗礼上进行表彰,颁发"学生之星"证书和徽章纪念。

"学生之星"的评选活动极大地增强了学生的自信心,激励学生不断成长。一位被评为摄影之星的小林同学感慨地说:"从小学到初中我都没得到过一张奖状,从来没有人肯定过我,没想到布吉高中挖掘了我的摄影才能,还得到了大家的肯定,我真的很感谢大家,我一定会继续努力,不辜负大家的期望。"

(5)"学困生"提升计划

布吉高中从"校情、学情和真情"三个层面入手,提升"学困生"的学习动力和学习能力,塑造学生有益于学业成绩提高和全面发展实现的行为方式。其中,校情和学情是工作的对象内容,真情则是工作的方式和手段。

在校情改变上,学校针对布吉高中地处城乡接合部,学生家庭教育薄弱,部分"学困生"受家庭环境和氛围影响,沉溺于打游戏和看电视等诸多实际因素,学校协同南岭村村委会,联合向部分尚未形成有益于学习的学习方式和学习习惯的同学家长建议,安排学生住校,在参与统一组织的晚自修和生活管理中养成有益的学习方式和学习习惯。

在学情改变上,学校针对高一入学新生开设学习方法及学习生活规划讲座《规划高中生活,提升人生价值》;从学生实际出发,协同家长共同引导学生确定终生发展的方向,激励学生树立"规划成功"、"体验成功"和"实现成功"的信心,做到"认清自我、发现优点;自我规划、学会发展;立足起点、跨越自我"。

学校坚持"义务送教服务",在村委会和社区成立家长学校,编写分发《家教指南》,聘请家庭教育专家为家长开办专门的家教讲座,为家长开展家庭教育,发挥引导、督促和指导作用提供了针对性的指导服务。为提高"义务送教服务"的成效,布吉高中着重从义务送教组织机构建设、送教内容、送教方式与手段创新等方面,全面提升义务送教质量。在义务送教组织机构建设上,校内设有社区服务中心、家长工作室、社区文化长廊,组织编写家教资料、《家教指南》面向学生家长分发;学校组织大型送教活动,如每年级每学期开展家长学校活动 2 次以上,每年四五月份举行全校性的家庭教育报告会、校长讲坛和教育咨询服务等大型送教活动。作为学校实施"扬长教育"的有效教育手段,"义务送教活动"开展十几年来共举办家长讲座100 余场,组织教师家访 700 余次,义务送教范围涉及沙塘布、沙湾、龙珠、南龙、吉厦区、南岭、中海怡翠、桂芳园等区,惠及学生达 3 000 余人。

在真情服务上,学校坚信有效而成功的教育,必须首先是爱的教育,是触动学生心灵的教育。为此,布吉高中坚持学校教育以"师德为先",教师以真情研究学生,以真情教育学生,以真情发现学生,以真情发展学生,让教育的力量在一种真情弥漫的氛围中发挥作用。布吉高中坚信,高中教育的目的,必须突破为高等学校输送合格新生和为社会输送合格劳动者这一传统定位,而是要以真情激发学生梦想,使其有理想、有责任和有涵养。学校的特色化发展应充分体现在以真情感化人,以人性塑造人,而不是按教育标准塑造人。学校教育和教学工作不仅仅只是技术性的知识传授工作,也不仅仅是机械的能力训练工作,而更多的是富含人文关怀和人文精神的育人工作。

布吉高中认为,高中教育的任务与定位决定了德育教育在实施扬长教育实践中发挥着不可替代的作用,实施全员德育,赋予扬长教育内在的精神与魂魄。

布吉高中主张,高中教育的任务与定位在于通过高中教育,让每一个学生都能体验到成功,使学生成为能够承担起时代责任的现代公民,而不仅仅是向大学输送人才或向社会输送劳动者。在这一教育理念指导下,布吉高中把学生"成人"教育作为首选项,高度重视和加强德育工作,培养学生健康的人格和良好的行为习惯。

(6)创新德育教育模式

布吉高中改变灌输式教育模式,树立"全面覆盖,积极引导,内外结合,立体育人"的德育观,构建全程全员育人模式。在布吉高中,每一位教职员工都是德育教育工作者,公民素养教育、道德法制教育和社会诚信规范教育融入一项项以学生为主体的活动中,融入一个个学生自主管理环节中。

在校内,打造平安校园、科技校园、人文校园,深化"书香校园、书香年级、书香班级"建设活动,努力实现教学和德育管理的整合,推行校级学生助理培养机制,开展书香班级建设活动,具体开展班级愿景和班级公约制定活动,激发学生自律精神和团队意识,开展一月一次的"校园之星"评选,学生心理活动周,推选各处、室学生助理等活动。

布吉高中充分利用和整合校内外教育资源,主动与社区、家庭合作,主动服务于社区精神文明建设,形成了以学校为主导,以学生为主体,学校、家庭、社区合力促进青少年成长的德育教育模式。

布吉高中充分利用坐落于全国社会主义新型农村样板村——南岭村,与闻名海内外的国家文化产业基地大芬村相邻这一地理优势,充分借助社区资源加强对学生的政治思想教育,积极开展送教进社区活动,由校长带领,通过发放宣传资料、开办家教讲座、举行面对面咨询等形式,服务社区。

十多年来,布吉高中将这种模式逐步推广,"送教进社区活动"走入了学校周边13个社区,通过与社区联手共建的创举,真正实现了学校、家庭、社区利益共同化,老师、家长、学生利益共同化,开创具有布高自身特色的服务社区的教育模式,收到良好的教育效果,并得到社会好评。这一模式正在全市逐步推广。在"送教进社区"传统项目基础上,布吉高中优化学校教育资源,努力打造的社区教育服务中心现已初具规模。

特色项目建设是特色学校发展的重要抓手,有利于彰显育人成效。布吉高中紧紧围绕"送教进社区"、"心理健康教育"与"德育科研"三个特色项目建设,推荐全员德育工作。

■ "送教进社区"

为优化社区和家庭教育环境,布吉高中学校领导与骨干教师团深入社区,通过开展家长培训、家教咨询、派家校顾问及赠阅《家教指南》等活动,把先进教育理念和育人方法送进社区、家庭。学校利用对外宣传栏、社区服务大厅向社区群众传播先进教育观念,传递教育信息,服务社区文化建设。

■ 心理健康教育

通过配备优质师资,优化功能室,开发咨询、测验平台,完善治疗体系等措施,提升心理健康教育水平;通过心理健康课程,普及心理健康教育,并在课程中增加学生发展指导的内容,指引学生生涯发展;定期开展学生心理普查、班级心理委员培训、班主任心理培训、个案辅导等工作,进一步了解学生中存在的心理健康问题,及时进行跟踪、建档和辅导,化解学生的心理问题;通过指导学校心理兴趣社团,开展丰富多彩的活动;通过举办心理活动周,全面提升全体学生心理素养;同时,加强与班主任、学生家长的沟通,编写《家教指南》,家校合作共同关注学生心理健康。

■ 德育科研

学校利用德育研究指导中心、学生发展指导研究中心和心理咨询中心三大部门加强德育课题研究。针对德育过程中存在的问题开展行动研究,积极探索德育新思路、新方法,不断完善研究的内容和成果,使研究成果更好地服务于教育教学工作。

布吉高中广大教师积极开展学生发展指导研究、自主参与型班级管理模式探索、中华传统美德教育、挫折教育、生态德育、科技德育等道德体验教育活动,成立布吉高中创新德育探究室和生态德育教育室,德育研究活动深受学生喜爱,效果显著。尤其是"高中学生发展指导"课题的研究加强了学生高中学习、生活、发展规划,引领学生树立规划发展意识,促进学生的生涯发展,得到了全校师生的大力支持。该研究在创新学生培养模式、完善配套机制等方面积累了较好的经验。

坚持德育与教学的有效整合,把教学作为实现德育目标的主渠道,课堂重视学生情感、态度、价值观的培养;坚持把德育与研究性学习等课程结合,利用21处校外德育实践基地和南岭村、大芬油画村等资源,把社会作为德育大课堂,增强了学生的德育体验,提高了学生的科学素养和人文素养。

积极推动学生实施自主管理与自我管理,通过设立"学生校长助理"、"学生主任助理"引导学生参与学校管理;通过让学生承办校运会、科技艺术节等大型活动,实现自我教育和自主管理能力提升;建立多元评价机制,引导学生形成正面的自我认同,通过"学生之星"评选激励其扬长发展。

德育特色项目建设实践促进了学生的良性发展,学校学风校风获得明显提升,布吉高中学生多人次受到省、市、区级的表彰。卢秋敏、施晓虹同学分别荣获2011年、2012年省宋庆龄奖学金;王述津等12名学生获省市"三好学生"、"优秀干部"荣誉称号。在2011年12月,深圳市德育示范校评估中,学校德育工作得到市区领导和专家的充分肯定,以301分的高分荣获深圳市"德育示范学校"荣誉称号。2011年广东省"书香岭南"全民读书活动评比中,布吉高中又荣获"广东省书香校园"称号。

3. 教师为本:提升与创新并举

教师专业发展水平,决定着扬长教育的高度,并最终决定着学生发展的水平。布吉高中结合扬长教育实践,将教师队伍建设与扬长教育实践的内在关系精辟而辩证地概括为:"想学生扬长,教师必要有所长;想让学生成功,教师必须先成功。"

为实现"让每一位学生都能体验成功"这一扬长教育理想,就需要每一位教师在各自的工作岗位上尽情发挥潜能。为此,布吉高中确立以实现"教师先成功"为基本抓手,促进师生共同发展为根本目标,努力提高教师专业发展工作的针对性和实效性,号召全体教师树立终身学习意识,在教学实践中捕捉科研方向,以师德教育为核心,以课堂教学为基点,以科学评价为激励,以培训学习为促进,引领教师走上专业化发展之路。

（1）实施教师培训计划

布吉高中充分认识改革大潮赋予教师们的全新使命，确立并践行"培训学习就是教师最好的福利"这一教师发展观，将教师继续教育放在促进教师成长的突出位置，以此有效提升教师队伍整体素质。

针对每位新入职教师开展校情、学情岗前培训，安排教学名师做好青年教师的传、帮、带工作，指导青年教师制定自己的三年专业成长规划；学校结合每位教师的专业成长规划和实施扬长教育的整体规划，为每位教师提供国际、国内培训，年培训量达到100多人次。仅2008年，学校就选派6名不同学科、不同层次的教师到美国、英国、加拿大等国进修，选派382人次到北京、上海、郑州等教育发达地区培训或参加学术交流活动，一批先进教学方法得以在布高校园成功嫁接。例如，学校周茹老师原来教物理，转教通用技术和研究性学习课程后，通过培训，很好地适应了新课程教学，成为一名好教师；地理教师蔡金海，信息技术教师陶伟宏、潘敬佳兼任科技教师，成为"机器人"和"三模竞赛"的金牌教练；拥有硕士学位的教师如杜斌、张媛等在培训中迅速成长，已成为教学科研的示范者；历史教师姜少梅，英语基础好，学校选派她到美国培训三个月，学成回国积极投身课堂教学改革实践，并取得显著成效，成为学校明星教师，而且还逐步成长为区、市名师和南粤优秀教师。

（2）推行教师科研成长计划

布吉高中成立专门的教育科研组织机构，培养发挥教师专长；积极开展教学研究活动，解决教学难题已成为教师专业发展的自觉意识和自觉行动；每周以科组为单位开展为期半日的教学专题研讨活动，并在每个教学单元结束后进行教学反思与提高活动。

学校长期推行"科研从教学中来，成果到教学中去"的科研促教学计划，构建了以国家级课题和省、市级课题为主体的立体科研构架，每一位教师都根据自身特长，成为课题研究者，这促使他们用研究者的眼光看待自己的教育教学行为。

布吉高中为将"扬长教育"理念全面贯彻到教师的教学实践中，开展了深化学校《扬长教育模式研究》的课题实验，《扬长教育模式研究》课题组、教学处、教科室联合编制《扬长教育模式研究》子课题指南，在管理类、教学类、德育类、课程类、评价类等5个方面确立了105个研究"扬长教育"的子课题，促进教师结合自身教学实践的基础，就"扬长教育"开展全面研究。

（3）构建青年教师专业素养提升机制

为尽快提升青年教师的专业素养和教学水平，布吉高中构建推行立体化的"引、疏、帮、带"机制。

"引"指"学校引"，通过教师校本系列培训，引导青年教师尽早适应校情学情，尽快投入工作；"疏"指"处、室疏"，校长室牵头，各处、室主动与青年教师建立定期沟通、座谈机制，解决其生活工作中碰到的困难，给予最大的关爱，让青年教师们尽早融入布高大家庭；"帮"指"科组帮"，各科组以常规科组听课、评课、研讨等活动为载体，解决青年教师遇到的具体专业教学问题；"带"指"师傅带"，作为促进青年教师成长的重要做法，学校一直坚持师徒结对活动，并使之制度化、具体化、常规化，重视这一工作的过程管理，建档跟踪、科学评价，提高工作的实效性。

立体化的"引、疏、帮、带"，使一批青年教师在学校教坛脱颖而出。教师们都说："布高有一片适合教师成长的土壤。"

（4）教学创新促专业提升

在"扬长教育"的综合实践体系中，推进教学有效化是其根本所在。布吉高中始终坚持把教学工作放在学校工作的核心位置，围绕高中新课改要求与学生实际，教学实践从原来关注教师如何教得有效，转向更多地关注学生如何学得有效。教学关注的重心实现向每一位学生的转移，面向每一位学生，直面教学对象差异性，有效提升教学有效性，让所有学生学有所获。注意提高"学困生"指导力度，促进全体学生全面发展，促使学生个性张扬和专长发展，实现"特色学习，个性发展"。

布吉高中确立了"扬长教育"理念指导下的融共性教学与个性教学于一体的"有效教学"模式："扬长教育"的核心在于推进教学的有效化，"扬长教育"要求确立教学在学校工作中的核心地位，要求课程与教学改革与学生实际结合起来，课程教学需要在正视教学对象差异性的基础上，不断提升教学的有效性，让所有学生真正成为学习的主人。

第一，结合学生特点实施教材改造。

布吉高中结合部分入学分数低、学习兴趣不浓学生的实际，充分发挥部分学生动手能力强，反应快，有特长的特点，提出"特色育人、特色成才"的造才理念，通过强化师资、改造开发自主教材、改革教学方式等手段，提升"学困生"学习兴趣和能力，拓展成才之路。

在教材改造方面,学校广泛开展聚焦课堂和同课异构等活动,落实集体备课制度,倡导"学案教学法"。教师在研究教材的基础上,整合与梳理学科教学知识与能力,根据教学安排与学生的学习能力,为学生提供适合其学习能力与学习进度的学案。在研究教材的基础上,教师要基于学生实际重新设计教材和文本,教师要做好"编辑"和"导演"的角色。2009 年至 2012 年,学校教师综合开发 50 多套综合实践活动教材,建立 21 处综合实践活动基地,聘请 20 余位校外专家。

第二,实践活动课程化。

结合学生在美术、体育、航模、电脑机器人等综合实践活动方面所表现出的兴趣及其基础,布吉高中组织高级教师和广大一线教师编制校本教材,建设校外综合实践活动基地和校内探究活动室,成功推进健美操、田径、舞蹈、四驱车、电脑机器人、航模、科技论文写作、语文速读等综合实践活动的课程化建设,致力于为学生综合实践活动的参与提供个性化的培养和活动方案,加强与校外综合实践活动基地的合作,在提升学生综合实践活动水平和能力的同时,提高学生对社会事业活动的了解和从业能力。

第三,推行"361 教学法"。

2012 年,布吉高中将"构建布高高效课堂"作为教学工作的重点,把构建适合学校教学实际的课堂教学模式作为教改的重心,在借鉴山东昌乐二中、洋思中学等兄弟学校成功教改经验的基础上,创造性提出了"361 教学法":将课堂教学分为三大板块:即一堂课 40 分钟分别按照 3:6:1 的比例,划分为"12+24+4",即:30% 的时间(约 12 分钟)——教师讲:诠释学习目标,组织课堂教学,课堂引领、激励、点拨;60% 的时间(约 24 分钟)——学生练:分组合作,展示点评;质疑拓展;10% 的时间(约 4 分钟)——学生考:总结反刍,当堂检测。要求教师的讲课时间不大于 30%,学生自主学习占到 60%,剩余的 10% 用于每堂课的成果测评。这样的时间分配,使学生在课堂中的活动空间和时间上都获得有效的保障,彻底改变过去传统的教学模式中容易出现的教师满堂灌、学生被动接受等现象。

第四,实施"学案教学法"。

自 2007 年开始,布吉高中推行"学案教学法",尝试解决"学生学什么"以及"学生怎样学"的问题。各学科备课组长及骨干教师利用每年暑假认真研究下一年的课本,根据教材要求以及学生实际编写学案,开学后在备课组内开展。在实际课堂教学实践中,每一位任课教师可以根据自身实际和学生情况加以微调,以取得最有效的教学效果;学生则根据教师提供的学案,认真阅读教材,完成学案相关内容,或提出自己的观点和疑问。有了学案,学生明确了要学什么,如何去学,促使学生自主探索,自我发现并自我解决问题,实现了先学后教。学生也从过去的消极学习转变成积极学习,增强了学习能力,提高了学习效率。

第五,聚焦课堂教学改进。

就同一学科的同一教学内容,分别从不同的教学点切入,采用个性的教学手段和方法,展示迥异的教学风格和教学艺术。专家、同事从课堂教学的设计、师生的互动、教材和课外资源的合理利用、教法学法等各个方面进行深入的分析和务实的探讨,这种基于课堂的研究使教师们在思维的碰撞中得到了提升。作为"聚焦课堂"全国实验学校,布吉高中在课堂教学改革与课堂教学质量上率先示范,抓实抓优,把课堂教学视为教学质量的生命线和观测点,关注常态课堂,关注真实课堂,促进了教师的实践性知识生长。

各年级每天有一节面向全校的公开课,执教者由全体教师轮流担任。"每日一课"关注常态课堂,关注真实课堂,目的是促进教师的实践性知识生长,提高教育教学的有效性;提高教师素质,不断增强校本教研的生命力,从而促进学校制度建设,丰富校园文化,使新的教育理念真正走进校园,走进师生的教学生活,促进学生发展。

以年级为单位实行的"每日一课"到校级的"每周一星"做法,让不同学科的老师都参与学习并讨论,相互切磋,集思广益,老教师接触到新角度,新教师学习到好经验,大大提升了教师的教学水平,尤其是年轻教师专业成长的良好平台。

第六,注重教学反思。

以同课异构和"每日一课"为契机,学校倡导全体教师积极撰写教学反思,进一步推动教师对自己教学的提升与改进,促进专业化发展。要求教师在写出心得体会的基础上,进一步在提升专业技能水平、改进教育教学方式、提高课堂教学效率、培养学生学习兴趣和良好习惯等方面进行深层次的思考,明确自己的专业化发展方向和奋斗目标,拟定个人自主发展方案。

布吉高中推进共性教学与个性教学相结合的"有效教学"模式取得了丰硕成果:学校高考进步率年年居于全市前列,获评"广东省首批高中教育教学优秀学校",多次获"深圳市高中教育教学先进单位"、"高考工作卓越奖"和"高考工作特色奖"等荣誉。

4. 特色扬长:科技与体艺齐飞

依据新时期我国高中课程改革要求,布吉高中强调理论知识学习与实践相结合,通过研究性学习活动,努力拓展学生学习空间、思考空间、运用空间,扬科技教育之长,推动学生和谐发展。

(1) 加强组织机构建设

学校专门成立教育科研组织机构,指导科技实践活动;注重专家引领作用,聘请遥感技术专家、兰州大学博士生导师马鸿良教授常驻学校任辅导老师;根据学生需要,努力开发科技类校本教材;因地制宜,充分借助地域优势,组织学生赴红树林、南头古城、客家围屋等地调查研究;以一年一度的科技艺术节为载体,开展一系列丰富多彩的科普活动:举办科普知识抢答赛、科技报告会、科技征文等,激发学生学科学、用科学的兴趣。

多层次、多角度、常规化、课程化的科技教育活动,营造了学校良好的科学氛围。近年来,学生在科技研究、机器人等项目中,多次获得国家级、市级竞赛的团体及个人一等奖。

布吉高中科技教育始终坚持科学素养与人文精神并重,不断丰富科技教育理念的内涵。学校秉持"思行合一,提升素养,扬长发展,体验成功"的理念,通过"考察、探究、实验、设计、制作、竞技"的方式,把科技教育渗透到德、智、体等教育中,引导学生扬长发展。通过理念引领、环境营造、课程建设、师资优化和科研深化等措施,扎实开展科技教育,形成科技探究实践、海陆空三模运动、机器人教育三大特色项目。

(2) 注重课程建设与实施

系列课程实现学生个性扬长。布吉高中一直致力于构建有利于创新素质培养的课程体系和适合学生个性扬长的校本课程。目前,基本形成了具有布高特色的、适应不同学生群体和满足不同层次培养目标的科技教育课程体系。该体系包括机器人教育、模型运动教育、创新思维训练等系列课程,通过课程有效落实"金字塔"型人才培养模式。

在课程实施过程中,将每周一节的通用技术、信息技术和综合实践课建设成为对学生普及科技知识的良好平台,将一年一度的科技节组织成为呈现全体师生当年最新科技教育成果的盛大节日,充分发挥学校社团在科技课程实施过程中的作用。在普及科技教育的基础上,学校12个科技社团定时、定点、定指导老师,实现了常态化教学和制度化管理;通过以老带新、梯队培养,形成自主管理、素质过硬的团队,培养了一批在各级各类竞赛中都能取得优异成绩的科技能手。

近两年,学校还先后投入上百万专项资金,升级改造了2个通用技术实验室,新建6个探究实验室,在国内率先建成普通高中风洞实验室、中学生PM2.5实验室,升级改造了机器人实验室,购置了相关器材。先进、齐全的设施设备为布吉高中科技教育培养创新人才奠定了坚实的物质基础。学校充分发挥教师专长,通过培训、引进、转型,壮大队伍、增强实力,科技教师由原来的6位增加到17位,有效的师资培养机制保障了育人的不竭动力。

2011年9月建成的风洞实验室主要用来探究飞行器在不同气流条件下的起降和飞行状况等,是非常专业的实验教学设备。学校还升级改造了2个通用技术实验室和1个车辆模型实验室,新建了6个探究实验室。机器人探究实验室融合了我国现有各个机器人厂家的产品,是专门针对机器人教育活动而建设的一种探究室,也是全国仅有的三个、深圳唯一的一个智能机器人创新设计能力国家级培训学校站点。

在体育与艺术教育方面,布吉高中一直贯彻素质教育要求,站在提升学生素质、健全学生人格的高度,挖掘教育内涵;面向并认真研究每位学生,为每位学生制订成长计划,全方位培养学生能力,使学生个性得以张扬,士气得以鼓舞,修养得以提升。

(3)打造体育师资队伍

布吉高中以"体验运动乐趣,提升健康素养,培养健全人格"作为引领体育特色发展的理念,坚持"健康第一"的思想,注重培养学生健康意识,铸就学生强健体魄,帮助学生完善人格,促进身心和谐发展。把培养学生运动爱好和提升运动专长结合起来,打造田径、科技体育、健美操与艺术体操、足球等四个特色项目。

为充分利用学校体育资源,实现学校田径体育特色化发展,布吉高中与深圳市体工大队签订高水平运动员培养协议,与深圳市体工队和龙岗区体校联合成立高水平田径训练基地,实现"教体结合,扬长发展"。

在体育教育实践中,布吉高中强化体育教师队伍建设,注重培养吃苦耐劳、善打硬仗的高水平师资。通过引进与合作,增强团队实力,通过自修与帮带,提升专业素养,通过评估与激励,实现价值引领。

表 7.1　2011—2013 年布吉高中体育教师参加区级以上专业竞赛获奖人数

年度	市级奖	国家级奖	其他	合计
2011	10	5	35	50
2012	8	3	40	51
2013	4	3	51	58

学校采用学生自主选定项目,老师进行专项训练的模式,灵活运用多种教学策略,激发学生对体育的兴趣和参与热情;对体育特长生则坚持长期系统、科学训练,注意训练内容的校本化、序列化,提高体育教学的有效性。

"金字塔"型培养机制让每一个学生都体验成功。每年举办学生运动会,参加南湾街道万人长跑活动,举办篮球、足球、乒乓球、羽毛球等各种校园常规赛事,实施普及教育。在此基础上,积极开展社团活动,加强专长培养,鼓励有特长的学生以体育作为专业发展方向,并与深圳市体工大队、龙岗区体校合作,建成高标准训练基地,为特色体育教育的发展提供了有利的条件。

近年来,布吉高中特色体育教育硕果累累。据统计,仅田径项目共有近 180 人次达到国家二级运动员标准,并有两人达到国家一级运动员标准;2011 年,陈为嘉荣获全国室内田径锦标赛七项全能冠军、全国第十一届中学生运动会全能第二名、全国青少年田径锦标赛少年组全能冠军;李明洋荣获 2011 年第七届全国城市运动会十项全能冠军、全国青少年田径锦标赛青年组全能冠军;尹俊凯荣获 2011 年全国青少年田径锦标赛少年组男子 110 米栏冠军,并被国家田径队录选为集训队队员。

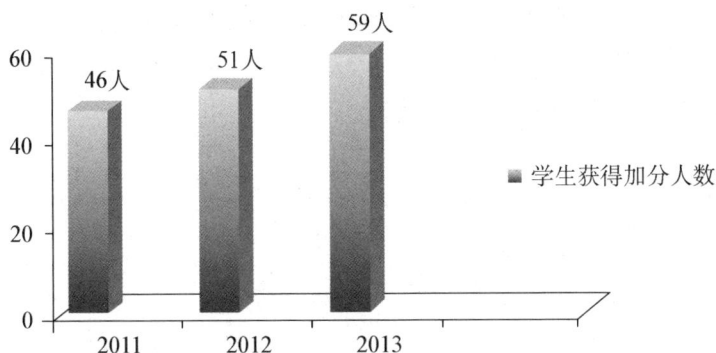

图 7.1　2012—2013 年布吉高中学生获体育特长加分人数

（4）开发艺术教育资源

学校根据生源特点,积极发现学生艺术方面的才能,努力发挥相关科、组团队作用,牢牢把握学科发展动态,修改、编订了更为契合学生需要的校本教材,《美术探索》等10余套教材的使用让学生迅速掌握了知识要领。学校的具体措施有以下几点。

第一,内外结合,提供机制保障。

以艺术教育中心为业务部门,发挥与大芬油画村等多个艺术基地毗邻的优势,借助社会资源,探索家校合作模式,开门办学,促进特色创建工作。采取定期领导巡查、专家评点、家长评议等方式,全面做好创建督导工作,实现了"一月一反思整改"、"一学期一总结表彰"。如今,艺术元素已融入学校教育教学各环节,师生艺术活动参与率达100％。

第二,点面结合,提供物质保障。

以校园改造为契机,构建由模块教学室、研究室、多媒体音像室以及展演中心、社团活动中心组成的"三室二中心"艺术教育楼,为艺术教育的专业化提供了保障。同时,设立艺术走廊、艺术角,增设校园电视台艺术栏目、图书馆艺术图书专柜、艺术宣传栏等,营造了浓郁的校园艺术氛围。利用地缘优势建立大芬油画村、南岭中丝园、客家文化园、三联玉石文化村等艺术教学实践基地,后拓展至大鹏所城、观澜老街、小梅沙原始森林、大万世居、龙田世居、深圳文博宫等最具地方特色的自然和人文场所。

第三,学养结合,提供师资保障。

学校努力打破学校本位,聘请艺术方面的专家、学者住校辅导、来校交流,先后聘请郭绍纲、郑茂平、方少华等知名专家为顾问,指导学校艺术教育。同时,通过向高水平艺术院校引进师资,师徒结对,内外结合,立体培训等手段,细化分工、科学搭配整合教学团队,加速了教师队伍成长。

表7.2 布吉高中艺术教育课程表

任课年级	艺术专业										
	国画	基础绘画	摄影	设计	书法	钢琴	舞蹈	声乐	古筝	艺术操	小计
高一年级	曾鑫慧	张诗	陈绪	邹玥	王立新	唐刘峰 卢湘楠	游雯	尹庐慧 曾泽泉	钟淑君	余建和（兼）	11人

（续表）

任课年级	艺术专业										
	国画	基础绘画	摄影	设计	书法	钢琴	舞蹈	声乐	古筝	艺术操	小计
高二年级	张奇芳	刘劲松	梁慧	凌春茹 王文明	王立新（兼）	潘宗善	李书勇（兼）	陈青 张喆	钟淑君（兼）	余建和	10人
高三年级	钟君	周江连 罗满雄	张钦联	钟淳		郑桠丹 姜薇	李书勇	吴纯欢		余建和（兼）	8人

第四，加强艺术教育课程体系的"四化"建设。

在课程建设方面，把实践与创新结合起来，实现艺术课程体系的"四化"：

艺术教育融通化：从美育出发，与德育、文化课结合，加强互通与渗透，提升了艺术教育的全员性。一月一度的艺术之星评比，一学期一度的温馨办公室、教室评选，一学年一度的读书月课本剧展演，特别是师生艺术节，为全体师生提供了全方位追求美、实践美的舞台。

艺术课程整体化：在总体课程体系下，形成了10个艺术专业分支，完善了目标体系、过程体系、评价体系，构建了相对独立的艺术教育课程体系。特别是近期，在起始年级构建综合艺术课程，为加速学生艺术特长培养探索了新路。

社团活动课程化：艺术社团活动实现了教师指导专业化、活动课程化。新开发出《数码钢琴》、《数码摄影技巧》、《书法赏析》等19本校本教材。

专业课程精品化：立足传统校本课程，加强问题引领，科研促进，对课程目标与内容进行更新与完善，其中摄影、绘画、动漫、声乐、舞蹈等课程教材已在龙岗区全区推广。

为此，学校成为深圳市第一个建成普通高中美术高考班的学校，拥有12位专职美术教师，其中教研组长钟君老师是"美国蒙大拿大学访问学者"，拥有"广东省骨干教师课程班成员"和"深圳市名师中学美术学科骨干教师"称号。经过努力，艺术课程体系的"四化"建设取得进展，艺术类高考成绩方面取得显著成效。

表 7.3　2012—2014 年高考艺术特长生上线情况统计

考生类别	年份	参考人数	上线人数	上线率(%)	重点率(%)	本科率
美术类	2012	146	134	91.78	48.60	71.23
	2013	207	171	82.6	35.26	57.00
	2014	150	142	94.7	44.7	61.3
音乐类	2012	46	43	93.48	36.95	67.40
	2013	45	43	95.56	62.22	73.33
	2014	32	32	100	50	87.5

总之,在"扬长教育"模式引领下,学校超越自身原有水平,实现特色优质发展,学校连年荣获深圳市高考超越奖,艺术、科技、德育、体育等特色教育效果显著,得到业内及社会的广泛称誉,成为深圳市龙岗区素质教育的典范,成为中西部校长培训基地、广东省中小学校长培训实践基地。2013 年 10 月,学校科技、艺术特色创建成功通过深圳市首批素质教育特色学校的评估,成为了深圳市首批素质教育特色学校创建资格的十所学校之一,德育、体育特色创建成功通过龙岗区首批素质教育特色学校的评估。学生参加全国美术书法"希望杯"竞赛多次勇夺团体冠军;舞蹈队摘取国家级迎春汇演金奖、市首届健身舞比赛二等奖;田径代表队多次代表龙岗区参加深圳市中学生运动会,总体实力一直雄居深圳市前茅。

三、实践成效与启示

1. 形成了办学特色

布吉高中在开展"扬长教育"的过程中,已经形成较为突出的"德育"、"艺术"、"科技"和"体育"四大特色,并全面体现在特色教育理念、课程体系、特色项目和师资队伍建设等方面,详见"布吉高中特色教育一览表"。

表 7.4　布吉高中特色教育一览表

	德育	艺术	科技	体育
理念	以人为本,全面覆盖,学校主导,立体育人	鉴赏、体验,培养审美情趣;设计、创作,激发艺术潜能	思行合一,提升素养,扬长发展,体验成功	体验运动乐趣,提升健康素养,培养健全人格

（续表）

	德育	艺术	科技	体育
课程体系	心理健康教育系列校本课程、生涯指导系列校本课程、主题班会系列、《高中生生命生态德育研究大纲》、《生态文明简明教程》等	对高一艺术课程进行了整合，开发了《数码钢琴》《数码摄影技巧》《书法赏析》等19本校本教材	《机器人教育》《模型运动教育》《创新思维训练》等系列课程	《健美操》《艺术体操》等系列课程
特色项目	1. 送教进社区 2. 心理健康教育 3. 德育科研	1. 艺术实践基地 2. 艺术社团 3. 特长生培养	1. 科技探究实践 2. 海陆空三模运动 3. 机器人教育	1. 田径 2. 科技体育 3. 健美操与艺术体操 4. 足球
师资队伍	建立了"导师制"这一创新培养学生模式，实现"全程育人，全员育人"。	向高水平艺术院校引进师资，师徒结对，科学搭配整合教学团队，目前已有专业艺术教师29人。	整合了信息技术、通用技术及理化生学科的教师，组成核心科学教育团队，科技教师由原来的6位增加到17位。	与深圳市体工大队、龙岗区体校合作，建成高标准训练基地，培养高水平教练和运动人才。

2. 获得了显著成效

借助于"扬长教育"模式的成功推行，布吉高中创造了"低进高出"的高考奇迹。布吉高中所招收的学生，相当大部分是全市平均分数线以下的低层次学生。

以 2010 届学生为例，当年的中考满分为 900 分，布吉高中共录取了 1 025 人，录取分数线为 474 分，低于全深圳市中考平均分 500 分的人数有 649 人，占学校录取总人数的 63.3%。据此，当时上级有关部门为学校设立的高考升学指标为上省专线为 537 人。也就是说，如果按照这个指标，这些学生中将有 488 个学生不在升学计划之中，这批学生占了总人数的 47.6%。

经过"扬长教育"的全面推行，这一届学生毕业时高考重点上线有 87 人，1 152%完成了指标；本科上线 297 人，377%完成了指标；专科上线 798 人，147%完成了指标，全面大大超额完成预计的高考指标，该届学生升学率达到了 77.85%。

2012 年高考中，布吉高中九大学科有 12 人次进入全区前 10 名；高考语文单科成绩全区第一。2013、2014 年,学校高考成绩更是得到进一步提升。

表 7.5　2013、2014 年布吉高中高考成绩统计表

年份	参考人数	入学平均分数	中考 600分以上人数	重点上线人数	完成指标情况（%）	本科上线人数	完成指标情况（%）	专科上线人数	升学比例(%)
2013	1 184	446	3	122	1 220	326	323	1 043	88.09
2014	1 125	421	2	108	9.6	368	293	1 019	90.6

在高考成绩取得进展的同时,布吉高中"扬长教育"实践以其对学生全面发展的关注和对学生个性、差异性的发挥而获得教育管理部门、在校学生及其家长以及其他社会各界人士的高度认可。近年来,学校先后收获了一系列荣誉,其中包括:全国科技体育传统校、广东省书香校园、深圳市德育示范学校、深圳市中小学依法治校示范校、深圳市美术书法特色学校、深圳市美术教育示范学校、深圳市普通高中首批艺术特长生学校、全国机器人能力测评项目定点培训学校、中国科协青少年创新人才培养项目优秀项目实验学校、广东省青少年科学教育特色学校、广东省航空航天科普教育定点学校、深圳市首批素质教育特色学校创建学校以及龙岗区素质教育的典范。布吉高中的特色探索经验,已经成为了教育部中西部校长培训与广东省首批名校长工作室的重点基地与课程。

3. 布吉高中的启示

（1）布吉高中"扬长教育"模式的理论意义

"扬长教育"模式致力于实现让每个学生都体验成功,强调对学生个性差异和发展特长的尊重,"扬长教育"模式注重为不同的学生个体提供良好的教育和公平发展的机会,关注体现教育民主化思想和以人为本的素质教育思想。其最终目标在于实现每个学生健康的可持续发展,成为"全面发展的个人"。

"扬长教育"模式为教师课程与教学改革的推行提供理论引导。布吉高中的跨越式发展和取得的卓越教育成效证明,以实现学生扬长式发展为目标的"扬长教育"模式为教师的课程与教学革新提供了契机与引领。教师的课程观与教学观发生了巨大变化,民主的、发展的、校本化、综合性的课程意识得到强化和落实。课程意识逐步确立,课程资源得到拓展,课堂教学焕发出生命活力。教师能够以鼓励、信任和欣赏的目光关注学生的发展,努力使课堂教学过程成为学生的一种愉悦的智力活动和积极的情感体验。教师学会了创设民主、宽松、和谐的学习环境,能够主动关注学生的需求和发展,关注学生的思维,关注学生的情感。教师较多地开展情景教学和案例教学,让生活中各种的真实情景在课堂上再现。

"扬长教育"模式通过开展全员德育活动和有效教学实践,组织学生多层次参与校内活动,使学生从传统教育中所处的从属地位转变为主体地位,学生的潜在才能转化为现实才能,实现了学生的个性成长和潜能发挥,为学生成长为合格的社会成员奠定了必要的知识、道德、能力的基础。

"扬长教育"模式还为教师教学与学生学习方式的转变提供了理论引导。正是通过学校管理现代化、学校德育全员化、学校教学有效化和科技、体育和艺术教育特色化,为实现"扬学生之所长,补学生之所短"提供了整体的发展空间。在此过程中,教师的教学与学生的学习方式也发生了全面变化。

(2) 布吉高中"扬长教育"模式的实践价值

在"农村城市化、城市现代化"的进程中,尤其在城乡接合部的学校中,在普通类型学校中,在生源状况处于平均水平的学校中,如何让更多的学生健康成长,如何让生源一般的普通高中能在新课程理念下实现多样化、特色化发展,布吉高中在办学理念和"扬长教育"模式方面,在普通高中快速优质发展方面,在和谐教育方面,在高中教师专业化发展方面,在普通高中教学质量"低进高出"方面的成功,具有较高的推广价值。

第八章
为了每一个有潜力的农村孩子
——四川省绵阳市江油中学的改革探索

■ **本章要点**

    2007年起四川省江油中学立足学校实际,着眼学生的发展,明确提出"为了每一个具有发展潜力的农村孩子"的办学方向和目标,探索并构建了与农村高中实际相符合的教育创新实践模式,从教师队伍建设、课堂教学创新、学生发展指导等重点领域进行改革探索活动,探索出了一条适合自身农村高中特点的发展之路。

- 培育教师的职业价值追求。学校在教育管理的各个层面、各个环节和各种制度、考核评价措施与办法上,都着眼于教师的发展,坚信教师的发展潜力,努力让每一位教师在江高实现自己的人生价值与追求。

- 创建"四主四导课堂"教学模式。发挥学生在"学习准备、自主学习、合作探究和拓展训练"四个环节中的主体作用,发挥教师在"创设情景、点拨分析、方法指导和总结评价"方面的主导作用。

- 强化落实学生发展指导的实施。江油中学结合学生背景及其实际情况,开设"人生成长"课程,开展"人生导师"引领,发挥毕业生的示范影响,满足特殊学生人群需求,开启心理辅导教育工作,开展家庭教育指导活动,丰富学生社会实践活动,实现指导与德育相结合,努力为每个学生成长成人成才服务。

    在城镇化、课程改革和高考制度改革等多重背景下,作为一所农村高中,江油中学仍然面临着巨大的挑战。

2007 年开始四川省江油中学立足学校实际,着眼学生的发展,明确提出"为了每一个具有发展潜力的农村孩子"的办学方向和目标,探索并构建了与农村高中实际相符合的教育创新实践模式,从教师队伍建设、课堂教学创新、学生发展指导等重点领域进行改革探索活动。经过短短几年时间全校师生的共同努力,在"为了每一个具有发展潜力的农村孩子"办学方向指引下,江油中学不仅走出农村高中发展的困境,还逐步探索出了一条适合自身农村高中特点的发展之路。

一、困境中的思考

2003 年,地处四川绵阳的原国企(三线建设企业)所办的企业高中"长特高中"划归地方江油市,并与原地方高中"江油中学"合并为新的"江油中学"(常简称"江高")。

合并后的江油中学在起步发展中面临了各种困难和挑战。在 2003 年至 2006 年之间,学校需要应付国企高中与地方学校合并后的各种遗留问题,难以顾及学校发展的方向、路径及其模式等重大办学思想问题,尽管合并后的学校进入了创建国家级示范性高中的行列,但是,学校其实并没有在这些年间得到长足发展。学校面临着与本地区其他兄弟高中学校竞争的严峻挑战,包括本地的多所城市普通高中、民办高中,甚至省城成都的优质高中的全面合围。一方面,学生生源发生变化,高分生源吸引不来。同时,学校教师队伍不稳定,优秀学科教师流失严重。另一方面,由于学校创建示范高中的投资建设而导致学校负债五千多万,经费困难严重影响到学校的常规运行。

1. 教师队伍问题

与其他农村高中一样,因为地理位置、办学条件和福利待遇等各种因素的影响,江油中学当时一方面留不住优秀教师,另一方面难以吸引优秀师范类毕业生到校入职。例如,在 2005—2007 年间,全校有一定教学经验、课堂教学质量较高的主要学科教师离职到地市或省城高中就职的达到 76 人(见表 8.1),这不仅对建设示范性学校是一个严重打击,甚至对学校正常教学和建设一支稳定教师队伍都带来了巨大的困难。

表 8.1　2005—2007 年江油中学教师流失统计表

项目\年度	流失总数	语文	数学	英语	物理	化学	生物	政治	历史	地理	其他
2005	28	4	6	4	5	3	2	0	1	1	2
2006	27	3	5	4	4	4	1	1	2	2	1
2007	21	1	3	2	3	2	2	2	2	2	2

当时,学校教师队伍中,硕士研究生及以上学历的教师人数极少,甚至不足2%。学校招聘的新教师更多地来自省内不同层次的本科师范院校,教育部直属高等师范院校毕业生比例很小,本省四川师范大学的毕业生也不多,以本地绵阳师范学院和南充的西华师范大学毕业生居多。而且这些愿意入职的本科师范毕业生,大多来自省内县域经济发展相对滞后、偏远地区的学生,在知识储备和个人视野方面相对说来有些局限,尽管他们有从事教育教学的专业知识与专业技能。这些新教师与建设国家示范性高中的要求之间存在某些差距。为了保证教师数量,学校也只有选择他们。

建设一支稳定的、高素质教师队伍成为了当时学校发展的重大课题。

2. 学生基础问题

尽管属于传统的重点中学,而且也处于建设示范性高中学校的过程中,但是由于合并和大发展对教育教学质量尤其是升学率等产生了明显影响,学校在生源方面出现不利情况。一些学生选择进入其他高中,或者流动到成都的优质高中。在获得生源的竞争上,学校处于不利地位。

由于教育理念的陈旧与落后,以"严"字当头的教育方式简单与粗暴,学生无论是对于德育严格的日常行为管理,还是课堂严格的学习行为管理,对立情绪都十分严重,学生的投诉十分多,家长意见也大。2003—2006 年间每年中途离开学校的学生人数均在 150 人以上。

2007 年秋,学校对全校各年级学生中考考试成绩进行分析,并对他们的学习状况进行问卷调查。全校学生的中考成绩显示,每个年级学生的入学成绩最高分与最低分差距均在 285 分左右,很显然,这些高中学生基础知识的掌握程度差距明显。这种基础的差距,对于学校教育教学产生了极大的挑战。

当时的学生问卷调查显示,学生在人生目标、学习与生活习惯、人生态度、学习方法等方面表现出了自我评价不高的状况。表 8.2 罗列了 2007、2008 和 2009 年连续的调查结果，很显然，2007 年的调查结果是最不理想的。

表 8.2　江油中学在校学生问卷调查统计表

年级	人生目标	三大习惯	计划性	人生态度	个性品质	学习视野	阳光心态	学习方法
2007	5/15/80	3/9/88	1/6/93	15/31/54	19/24/58	2/17/81	13/41/45	3/14/83
2008	7/21/72	5/12/83	12/26/62	28/38/34	27/36/37	13/34/53	23/51/26	18/35/47
2009	11/35/54	9/21/70	21/35/44	36/45/19	31/35/34	24/45/31	38/47/15	36/52/12

（说明：统计表中每个项目的三个数字分别代表好、中、差的人数比例。）

一个严峻的现实就是，随着本地社会经济的发展，择校在高中教育中日益呈现，一些家庭经济条件好的学生，往往会选择到绵阳或者成都的示范性高中学校学习。这样，就导致了农村高中的学校的学生的农村背景更明显了。

所以，如何针对学生的家庭教育状况、学生成长环境、学习基础水平以及未来发展期望等各种因素，走出一条可持续发展之路，是当时学校发展中面临的课题。

3. 学校的思考

2007 年学校组建新的领导班子，梁玉帮担任校长。鉴于学校面临的上述困境，学校领导班子围绕学校面对的这些具体问题而组织学校行政人员和学校教师展开讨论，尤其是对教师队伍和学生状况进行了全面分析和讨论。同时，又联系本地实际，尤其是社会经济发展的状况及其趋势，就学校发展提出了比较明确的办学思路。这种思路首先就是把学校定位于农村高中，而不是盲目地与其他城市高中学校进行竞争或者攀比。

在此基础上，学校思考适合于本地本校实际的农村高中发展路径。

（1）作为农村高中，地处欠发达的西部县域，必须承认学生与沿海发达地区及省城成都的高中学校学生相比，在习惯、品质、学力、视野等多方面的基础，包括优点与不足。所以学校发展的关键在于要立足学生，要研究学生，只有关注学生的发展，着眼于学生人生梦想、人生规划和人生态度的引领，才有可能走出农村高中的办学困境。每一个学生都具有发展的潜力和成为各行各业优秀人才的可能；学校的一切工作都是为学生成长与发展服务；针对农村学生普遍缺少人生梦想、人生规划和人生态度不积极的实际，解决学生的发展动力问题成为关键。

（2）与发达地区相比较，农村高中不仅在硬件和资金投入上没有优势，甚至严重不足。但学校发展的关键还在于学校的教师队伍和学校的办学思想,必须建设一支适合本校发展需求的教师队伍,尤其是这些教师必须与学校都具有先进的、合理的教育思想理念,并能把理念切实转化为学校教育教学行为和实践。要立足于现有教师队伍的发展和提升,提高学校办学软实力。提升学校的教师软实力是学校寻求发展突破的核心。

(3)学校必须切实推进素质教育,走出片面追求升学率的束缚,要努力为每个学生的发展着想。尽管学生综合素质与城市学生之间有一定差距,但是,他们都能够在未来找到自己发展的空间和位置,他们都是国家人才强国战略的参与者和建设者。所以,农村高中教育必须尽可能地促进每一个农村孩子得到良好发展和可持续发展。

4. 办学的定位

经过这些思考和讨论,学校全校教职员达成以下共识。

首先,在外部环境不利的情况下,作为一所农村高中,必须不抛弃、不放弃每一个具有发展潜力的农村孩子。这是办学的信念所在,也是办学思想的定位。不能埋怨生源,不去抢夺生源,努力以高质量的教育教学质量吸引学生。

其次,要努力让每一个来江高求学的农村孩了都能在人生成长和学业成绩方面有所发展,促进每个学生在高中阶段的成长和成才;在鼓励和支持学生有远大梦想的同时,切实做到关注每个学生的全面发展、人生发展和终身发展,改变片面追求升学率的状态。

第三,学校必须真正坚持以人为本的科学发展之路,在重视学生的同时,将教师为本的理念落实到学校发展之中。在关心和帮助教师的同时,有效促进教师在教育工作中的成长和情感,以实现人生价值和追求而留住教师和发展教师。面对诸多家庭教育缺失和成长环境欠佳的高中学生,务必发挥教师的影响力,这种影响力不只是教育教学知识的传授,更重要的是学生成长的人生指引。

正是基于上述这些清晰的定位,全校很快确立了江油中学师生共同的价值追求目标:"从江高起飞、心系祖国、同学天下、共托未来",将"为了每一个具有发展潜力的农村孩子"作为学校的办学理念。

"从江高起飞"的"起飞"强调为学生奠定终身发展的基础,使学生具备继续发展的基本条件;"心系祖国",强调学生始终将国家的繁荣昌盛作为己任;"同学天下",强调学生要放眼世界;"共托未来",强调学校和教师要为学生的未来,学生为自己的未来共同努力。

二、实践中的探索

正是在这种清晰的思路下,学校开展了全面的改革探索,将学生主体与教师主导的教育思想结合在一起,并在管理、课程、教学等各方面予以落实和体现。

1. 培育职业价值追求

毫无疑问,农村高中学校在师资队伍建设上,不能走城市学校的模式,不可能做到待遇留人,更需要激发教师的事业心、使命感和专业性。

江油中学认为,教师为本的学校发展理念与教师为主导的教学思想,其本质就是,每一位教师也都是具有发展潜力和价值的人。要从教师职业的专业本质和社会影响而赋予教师更多的权利与责任。

为此,学校在教育管理的各个层面、各个环节和各种制度、考核评价措施与办法上,都着眼于教师的发展,坚信教师的发展潜力,努力让每一位教师在江高实现自己的人生价值与追求。为此,学校采取的主要措施有以下几点。

(1)利用每周例会解读职业精神,明确教师的职责与义务,增强责任心。

"教师的底线是什么?"、"教师的红线是什么?",这是学校经常提醒全校教师的话语,要求教师在教育教学过程中守住从教的底线、做人的底线,不碰从教的红线,更不能碰做人的红线。通过解读教师的职责与义务,提出"为了每一个具有发展潜力的农村孩子"的具体要求,增强了教师的责任心和使命感。

学校建立制度和决议要求教师,在学生面临发展中的各种问题时都需要主动工作,在竭尽所能也未能促使改变后,要借助集体的力量与智慧共同做好"问题学生"的转变与发展。绝对不允许轻易劝其退学和要求学生回家反思的情况发生;学生离开学校或回家反思的决定,必须经学校行政会集体研究后才能做出。

(2)利用有效激励机制、创设多样平台,让教师们获得成功的体验。

学校改革原先的教师评价制度,着力完善教师考核评价机制,把教育教学过程中的状态考核、育人考核和对象生转化考核等内容,纳入全校教师的评优、晋级、评职、提拔和绩效考核等考核细则之中。由此,促进全校教师始终坚持不抛弃、不放弃每一个极具发展潜力和价值的农村孩子,并且最终实现自己的人生价值与追求。实践表明,2007年以后,江油中学确实涌现了一大批教学水平一流、极受学生爱戴的中青年骨干教师。

（3）注重启发教师自我反思，及时寻找并解决存在的问题。

学校利用每次月考的小结，组织和引导教师开展反思总结，引导教师分析学生的问题和缺陷，寻找解决的办法，制定科学合理的对策，确保教育和教学两个方面更有针对性。同时，为帮助学科教师提高教学水平，学校整合年级学科教师的集体力量，在每一次考试后，年级组利用学情、考情和调查数据，帮助教师分析问题、思考办法、制定计划和改进策略；备课组通过跟踪听课和评课，加强对学科教师的指导。

（4）着力加强教师研修与培训，努力促进教师专业成长。

学校定期组织分类别分层次的教育教学研讨会，以会代训，以会代研，帮助学科教师进一步理解先进教育理念，摸索出与自身能力和特点相适应的教育教学方法。学校通过行政会发挥全体行政人员集体效能，形成引领学校改革与发展的指导意见。通过年级组会议加强培训，提高各年级教师的理论水平；通过备课组会议加强培训和研讨，指导新教师成长。

学校实施"青蓝工程"，充分利用校内优秀教师资源，促进新教师了解并熟悉高中教育教学各项工作，在较短时间内快速成长。校内培训和外出培训相结合，本校培训和外聘人员到校培训相结合，开拓教师的视野，提高教育理论水平和育人水平。在学校经费相当紧张的情况下，学校仍然不放弃每一次外出培训机会，尽可能派出更多的年青教师到市级、省级或发达地区参加培训。培训后，再次组织校内培训，力求发挥培训的最大效果化。2007年至2014年间，学校用于师资培训的经费高达200万元，这对于办学经费困难的农村高中而言，是非常不容易的。

（5）完善各种教师管理制度，加强教师队伍建设的过程管理。

有效的教育教学是教师的首要任务目标。学校为确保"人生成长"课程的有效实施和"四导四主"课堂教学改革的深入推进，通过德育处加强对"人生成长"课程实施的状态检查与考核，通过教务处加强对"四导四主"课堂教学设计、作业批阅、笔记抽阅和反思总结等各方面的检查与考核，并将这些检查和考核纳入每月对教师与班主任的考核之中，并与其绩效挂钩。

（6）在做好本校教师培训的同时，引进学校急需人才。

2010年9月，学校出人意料地引进年龄达58岁的体育教师张老师，尽管张老师是一位优秀的教师，但毕竟接近退休，这一举措自然被学校上下所关注。然而，在张老师进入后短短的三年多时间里,学校体育就发生了明显的变化,各项工作取得了长足发展,包括足球、排球、篮球等在内的各类体育活动得到顺利开展,学生在四川省各项高中生体育赛事中取得优异成绩。

2014年,为进一步加强学校学生发展指导工作和教育技术工作,学校引进了从事多年普通高校招生考试考生志愿填报指导工作、绵阳市中小学教师教育技术能力培训优秀主讲教师苏老师。在短时间内,通过苏老师等人的努力,学校完善了学生发展指导体系制度建设与教育技术和课程融合的行动方案。

总之,学校把人才引进与学校事业发展结合在一起,以引进关键性优秀人才作为突破学校薄弱方面的抓手。

(7)改善教师管理体系与方式,实现竞争与合作并存的教师发展。

学校改进传统的以教师个人表现为基础的评价方式。一是以学生班级为单位,以班级的整体育人目标完成情况评价整个班级的各学科教师,促进班级学科教师形成育人的合力。二是以备课组为单位,以备课组的整体育人目标完成情况评价整个备课组的每一位教师,促进组内教师互助,形成整个学科的育人合力。三是改变以往单一的唯考试分数的评价内容观,把育人纳入教师评价之中。四是淡化分分计较的竞争式的评价考核结果,采用等级性绩效考核制度,将合作引入到教师评价之中。

在实践中,学校通过各处室、各部门交叉巡视和点名等方式,实行劳动纪律管理;通过年级组和各部门深入办公室,对教师的八种状态(全身心投入状态、管理状态、研究状态、做题选题状态、作业批阅及分析补救状态、"改课"状态、创新状态、不干扰学生状态)进行全面检查,确保教师始终保持良好的工作状态。

为确保课堂教学改革的深入实施和教学的有效性,学校对教师教学实现过程化管理,主要的做法有:一是组织有针对性的听课、查阅教学设计等,给予点评性指导;二是学校各项教学常规检查常态化,确保对教学过程监督的运行;三是强化对具体对象的追踪与评价,给他们提供专门的支持和帮助;四是组织成功教师(育人质量高,学生成绩突出)定期交流经验,上示范课;五是组织赛课与相互听课,促使教师交流形成长效机制。

2. 创建四主四导模式

学校认识到,学校教育教学质量的提升必须立足于课程与教学的改革,必须始终将课堂教学改革作为重点。

　　为此,江油中学为了体现学生主体、教师主导的教育教学思想,提出了"双主"教学的思路与要求,并逐步形成了"四主四导"的课堂教学模式,即充分发挥学生在"学习准备、自主学习、合作探究和拓展训练"四个环节中的主体作用,充分发挥教师在"创设情景、点拨分析、方法指导和总结评价"方面的主导作用,成为学生主体作用发挥的参与者、促进者与合作者。

　　(1)课堂教学模型结构

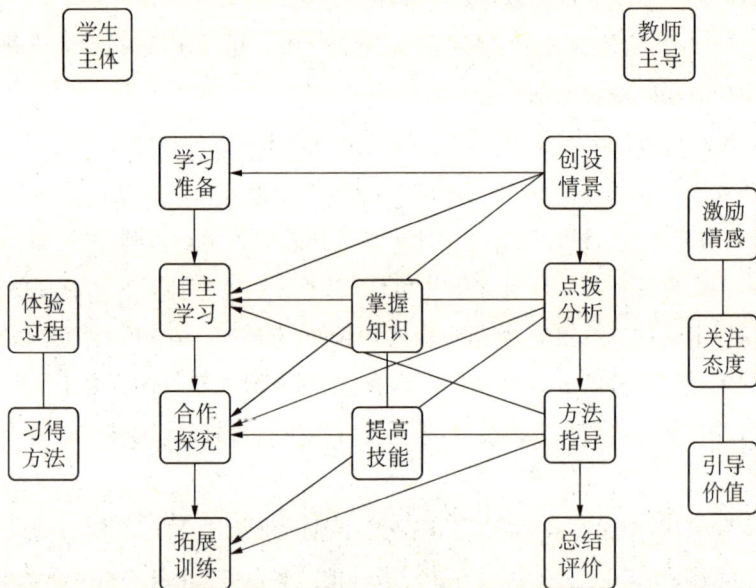

图8.1　"四主四导"课堂教学结构图

　　图8.1表示出了教师与学生在课堂教育活动中各自发挥作用的主要内容,这一图示有助于教师理解"四主四导"的思想。但是要在实践中实施,还需要有更清晰的表述指导教师,图8.2按照课堂教学时间变化,建构了一个学生学与教师教相匹配的教学活动时间轴。

　　(2)模式的含义解读

　　"学习准备",开始于课堂教学之前直至"自主学习"结束,也可以称为"预习"。但"学习准备"既包含了"预习"的全部要求,还包括身心状态以及学习方法的准备。特别是课前"学习准备",既要熟悉本节课所学的知识与技能点,还要提出疑问和难点;"学习准备"一般是学生独自进行,也可以在有困难的情况下寻求同学或老师的

学生主体

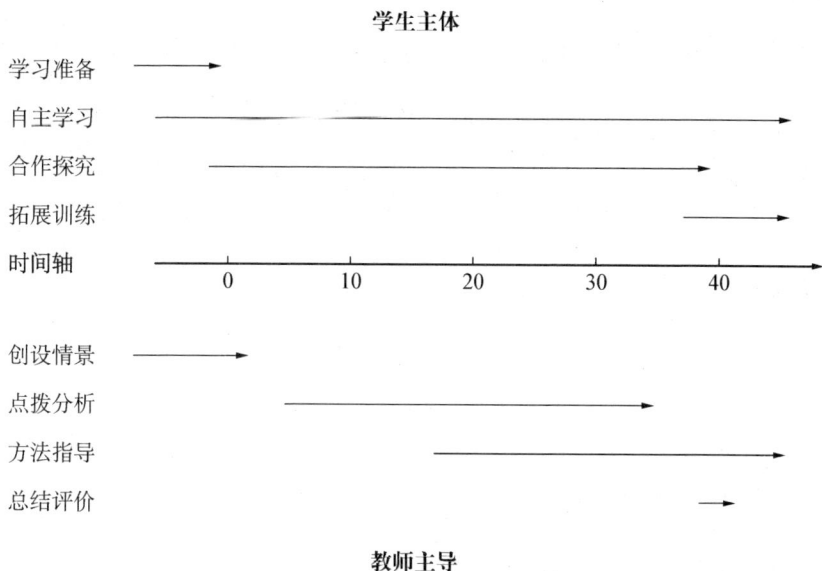

图 8.2 "四主四导"课堂教学时间轴

帮助。

"自主学习",贯穿于学习过程始终。要求学生养成独立学习、探究的好习惯;无论是"自主学习"阶段,还是"合作探究"阶段,仍强调学生始终要有自己的思考和研究,合作只是借力于他人解决自主学习过程的问题而已。

"合作探究",与"自主学习"的时间轴几乎一致,结束于但并不止于课堂教学结束时,每当学生的"自主学习"出现问题的时候,可以在任何时候借助于他人和其他手段寻求帮助——学会借力。

"拓展训练",在本节课的知识与技能完成建构以后,开始"拓展训练"。学生既可以选择"自主学习"的方式进行,也可以根据需要选择"合作探究"的方式进行。

"创设情景",指创设开始于每节课教学之前,教师为学生的"自主学习、合作探究"创设情景,更要为学生的"学习准备"创设情景,激发学生的兴趣与动力。

"点拨分析",是指教师在学生"自主学习"与"合作学习"的过程中,要注意观察和倾听,在面对学生寻求帮助时,或觉得有必要进行适时干预时,给予"自主学习"或"合作探究"状态下的学生进行"点拨分析"。

"方法指导",是指教师在观察学生"自主学习"和"合作探究"一定时间以后,根据学生学习过程中呈现的问题,给予学习方法或合作方法的引导。它区别于"点拨分析",重在方法的指引。

"总结评价",是指教师在本堂课结束前的两分钟左右,就学生的"学习准备"、"自主学习"、"合作探究"、"拓展训练"等环节中的表现进行激励性的过程评价。这一评价还可以包括学生课后的"拓展训练",评价可以延伸至下节课开始之前。但一定要当堂适时进行评价,以给予学生心理最期待最适时的评价。

(3)教学设计模板

为了规范学科老师的教学设计,准确理解"四主四导"教学模式,江油中学开发了教学设计模板。

表8.3 江油中学课堂教学设计模板

备课时间	××月××日		上课时间	××月××日	使用班级	
课题					课型	
三维目标	知识与技能					
	过程与方法					
	情感态度价值观					
教学难点与重点						
教学过程设计	教师活动		学生活动			附注
	一 创设情景(分钟)		一 学习准备			
	二 点拨分析(分钟)		二 自主学习(分钟)			
	三 方法指导(分钟)		三 合作探究(分钟)			
			四 当堂训练(分钟)			
	四 总结评价(分钟)					
	课后作业: 课后反思:					

学校教务处每周对各年级各学科老师的教学设计(学校统一制发"四导四主"教学设计模板)、作业批改、学生笔记和教学反思进行检查评比,并适时全校通报,强力推进课堂教学改革。

3. 强化落实发展指导

在片面追求升学率的应试教育背景下,普通高中有来自多方面的压力,为了升学的结果,学校教育教学往往只注重学科成绩,而忽视全体学生的发展、忽视学生的全面发展。这种现象在广大农村中学中较为普遍存在。

江油中学在统一了办学思想的基础上，结合学生背景及其实际情况，以"为了每一个具有发展潜力的农村孩子"办学理念为指导，结合国家教育改革与发展的新要求，注重加强学生发展指导，努力为每个学生成长成人成才服务。

（1）开设"人生成长"课程。

针对大多数农村学生在人生态度、人生梦想和人生规划等方面的特点及其问题，自 2007 年开始，学校着手开设"人生成长"课程，围绕"人生导师"、"人生梦想"、"人生规划"、"状态建设"、"态度建设"、"成长反思"等内容开发人生成长系列课程，并从 2010 年开始，每年收集、整理并编印江油中学校本教材《人生成长》，到 2014 年底，已经编印系列教材 4 本。

学校明确规定，每天 18:40 至 19:00 为"人生成长"课时间，主要是学生开展自主反思。这种反思包括学生的自省、自查、自纠的反思，也包括与同学的互查、互纠和互助，达到共同提高。该课程要求班主任课前进行充分准备并完成过程设计，课堂之中有讨论记录，课后有问题思考。学校德育处组织人员全程监控，并将每个班级人生成长课程的实施情况纳入对班级和班主任的评价和考核。

每一个学生都有"反思总结本"，每天利用"人生成长"课的时间，结合自己一天中的学习、生活、情感、状态和态度等方面进行反思总结。每日反思的主要内容包括：一是当天学习的收获与不足；二是学习的各种状态是否保持良好；三是明天计划怎样做。每周五晚，德育处组织各年级负责人对各班推荐的反思总结进行评选，推荐最为优秀的文章在下周一的升旗仪式上演讲。

（2）开展"人生导师"引领。

学校校长第一个担任本校学生的人生导师。他利用全校学生集会或年级学生集会，集中给学生讲当代社会成功人士的典型案例，谈自己的思考，与学生交流探讨，引领学生健康成长。例如，梁校长就"人生态度积极"归纳为 10 个方面，并传递给学生。这就是行为积极、心理积极、学习积极、思考积极、表现积极、借力积极、沟通积极、锻炼积极、心态积极、状态积极。

2010 级 12 班的赵同学，以江油市中考第一的成绩进入高中阶段学习。入学以后，她对于每次考试是否排名第一十分纠结，一度成绩下滑厉害，家长、学科教师都非常着急。得知这一情况，梁玉帮校长通过走访她身边的同学、学科教师和家长，制定了一整套帮助她走出心理误区的策略，通过与她深入沟通，引导她正确面对每一次考试成绩,把纠结用于分析失误的原因上,用于寻找提高成绩的办法上,用于寻找适合自己的学习节奏与方法上。最后,在2013年的高考中,她以高分成绩被清华大学录取。

在校长的带领下,学校越来越多的老师参与到人生导师的队伍之中,努力为学生指导、指点和指引,而不只是要求学生完成作业或者只是关心考试分数。

2008级26班学生胡同学,父母均为下岗职工,家庭经济十分困难。进入高中后,性格内向的她一直默默无闻。班主任朱老师对她予以特别关注,帮助她提高学业成绩,特别鼓励她树立远大的目标,明确自己的人生追求。2011年,该生考入海南师范大学政法学院,而且由于态度积极、表现突出,大二期间被学校公派日本学习。目前,她也已经通过司法考试为自己的事业发展奠定了坚实的基础,给贫困的家庭和殷切的父母带来希望,她自己也踏上了幸福的人生之路。

(3)发挥毕业生的示范影响。

教师是学生发展与指导的主要参与者,其实,学校的诸多优秀毕业生也都是学生学习学业指导的丰富资源。江油中学在学校优秀教师欠缺、学法指导资源缺少的情况下,充分利用本校优秀毕业生进行学法指导。

自2009年秋季起,学校每年邀请当年的优秀毕业生撰写学习心得与学习方法的总结,给母校写寄语和给学弟学妹提建议,并将其中的优秀材料编入到"人生成长"校本教材之中,用以指导在校学生。每期末,学校也都会邀请优秀毕业生回母校对学弟学妹进行现场学法指导。

同时,在梁校长提出的"学会借力"的人生成长理念引领下,各班同学之间相互帮助、相互借力、共同提高。例如,2011级37班的学生李同学,高三时成绩始终不能突破,他从"学会借力"的人生感悟中找到灵感:他观察到同班一位同学学习轻松、方法较好,就主动与他在一起吃饭、休息和学习,利用机会请教他的学习方法和时间安排。经过这一过程,李同学取得了显著进步,高中毕业后以优异成绩考上了国防科技大学,这让身在四川广元农村地区的父母欣慰不已。

(4)满足特殊学生人群需求。

学校努力加强对学科特长生、艺术特长生、运动特长生的教育与指导,尽力做到学校教育与每一个学生的个性、特点、兴趣相吻合,有效促进这些学生的全面发展。

在高二分科选修上,学校组织年级组中教学经验丰富的人员,全面分析学科特长生一年来的各学科发展变化情况,给出指导意见;班主任和学科老师深入到学科特长生家庭,全面分析学生兴趣爱好、学科优劣和发展可能,给出学业发展方向的指导意见;班主任和学科老师单独与学生进行沟通,帮助分析学业发展各方向的优劣,提出教师和家长的指导意见供学生参考。

在应对高等院校自主招生上,学校首先聘请校内有学科特长的老师集中对部分学生进行强化训练和专门指导,然后邀请发达地区高中的优秀教师到校辅导,最后组织这部分学生参加发达地区学校组织的针对性辅导。

为避免学科特长生在发展过程中出现偏科,影响整体发展水平和终身发展的基础,学校有针对性地修改对学科老师的考核要求,从制度上保障这部分学生其他非优势科目的协调发展;班主任和非优势科目的学科老师有意识地加强对这部分学生的学法指导,帮助其非优势科目正常发展。

随着农村家长教育观念的不断变化,他们开始注重孩子艺体特长培养的实际,为帮助这部分有艺体梦想的学生实现从江高起飞的目标,学校也采取相应的指导策略促使其发展提高。如采取有效策略帮助部分学生实现空军飞行员、民航飞行员或空姐、空少的梦想。

2008级5班李同学,一位来自江油市方水乡白玉村3组的农村家庭的孩子,入学时性格极度内向、人生目标十分茫然、自我约束力较差。通过班主任尚老师结合学校的"状态建设"重点关注该生的发展指导,经常与该生单独交流,从人生规划方面引导其树立远大的目标,明确自己的梦想和追求。高二下期开始,他的变化让家长也震惊不已,高考后,以优异的成绩被中国民用航空飞行学院录取,不仅开始实现自己的人生梦想,还让贫困的家庭看到了希望和未来。

(5)开启心理辅导教育工作。

在校学生中,从小留守在家学习的学生比例高。这些学生长期不与父母亲生活在一起,家庭亲子关系往往比较疏远。进入高中学校,这些正处于青春期的高中生学习任务繁重、压力大,容易出现心理问题。为此,学校高度重视学生心理辅导和心理健康教育。一是成立心理辅导室,由心理辅导专业毕业的专职人员担任学生心理辅导工作;二是开设心理健康教育课程,由班主任兼任,利用班会时间定期开展心理健康教育;三是加强对学生心理健康的过程监控和记录,发现问题及时处置。

学校心理辅导室的专职心理辅导教师,根据各年级不同阶段学生普遍可能存在的心理问题,有针对性地为各班提供心理辅导材料进行集中辅导;根据平时观察发现普遍出现的心理问题,建议各班班主任加强心理辅导。同时,德育处和各年级、各班提供的问题特别突出的学生,由专职心理辅导老师一对一辅导,并对班主任和学生家长提出相关配合辅导的方案,形成辅导的合力。

(6)开展家庭教育指导活动。

针对农村高中学生家庭教育普遍缺失的情况,为了提高家庭教育的水平,协助学校共同做好学生发展指导,学校开设了家长学校,集中和有针对性地对家长进行家庭教育指导,提高农村家庭教育的针对性和实效性。鼓励各班班主任在家庭教育方面学会借力,要善于发现家庭教育做得好的家长,请他们参与家庭教育指导。

2011级37班班主任杨老师通过平时与家长的沟通和对学生的观察,发现了其中几位家长在家庭教育方面非常得法,于是在高二上学期家长会召开时,提前与两位家长沟通,请他们在家长会上介绍家庭教育的方法和注意事项。家长会召开后,其他家长纷纷与两位家长沟通交流,学习家庭教育方法,了解如何更好地与孩子沟通,如何更好地配合学校促进孩子全面发展。该班在最后的高考中,全班所有学生均升入重点本科大学,3名学生升入北京大学就读。

学校还为家长开设了"如何让孩子学会学习"、"预防青少年犯罪"、"青春期心理教育与家教对策"、"如何与子女沟通"等一系列讲座,指导家长了解青春期孩子的生理、心理特点,学会以平等的态度与子女沟通,建立和谐的家庭关系;指导家长以身作则,为子女树立良好的榜样;指导家长强化预防意识,将子女的不良行为予以制止和矫正,培养孩子形成良好的学习习惯。

(7)实现指导与德育相结合。

有了学生发展指导的基础,学校创新开展农村高中的德育方式,注重开展人生态度建设和状态建设。利用每一个重要的节日或时间节点,由学校或年级集中开展励志活动,通过学生主动参加、榜样引领等方式,促使所有学生摆正人生态度、学习态度和生活态度,使德育工作有针对性、有实效性和有持久影响性,将学校德育与学生指导有机地结合在一起。

为此,学校针对农村高中学生的实际,明确提出了教室的12种状态、寝室的4种状态和就餐的4种状态。它们分别是:

教室里的学生状态:激情励志、感情诵读、快速默读、认真倾听、静心思考、仔细观察、快速记录、细心演算、积极展示、认真作业、自主学习、秩序井然;寝室里的学生状态:快速洗漱、短暂交流、快速安静、学习休息;餐厅里的学生状态:尊重职工、有序购买、安静就餐、珍惜粮食。

与此同时,学校由德育处牵头,成立状态建设督促检查小组,坚持定时和不定时地深入教室、寝室和餐厅,对学生的状态进行督促检查、量化考核。通过督促、检查、调整学生的精神状态、行为状态和反思状态等,发现问题给予适时引导调整。学校校长和学校行政人员不定时深入各年级各班的教室、寝室和学生就餐的食堂进行巡视,发现问题及时采取有效策略予以帮助。

(8) 丰富学生社会实践活动。

为了全面提高农村高中学生的综合素质,学校成立 12 个社团,包括广播社、礼仪队、国旗班、文学社、青志协、棋社、环保社、动漫社、舞社、音乐社、微电影、联合国社等,并定期开展丰富多彩的活动。

例如,青年志愿者协会组织同学到敬老院、聋哑学校、西山烈士墓等地开展活动;棋社每周日在学校中心广场开展"江高棋王争霸赛"活动;动漫社每年在学校"12.9"活动中承办一次大型画展和平时外出写生等活动;舞社每周末开展各种舞会活动;音乐社开展"江高梦之声"、"江高好声音"等活动;微电影社收集并制作励志视频,开设视频欣赏课;联合国社根据时事模拟联合国召开各种会议等。

同时,学校积极组织学生,定期参与江油市中小学生社会公益行动。例如,学校制定了公益行动方案,定期开展相关活动,在向社会展示江高、展示正能量的同时,切实培养了学生的社会责任与实践能力!

三、前进中的挑战

经过近八年的努力,江油中学发生了显著变化,学校的影响力渐已形成。但是,尽管取得了发展与进步,其面临的挑战同样不可忽视。作为一所农村高中,江油中学仍然面临着巨大的挑战。

1. 生源增多与教师提升

学校发生变化最直接的表现就是人的变化,即教师和学生,学校生源充足、教师队伍稳定。目前,不仅学校服务区范围内的生源不再外流,而且还吸引了四川省境内其他县域农村的优秀学生前来报考和就读;本校的优秀学科教师也同样不再流失。目前,江油中学在规模上已经饱和,现有教学班级 119 个,学生近 7 500 人。

自 2009 年开始,因为学校的发展变化,本市优质生源不仅不再外流,本市外县和省内其他农村地区的优质生源开始流向江油中学,学校办学容量达到饱和。2014年高一新生中,初中在本市就读的学生与在其他地区学校就读的学生比例为4.5∶5.5。很显然,大量小学初中在外地就读的本地户籍的生源和其他县市区的优质生源纷纷选择回到江油中学完成自己高中阶段学业。一些小学、初中阶段在外地就读的学生在参加中考以后纷纷回来申请入读江油中学;还有一些原先在外地高中学习不佳的本地农村学生也转回该校就读。据统计,最近三年,共有119名外地高中学生转入学校就读。

在异地高考政策开始落实的情况下,本地学生却回到本地江油中学学习,这种现象充分说明江油中学确实以质量吸引了广大学生的回归和入读,办学质量获得了社会的认可。

学校发展变化以后,本校优秀学科教师不仅不再外流,而且优秀师范毕业生纷纷选择来学校入职,学校整体师资水平得以不断提升。从2012年开始,来到江油中学应聘的师范类毕业生,已经从以前省属师范院校毕业生为主,扩大到西南大学、东北师范大学、陕西师范大学等教育部直属师范院校的优秀毕业生,教师来源多元化和高层次的特点开始显现。当然,近年来教师职业的晋升也得到了比较好的成果。目前,江油中学421名专任教师中,特级教师2名,中学高级教师133名,中学一级教师175名,职称结构得到了大幅度提升。

2. 毕业生成才的多元化

明确的办学定位和学校教育教学改革的全面实施,不仅激发了学生发展的动力,而且切实提高了课堂教学效率,全面提高了学生的综合素质,也使升学率稳步上升。

每个学生通过高中三年的学习和教育,都普遍取得了各自的发展。例如,学生在填报普通高等学校专业志愿时更趋理性和科学,对自己就读的高等院校专业了解度高,很少有学生进入高校后退学或转专业。

学校针对农村高中学生的实际情况,没有一味地追求升学率,而是注重了不同层次学生的发展指导、生涯指导和学业指导,根据学生的实际情况,尤其是学业成绩和发展潜力与特质等,给出有针对性的建议。

例如,针对农村高中学生基础差异较大,发展极不均衡的实际,学校加强高职提前录取和提前单招的宣传,鼓励身体条件优秀、学业成绩发展滞后的学生参加职业学院和高职院校的提前录取或单招(如空中乘务员)。据不完全统计,学校每年均有 5 名左右的学生提前录取;近 40 名学生提前被高职院校单独招生录取。这对于农村高中学生而言,是一个非常不错的选择结果。

2011 年毕业后升入职业学院就读的奉同学,在三年高职院校的学习期间努力掌握知识和提高技能,2014 年毕业后找到了自己和父母都非常满意的工作,特意利用假期回母校向老师和校长感恩:"校长,一杯清茶向您表示最为真挚的感谢,虽然我没有考取本科院校,但却找到了最适合自己的人生发展之路。向您报告,我现在已经被一汽集团聘用,月收入 7 000 元左右。"这对于一个农村孩子而言,何尝不是一个理想的结果?

总之,学校努力为每个学生提供个性化的教育、指导和帮助,一方面激发那些富有发展潜力的学生追求更好的目标和梦想。在 2009—2014 年的 6 年间,江油中学先后有 35 位优秀学子考入北京大学和清华大学。另一方面,对于学业成绩发展不佳的部分学生,注重引导他们形成积极的人生态度,帮助他们科学规划人生,指引他们专业发展方向,同样满足了农村家庭的心理期待。

学校面对学业成绩欠佳的体育特长生,重点组建田径、篮球、排球、足球等七支运动队,坚持每天两个小时的训练和周末加强训练,积极参加各层次赛事,高三有针对性地组建体育高考生的强化训练班。2014 年高考,不仅有 60 多名同学被体育院校录取,还有 3 名同学考入北师大、北体等农村孩子最向往的在首都北京的体育名校就读大学。

表 8.4 江油中学 2009 至 2014 年普通高考成绩统计表

年度 层次	2009		2010		2011		2012		2013		2014	
	人数	比例	人数	比例	人数	比例	人数	比例	人数	比例	人数	比例
重点本科	360	14%	369	16%	353	17%	432	17%	566	18%	602	18%
一般本科	1 659	64%	1 796	68%	1 858	70%	2 062	71%	2 091	75%	2 369	76%
艺体本科	18	—	26	—	35	—	43	—	48	—	56	—
艺体专科	51	—	64	—	75	—	82	—	97	—	115	—

上述统计结果显示,江油中学的升学率近年来得到了稳步上升,2014 年一般本科升学率 76%,明显高于其他同类兄弟学校。跟踪调查还发现,这些学生在本科后考取或保送研究生的人数也逐年增加,考入国内外知名高等院校就读研究生;同时,技能型人才就读高职院校以后,后续发展势头良好,就业满意度高。

3. 未来发展面临的问题

虽然,在过去的几年中,江油中学始终坚持"为了每一个具有发展潜力的农村孩子"的办学方向,探索并逐渐形成了农村高中特色发展之路,但在前进的道路上仍然存在诸多客观困难和问题。

(1) 经费因素

与其他农村中学一样,学校办学经费严重不足。在学校扩建过程中所产生的负债问题,仍未得到有效解决,目前仍然存在3000多万元的债务。政府下拨的生均经费每生每年46元,学费每生每学期460元。这些收入仅能维持学校的常规运转经费,而办学条件的改善,如信息化校园的建设等无法进行,更谈不上学校的其他发展事宜,如教师培训等。

(2) 教师因素

在教师数量得到保证的情况下,教师队伍质量的提升更显迫切,但面临着各种困难和问题。农村高中教师的教育观念转变太难,教育行为的转变更难。过去的改革是在学校管理层面的行政化驱动下进行的,取得了一些效果。未来的学校发展需要全体教师、每个教师的主动参与和能动发挥,这才能真正实现学校教育教学的创新发展。

在高中课程改革和高考制度改革的双重背景下,江油中学与其他农村高中一样,教师们要从以往胜任学科教学、应对考试、管理学生的传统套路中走出来;在丰富学科知识的同时,必须在培育和提高学科教育素养与教学中落实立德树人要求。

目前,江油中学教师年龄开始呈现老化趋势,丰富的教育教学经验,在一定程度上制约了他们采用新方法的勇气和信心,如在组织学生开展自主探究和合作学习、运用信息技术与课程融合等方面,教师们显得缩手缩脚、技能有限。农村高中面对着巨大的高考压力,在取得了显著成绩之后,反而影响到了江油中学教师的进取和创新。

此外,教师的教育教学工作量大,难以安排时间组织培训与开展教育科研活动,加上经费的限制,更不可能组织教师外出参观考察以扩大他们的视野。这种培训的有限或者缺失,极大地影响到教师队伍质量的再提升。

(3) 家庭因素

随着整个社会经济的发展和城市建设力度的加大,特别是大城市和特大城市的兴起,人口将进一步向城市集中,学生的自然迁移力度增大。同时,随着农村学生家长受教育程度的提高,家庭对小孩的期望值越来越高,对学校的选择标准也越来越高。加上信息技术的发展,教育的形式和途径更加多样化,使学生成长和发展的个性化要求也进一步增加,这给农村高中教育带来挑战。

江油中学地处中西部地区的农村地区,目前农村学生家庭教育缺失的严重程度已经超乎想象。劳动力人口的外出,造成留守儿童的家庭教育缺失;同时,工业化下产业转型与就业变化,也导致家庭教育的缺失;此外,社会分层的多元,造成家庭的分化和多样。目前,江油中学学生中,家庭困难、学习困难、单亲家庭、务工子弟、随班就读和残疾学生等五类学生高达四成,这对学校教育提出了更多的挑战。

尽管江油中学努力践行"为了每一个具有发展潜力的农村孩子"的办学理念,并取得了显著成效,但是,这种成绩的可持续性,如高水平的高考升学率,其实可能存在诸多的不确定性。而家长、社会甚至政府对于学校的评价,其实目前还是主要聚焦在升学率上,所以,学校真正为学生终身发展的着想与着力的一些改革创新活动,如学生发展指导、学校德育等,在很多时候还是被"应试"的诉求而冲淡。这仍是一个不争的事实。

(4)课程与高考改革。

新一轮高中课程改革强调立德树人,重视学生形成正确的世界观、人生观和价值观,为学生终身发展奠定基础。同时,高考招生改革关注学生综合素质,强调多元评价等。这些改革的新举措对于农村高中学校而言,是一个重大的挑战。

课程改革强调"综合实践",增加"通用技术"课程,虽然有利于学生综合素质的培养和提高,但农村高中因办学条件较差、办学经费不足和教师紧缺不配套等诸多因素的制约,导致难以开齐课程和开足课时。

江油中学针对农村高中学生实际而开设的"人生成长课程"等学生发展指导的各种活动,也取得了效果。但是,要在学校教育中真正落实学生发展指导,全面提高学生综合素质,学校需要更多的支持和帮助,包括来自外部的政策支持和智力支持。目前,江油中学在学生发展指导上的探索和实践只能看成是一种起步或者启动;他们需要实践上如何实施发展指导的专业支持,他们需要更加清晰的操作策略和实施路径;否则,全面提高普通高中学生的综合素质,办成有特色的农村高中学校仍是一个难以达到的目标。

高考改革新方案的出台,势必影响到学校的改革与发展。考试科目的变化、考试等级的变化(如等级考或者合格考)以及招生录取方式的变化,对于学校课程的设置、教学组织形式的变化、教师队伍的结构调整以及教学设备设施的更新等,都将是新的挑战。目前,四川省的高考改革新方案暂未出台,但可以预见,在新的改革框架下,与江油中学一样的农村高中与城市学校相比,将处于更为不利的位置。

四、展望中的期待

综上所述,一方面需要为江油中学所取得的成就而高兴,但另一方面,却更多地为江油中学的未来而担忧。在当前中国社会大转变的背景下,在教育日益满足人民群众需求的过程中,农村高中面临了越来越多的挑战和困难。如何确立农村高中的发展目标? 如何支持农村高中的全面发展? 如何使农村高中成为中国高中教育体系中最具亮点的组成之一? 这些问题很可能不是农村高中本身所能够回答与解决的。

1. 国家政策保障农村高中发展

中央始终把"三农"问题摆在国家发展中需要优先和重点考虑的位置上,中央也高度重视农村教育问题。但是,在国家教育改革与发展的实践过程中,农村教育并没有得到足够的重视,尤其是农村高中学校的建设与发展。

按照我国现有的教育法律法规,普通高中教育属于基础教育领域,由地方负责兴办与管理,普通高中学校通常是属于区县政府负责的,如江油中学是由江油市政府负责的,包括行政管理、经费开支、人员配置等。

这种教育管理体系对于经济欠发达的农村县市而言,在当前地区间发展的不均衡性的情况下,使高中教育发展的区域差距更为突出。在中西部农村县市,经济发展有限,支持教育体系的能力同样有限。这些年,这些地方一方面要保障九年义务教育的高质量普及,另一方面还要大力发展职业教育。很显然,这些地区不可能在发展普通高中教育方面有足够的投入。在没有足够投入的情况下,学校也不能乱收费,随着各地取消高中择校生的步伐加快,当下农村高中学校办学经费的问题越加显现。

教育公平摆在了教育发展的重要地位,在义务教育和高等教育领域的教育公平受到的广泛关注,唯独在普通高中教育领域没有得到重视。在国家农村中等职业教育实行免费的背景下,普通高中教育发展仍沿袭传统的发展道路,甚至是收费的产业化发展之路。所以,如果没有国家宏观政策的支持,区域间普通高中教育发展的差距将会更大,农村普通高中教育发展将成为影响教育公平实现的关键节点。

目前国家在高校招生上对农村学生予以了一些优先关注或者专门计划,这有助于使农村学生更多地进入高等学校入读,是对不利人员的一种教育优先关注,体现了教育公平的要求。但是,这可能并不能解决农村高中学校发展的根本问题,也不是实现教育公平的有效途径。

只有在政策上充分保障农村高中学校的全面发展和整体发展,才能真正缩小区域间高中教育的差距,才能有效地保障教育公平的实现。有必要加强对中西部地区农村高中学校发展的支持,需要中央和省级政府全面统筹和规划,制订有助于农村高中学校可持续发展、有特色发展的政策和行动,而不只是执行短期的专项而已。

2. 高中改革要减弱城市化导向

江油中学的发展显示,农村高中发展必须结合自身特点,走出具有符合本地社会特点和学生特点的教育教学改革之路,才能真正促进学生的发展,才能获得社会的满意。

但是,毫无疑问,在当前普通高中教育改革与发展的过程中,城市化教育的取向在改革政策与发展实践中被过于放大,农村教育尤其是农村高中发展的自身特点与发展定位没得到关注和重视。城镇化与工业化确实是当前农村社会变化的一个趋向,但是,农村、农业和农民仍是当下我们社会发展中的需要重点关注、支持和发展的。农村教育尤其是农村普通高中,难道都是培养离乡、离土的精英人才吗?在当前高中教育普及化的背景下,需要重新反思高中教育尤其是普通高中教育的使命和目标,尤其是农村普通高中教育的定位问题。

当前,高中教育发展中,普通高中与职业中学的完全分离的制度是否适合农村地区呢?农村普通高中如何考虑为本地区社会经济全面发展、协调发展、和谐发展而培养人才呢?农村普通高中学校是需要为国家发展培养人才,但也不能只为城市发展培养,必须兼顾或者统筹本地发展的需求。普通高中学生是不是一定要以升学为目标呢?农村普通高中教育中体现学生的自主选择呢?所以,农村普通高中教育中是不是还需要考虑更多的分流作用?

如果进一步审视当前高中教育改革与发展的政策,尤其是普通高中课程改革与高考招生改革的具体政策文本,不难发现,教育发展与改革的城市化取向明显,这对于农村高中教育、农村高中学校的发展与改革,是十分不利的。在城乡二元特征没有得到根本性改变的社会中,教育改革与发展必须实现分类别、分地区、分对象等各种分类实施的政策和措施。

3. 建设可持续发展的学校制度

本报告讨论的江油中学发展与变化是以 2003 年合并开始的。基于政府政策的变化而产生的合校行为,在理论上是无可置疑的;并校之后创建国家示范性高中,同样是无可非议的。但是,合并带来的问题与创建示范校所产生的问题,在很大程度上并没有得到政府政策的关心和解决。2003—2006 年是学校发展中的困难期,2007 年政府任命学校新的领导班子,正是这些新的学校领导,带领学校全体教职工的努力与探索,逐步使学校走上了快速发展的前进之路。

由此,产生的问题就是,高中学校的改革与发展只靠学校校长能行吗? 靠学校内部自上而下的行政驱动,能够有效促进学校的创新与发展吗? 前文已经提到了江油中学后续发展的担忧问题。

校长需要成为教育家,带领学校办出人民满意的教育,这是教育家办学的一个方面,而不应该是唯一。高中学校发展需要现代学校制度的保障,需要学校内部完善的可自主运行的组织体系,需要全体教师与学生等共同参与、民主协商、平等合作的决策体系与实施体系。

一所成功的好学校有自身的特点,但也需要具有一些可复制、可迁移的成果经验。例如,江油中学在发展中不仅有梁校长的开拓与创新,也有全体教师职业价值的追求和投入。前者校长是唯一的、独特的、不可迁移的;而后者教师队伍培育方式则是可以复制的、可迁移的。

现代学校制度建设是为了使学校建立一种可持续发展的机制体制,建立学校持续发展的能力。就当前农村高中学校发展而言,建立现代学校制度的关键在于,理顺政府与学校之间的关系,超越传统的政府直接指挥学校的状况;考虑社会与学校之间的关系,发挥学校在社会引领中的角色作用;平衡政府与社会之间的力量博弈,使教育沿着正确的道路前进。

第九章
自觉担负兵团学校的使命与责任
——新疆生产建设兵团第二师华山中学发展特色

■ **本章要点**

新疆生产建设兵团第二师华山中学 1960 年建校,始终以一种强烈的使命感和责任感办学,是兵团示范性高级中学。

- 明确自身办学定位。2000 年以后,重新强调肩负育人和成边稳边的双重任务,明确创办"学生喜欢、教师幸福、家长放心、社会满意的教育研究型的学校"目标。面向兵团第二师所属各基层招收高中学生,不再四处"抢生源"。

- 以职业幸福成就教师。致力于提升教师的职业幸福感和事业成就感,倡导"崇尚学术、强化服务",从人事制度、分配制度和科研兴校入手,简政放权,从而激发起教职工的积极性和主动性。

- 主动分担地区教育发展责任。从 2010 年开始,为团场其他学校下派挂职校长,统领团场教育均衡化发展;加强与地方学校的交流合作,开展以均衡发展为目的的跨区域教育协作。

- 积极探索更为有效的教育行动。面对特殊的社会大背景,积极探索校内的文化认同教育,加强与民族学校联系,打造新型家校关系,主动参与社会教育活动。

以行政化为主要特征的教育管理体制、以高考成绩论成败的学校评价制度、资源的稀缺与流失以及社会稳定问题,仍然影响着华山中学的创新驱动与发展提升。

在祖国的西部边陲,有一所以解放军精锐之师"华山部队"番号命名的学校——新疆生产建设兵团第二师华山中学。这所带有先辈重托和军人血脉的学校,从1960年建校开始就把自身的发展与兵团屯垦戍边的使命紧紧地联系在一起,以一种强烈的使命感和责任感主动推进改革、砥砺前行,从最初只有十几名教工、几十名小学生的师直子弟学校发展为今天拥有两个校区、近八千名师生、十二年一贯制的省级示范性高级中学,被誉为兵团基础教育的名片。

一、按规律办学发展学生

时光倒回至20世纪80年代,当时的华山中学办学成绩平平,处境比较艰难,连老师自己的孩子都选择去外校就读。不服输的华山人开始运用起很多高中学校惯用的发展招数:掐学苗,挖教师,题海战术,一切围绕高考运作,眼睛死盯住周边学校……十年之后,这一切似乎还有成效:学生考试成绩连年攀升,升学率也开始在本地区处于领先地位,学校知名度初步显现。然而隐藏在这一成效背后的,是校内教师之间的你追我赶、加班加点、人困马乏,是校外学校之间的互不服气、相互提防、恶性竞争。目睹高中教育的种种现状,不堪重负的华山人深知,这些表面上看起来似乎还奏效的办学手段,本质上背离教育教学规律,会从根本上削弱学校自身的系统构建,遗患很多。他们不禁问自己:本该是学术圣地的校园为何要演变成你死我活的应试战场,不断上演"我花开来百花杀"的景象?除了单纯追求升学率,高中教育还有无其他出路?学校教育的使命和责任究竟是什么?经过一番痛苦的反思,2000年以后,华山人开始反思并决定调整发展战略,逐步退出恶性竞争,认真研究学生成长和教育发展的规律,完成一次真正意义上的自我突破和解放。

1. 明确办学定位

华山中学将自己明确定位为新疆建设兵团体制下、地处"维稳"一线的一所学校,其存在价值与兵团的使命紧紧相连,同时肩负着育人和戍边稳边的双重任务。在此基础上,学校提出了创办"学生喜欢、教师幸福、家长放心、社会满意的教育研究型的学校"的办学目标。

学生喜欢,就是顺应青少年成长的天性,以平等和尊重为基础,支持和帮助学生实现多元发展,让每个学生都能在校园中追寻到自己的光亮与身影,从而"悦纳"教育。

教师幸福,就是要不断提高教师群体的生活水平和精神境界,帮助他们获取事业上的声誉,并保持可持续的主动进取的人生状态,充分体会到职业的尊严与幸福。

家长放心,就是要让学校的教育实践获得广大家长的认同与信赖,在最大限度实现家长群体期盼的基础上,构建起深入交流、广泛合作的新型家校关系,并通过家长向社会输出教育理念,发挥基础教育对社会的引领功效。

社会满意,就是让学校的教育实践赢得社会各界的理解和支持,能够为政府分忧,为稳定担责,为一方造福,为发展助力。

而要实现上述目标,就必须改变以升学率为主要导向的应试教育模式,静下心来,自我审视,理性反思,系统改革,走教育与研究并重的发展新路,逐步将华山中学提升成为教育研究型的学校。

2. 立足本地生源

学校做出的第一个举措,即是逐步退出在招生方面的不正当竞争,转向重点从兵团第二师所属各基层团场和企事业单位招收高中学生。多年来,兵团二师每年初中毕业报考高中的学生人数维持在两千人左右,华山中学每年招生人数为 1 000人,其中 800—900 人要在上述两千名生源中录取。兵团二师的生源占华山中学每年招生总数的 80%—90%,其中 60%—70%的学生更来自基层的团场初中。

如此招生规模,和自治区内其他示范性高中动辄在数万人中选学生,或在全疆跨地区招收资优生,甚至到外省市区招学生相比,难以同日而语。华山中学无疑是自讨苦吃,然而学校领导却认为,这个转变值!

兵团地处西部边疆,交通不便,待遇不高,优秀师资很难留住,教育教学质量有很大的提升空间。不少干部为了能让孩子接受优质教育,通过各种方法把整个家庭转移到了城市,"人口追着教育走"成为一种普遍的社会现象。显然,每个学生背后都连着一个家庭,牵着兵团的众多人才。作为本地区最好的高中,华山中学坚持主要面向二师、面向基层招收学生,就能让家长放心,让人才稳定,以利于兵团完成成边稳边的根本大计。

3. 聚焦课程改革

退出恶性竞争以后,学校怎么办?2008 年新疆全面进入普通高中新课改,这让华山人看到了契机。他们认真学习国家课改文件,深刻领会新课改的意义,认为这是学校深入改革、乘势而为的好时机。学校从调研入手,在教师中做了大量工作,毅然决定削减现有各学科课时,严格按国家规定的课时排课,开足开齐包括通用技术和综合实践等在内所有的课程,停掉全部购买的教辅材料,要求教师研究教材、研究课堂、研究学生,自编习题和各种学习资料,并积极争取成了兵团唯一的 9 个学科均为样本学科的新课改样本学校。

在这一过程中,华山人认真研究教育规律,学习借鉴内地和沿海地区一些学校的教改经验,围绕"发展学生"这个主题对全校课程进行系统设计,提出了"玩在华山"的教育理念。

所谓"玩在华山",就是让学生能有更多的时间投入书本教学以外的各种课程和活动之中。其具体措施是:其一,让学生真正有"玩"的时间。学校要求各学段各学科都要通过提高教学效率来大幅度压缩课堂教学时间,所有非毕业年级学生的课堂学习时间压缩 30%—50%,腾出时间让学生尽情地投入到完全自主的文体活动、探究性学习、社会实践、社区服务、名著阅读等各项活动当中;对于毕业年级,则采取"收心"的措施,恢复高强度的课堂教学,开展相应的学习和训练。其二,让学生有丰富的"玩"的内容。学校出台了《华山中学校本课程开发方案》,组织教师先后开发了含心理健康教育类、生活技能类、实践活动类、学科拓展类、人文素养类和科学素养等六大类、共计 118 门校本课程,为"玩在华山"提供有力的课程支撑。同时,学校将校本课程分为必选和任选两类:体现学校特色和学生发展需要的课程,要求每位学生必选,如《高中生心理健康教育》和《礼仪与形体》;满足学生自身个性特长、爱好需求的课程,学生可自主选择,如《诗歌朗诵与鉴赏技巧》、《十字绣》、《化学走进生活》、《食品与健康》等。此外学校坚持每两周开设一次面向全体学生的专题讲座,内容涉及校本课程的所有门类,由中青年骨干教师主讲。其三,让学生认真经历"玩"的过程。华山中学领导认为,既然把时间还给了学生,就要认认真真地让学生经历玩的过程,只有把过程做好了,质量才有保证。为此,该校设有很多面向全体、全员参与的活动。如从中学八年级开始,各年级所有学生都必须到团场参加为期两周的学农劳动;学校在住宿区不设专职的清洁保洁人员,全校两千多名住校学生全部实行自我管理;学校的体育节、艺术节、科技节、社团节等全部由学生自己组织操办;学校鼓励学生开展各类社团活动,规定每个学生至少要参加一个社团;为了让尽可能多的学生得到锻炼,学生干部竞聘,从班级开始层层演讲;每年举办的博雅辩论赛,从班级开始,层层辩论,最后经过一百多场辩论才选拔出参加校外比赛的选手。四是让教师有"玩"的保障。学校以打造"高效课堂"为先导,要求各学科教师认真研究和改进教学内容与教学方法,同时重新研制教师绩效的评价考核标准,强化研究性教学的导向,引导教师摆脱繁重的应试教学任务,以相对轻松的心态,"玩"出教学效果和学术水平。由此可见,"玩在华山"是华山人心灵上的一次自我解放,是在现行教育体制框架内努力让教育回归育人本源的一种尝试,也是一个艰难的学校办学重心改变的过程。

经过多年的坚持和探索,华山中学终于冲破了"唯分数论"和"唯生源论"的思想藩篱,走上了一条可持续发展之路。学校尽可能还孩子以童真、童趣、童心,促进学生的智力与非智力因素协调发展;每年定期开展科技节、艺术节、体育节、社团节,并坚持办好足球、科技、机器人、信息学、辩论演讲等学生社团,积极组织学生参加兵团青少年校园足球赛、兵团青少年科技创新大赛、兵团青少年机器人大赛等活动。其中,该校的少年军校、支农劳动、管乐团、模联协会、中外游学夏令营、游泳课、滑冰课已成为学校乃至本地区非常有特色的校本课程。

华山中学主动调低对升学率的过度关注,最后其升学率不降反升。以刚刚结束的 2014 年高考为例,华山中学总分 600 分以上学生 135 人(占全校 1 115 名考生总人数的 12%,接近兵团其他各师局学校 600 分以上人数总和);一本上线率理科 76%,文科 70%(比 2013 年提高 5%,创历史新高);二本上线率理科 95%,文科 94%;总上线率 100%;三位同学联手摘取巴州汉语言理科、文科及民考汉文科状元;巴州地区汉语言文科前十名再次被华山中学囊括,汉语理科前 10 名中华山中学占据 9 席;11 名学生走进世界一流大学,9 名学生被北京大学和清华大学录取。

与此同时,华山中学"足球队"代表兵团参加了全国中学生运动会并取得佳绩,"楼兰号角"管乐团参加台湾桃园国际管乐节并获奖,"街舞社"一举夺得全疆大中学生广场舞和街舞大赛两项第一,"模联社团"和"博雅辩论队"作为新疆唯一参赛队参加了全国中学生学术辩论赛和英语辩论赛并取得好成绩,"童声合唱团"作为新疆唯一学生合唱团赴京参加全国合唱大赛……不求名而成名,华山中学另辟蹊径,按规律办学,走出了一条令人信服的学校发展新路。

二、以职业幸福成就教师

教师的培养、使用、管理和评价是学校永恒的工作。在学校推出重大改革举措时,如何激发教师的参与愿望并成为改革的主人,是决定改革成败的关键。针对教师的群体特点,华山中学把尊重、公平和民主定为管理改革的关键词,围绕提升教师的职业幸福感和事业成就感这一核心,倡导"崇尚学术、强化服务",从人事制度、分配制度和科研兴校入手,简政放权,从而激发起教职工的积极性和主动性。

1. 改革人事制度

在人事制度上,经过1998年的事业单位专业技术人员考核评聘分开试点和2003年的试行学校中层干部全员竞聘上岗之后,2006年起华山中学开始全方位人事制度改革工作。此番改革的核心,旨在明确责任,减少内耗,让用人机制变得更为民主和透明,实现"人际关系简单化"。具体措施为:

其一,学校制定并坚决实行"党委高度统一思想、政策公开透明、考核办法民主制定、考核结果与评聘挂钩"的改革原则和"因事设岗、岗变薪变、低职高聘、高职低聘、能上能下"的用人机制,以管理的内容定岗位,以岗位的需要定人员,杜绝因人设岗的现象。

其二,打造独立开放的监督平台,对各级领导的权限做了明确限制,规范了各类责任追究制度。

其三,实行"精简校级、配足中层"的策略,采取"一套班子、三块阵地"的做法,保证了两个校区、三个学段的管理工作分工明确,责任清晰,基本消除了校区之间、学段之间以及学段内部的相互抵触和内耗,切实提高管理效率。

其四,完善管理规章制度,在已有的《华山中学专业技术人员考核办法和实施细则》《华山中学招录教师程序及管理办法》《华山中学各部门临时聘用员工程序及管理办法》的基础上,又先后对学校招生、岗位津贴发放、建设施工和招投标、职能部门职责划分等大家关心的热点问题制定了相应的、便于操作的管理和考核细则。

其五,全校中层干部全部实行竞聘上岗,对所有新调入人员和新进入学校的应届大学毕业生一律实行聘用制。

这一系列人事制度改革措施的推行,意在为全校教职员工创造公平的发展机遇和和谐的工作环境。教师们无需对领导察言观色、阿谀奉承,只要把自己的工作做好就行,机遇掌握完全在自己的手里。由此校内风气正,人心齐,上下级相互信任,同事间团结一心,人际关系简单和谐,大家觉得心情舒畅,有劲都用到了工作上。

2. 完善分配制度

在分配制度上,利用国家实行教师绩效工资的机会,学校根据自身情况,在全兵团学校中率先推出"倒三七"的绩效工资考核分配制度,即绩效工资的30%固定,70%浮动,后者重点向一线教师倾斜,综合工作岗位、工作量和年度考核结果,倡导团队合作下的适度竞争,体现多劳多得和优劳优酬,拉开收入分配档次,鼓励挑重担创佳绩。这一设置最大限度地杜绝了平均主义,亮明了学校的政策导向和改革决心,催生了比实力比贡献的团队文化。

3. 大举科研兴校

学校把科研兴校作为实现学校发展目标和提升教师职业幸福感的一项重要举措,从多方面大力推进:

其一,学校成立了以校长为第一责任人的校本科研管理机构(学术委员会),负责对学校科研活动进行统筹和规划;成立了华山中学教育研究所,具体负责学校教育科研工作的组织与实施;通过管理规章,明确各自职责,建立起"校长—教研室—教研组长和备课组长—骨干教师—教师"的管理链条;出台了科研管理措施和评价办法,将科研评价结果与绩效奖励直接挂钩;每年拿出近百万元专项资金,用于资助教师外出参加学术活动。

其二,学校围绕普通高中新课改,要求全校老师本着"处处有教育、事事皆学问、人人是研究者"的精神,将讲台、教室、校园和实验室中的日常工作都变成研究的对象。每位老师必须自主选定至少一个课堂教学中的问题加以研究,强调课题的针对性和实用性,充分发挥教育科研在打造高效课堂中的作用。2014年全校在研的科研项目达到24个,均由本校教师自主申报,内容全部都是针对学校自身问题开展研究。

其三,大力营造"读书、思考、写作"的整体氛围,鼓励教师买书、读书和做研究。学校规定:1.所有出差人员均要购买相应数额标准的图书,自己看完后再申请学校报销。2.借助一年两次的"书香节"活动,组织广大师生进行多种形式的购书捐书。3.开展多种读书交流活动,如"天下至乐在书案"读书讲坛活动,以师生互动、探讨读书的独特方式已举办了近20期,听众达2 500余人次,在师生中产生了积极的影响。

其四,学校坚持开展听课互评、集体备课、教学示范等活动;要求教师上好研讨课、评优课、展示课、汇报课等"四课",并建好"教学资料库";同时充分发挥名师的作用,成立了5个名师工作室,选派专业水平高和业务能力强的高级和特级教师,深入进行教育教学研究与总结提炼,指导带领青年骨干教师快速成长,将自我反思、同伴互助和专业引领的教师专业成长路径落到实处。

其五,学校将教师个人研究成果分为备课组(班级)研讨——年级组交流——校内刊物登载——专业期刊发表等由低到高的层次,让各层次老师都有机会交流自己的研究心得和成果,并按照成果的层次分别予以奖励和考核加分;创办校内学术刊物,鼓励教师的论文写作与发表;还专门设置了"华山大讲堂",鼓励教师将自己的研究内容以专题讲座的方式呈现,为一批有才华有激情的教师搭建全校层面的宣传平台,让每一位认真研究和工作的老师都有崭露头角的机会,使之在学生和同行的认同与赞扬中感受到职业的快乐和幸福。

华山中学从"九五"开始承担全国教育科学规划课题,十几年来,承担的国家级课题10个、省(市)级课题17个、校级课题几十个。近五年来,学校教师发表论文的数量和在教学大赛中获奖的人数不断增加,一批中青年教师迅速成长,大大提高了师资队伍的整体水平和质量。

表9.1 华山中学全校教师科研论文发表数量统计

序号	年度	国家级(篇)	省级(篇)	师、市级(篇)	校级(篇)
1	2008—2012	51	96	125	27
2	2012—2013	7	177	156	87
3	2013—2014	3	118	176	121

表9.2 华山中学高中部教师参加教学大赛获奖情况统计表

序号	年度	级别	人次
1	2008—2009	兵团级	1人
2	2011—2012	兵团级	6人
3		国家级	1人
4	2012—2013	兵团级	2人
5		国家级	4人

三、促教育均衡服务兵团大业

华山中学高中部的生源主要来自兵团二师下属各团场的23所初级中学。基层团场义务教育发展的不均衡,学校之间办学质量的参差不齐和起伏不定等问题,自然就成为影响华山中学自身发展的重要因素。这一现实问题一直促使学校考虑如何敞开胸襟主动去参与基层团场学校的教育均衡化工作。

1. 自觉承担兵团教育使命

进入新世纪以后,由于国内外形势的变化,兵团基础教育的定位发生了重大转变。从起步阶段的为屯垦战士解决后顾之忧、为屯垦成边培养合格接班人转向了如何更好地服从和服务于兵团的改革发展大业。"教育兴则兵团兴,教育强则兵团强","推动兵团教育改革和发展是兵团更好履行屯垦成边历史使命的根本要求,……是兵团经济社会实现科学跨越发展的必由之路……是增强教育服务兵团'三化'建设能力的迫切需要"①。

根据兵团党委提出的上述新定位,华山中学领导马上意识到,尽管学校多年来一直通过提供培训、开放课堂、定期支教等方式,努力帮助团场学校提高教育质量,但还不够。学校必须转变观念,调整思路,自觉站在基础教育是兵团聚才留人的"稳定器"和维稳固边的"减压阀"的高度,来重新思考之前的帮扶工作,探索如何在帮扶其他学校的过程中带动自身管理团队和师资队伍的提升问题。

从 2010 年开始,借助二师党委对整个师域范围内义务教育均衡发展战略的布局,华山中学主动承担起了在更深层次和更大范围推动教育均衡发展的重任。

2. 主动帮助基层学校发展

首先,学校决定提升援助基层团场学校的力度,采用为团场学校下派挂职校长,并由挂职校长统领团场学校进行改革的教育均衡化发展思路。

为保证这一策略的顺利实施,学校在充分调研的基础上,制定了三项基本原则:(1)主体对等,权力保障。学校直接与团场学校的上级主管单位即团场党委签订协议,用法律文件确保下派校长拥有充分的办学自主权。(2)选派强将,全校配合。学校派往团场学校的校长全都经由校内竞争选拔,均为富有教学经验与管理能力的副校级干部和主任;任命后,由外派校长在全校自主选择教师组成随行团队,并允许其在后续阶段随时调用学校资源。(3)规定时间,整体验收。规定每位挂职校长任期为三年,要求他们务必在三年中基本完成对受援学校的系统性改革,健全制度,构建队伍,在其离任时进行整体验收,确保平稳过渡。

2012 年初,学校首先和 34 团签订协议,在对 6 名候选人进行面试答辩后,最终

---

① 车俊:《教育兴则兵团兴,教育强则兵团强》,载 2011 年 1 月 29 日《中国教育报》第一版。

确定挂职校长人选,由此开始了深入援助团场学校建设的尝试。当时的 34 团中学,因校内管理体制不健全,教育教学质量低下,人心涣散、队伍不稳,被兵团二师教育局教育检查团评估为全师倒数第二。全校 81 名教师,三年间走了 37 个,学生也不断转学往外跑,由此导致全团职工队伍极其不稳定。

接受援助以后,在团场党委的大力支持下,经过全体老师的努力,34 团中学全面借鉴和学习华山中学的管理改革经验,发生了很大的变化:校内管理体制理顺,中层干部年轻有活力,教师队伍的凝聚力、进取心和职业认同感大大提升,学生中考升学率从 2011 年的 68%上升到 2013 年的 92%,其中 2014 年升入华山中学的学生就达 34 人。学校还获得了"绿色校园、文明宿舍、放心食堂"全兵团第一的荣誉。34 团中学的变化吸引了家长的目光,那些曾经将孩子转到外地去的家长纷纷要求再将孩子转回来,出现了学生回流潮。

34 团中学的成功转型,给了华山中学极大的信心。校领导把援助基层团场学校发展视为功德无量的善事和自己义不容辞的当然责任。之后学校又连续向第二师所属的 33 团和 38 团派出了挂职校长和骨干教师团队,对援教学校实施全方位的诊断和支援。

三年来,华山中学先后派赴三校援教工作的教师达 150 人次。在华山中学的帮助下,这些基层团场学校发生了很大的变化,取得了明显效果,对干部职工队伍的稳定和人心的安定起了积极作用,成为团场建设的有力支撑。

华山中学还主动请缨,成为兵团唯一的名校长工程培训基地和兵团中小学继续教育培训基地。近三年间,华山中学已先后完成了三批名校长培训任务,每年还承担近千人的教师继续教育培训工作。与此同时,华山中学还是教育部-中国移动校长影子培训基地和兵团高中骨干班主任国培项目基地,每年也都要承担相应的培训工作。这些工作无疑给学校增加了许多工作量,但是华山人却不推诿,不拒绝,以极大的热情认认真真地做好每一件事情。他们希望通过这些平凡的工作和实实在在的担当,能为兵团的改革大业贡献一份自己的力量。

3. 与地方学校平等的交流合作

近几年,随着新疆维稳形势的日益严峻,看到长期以来因为分属不同管理体制下的兵团与地方学校缺乏交流、关系不畅,华山中学领导再次从如何联络兵地双方学校共同担当维护新疆长治久安的历史使命的高度,主动出击,与学校所在地区的地方学校开展了以均衡发展为目的的跨区域教育协作。

到目前为止,学校已经先后与库尔勒市、焉耆县、和静县、且末县、若羌县、库车的等数十所地方学校签订了合作协议,开展了常态化的合作交流工作;与马兰部队中学确立了联办关系;参照援建团场学校的模式,派出干部带队前往若羌县中学挂职任校长和副校长。

在与所有学校合作交流的过程中,华山中学一直把承担更大的社会责任和义务当作自己的分内事,始终秉持互通有无、平等独立、追求共赢的均衡发展策略,坚持不以老大自居,不走集团化办学或捆绑式办学道路,把帮助更多的学校实现共同进步作为宗旨和目标。

正是这种胸怀和担当,让华山中学在帮扶他校的过程中锻炼了自己的管理团队和师资队伍,传播了学校的教育理念和成功经验。师生也在敞开大门的同时,变得更加自律和自信。可以说,正是在成就他校的过程中,华山中学也让自己成为了南疆基础教育名副其实的领头羊。

四、从文化入手促进教育维稳

华山中学地处少数民族人口所占比例相对较高的塔里木盆地,又紧邻少数民族高度聚居的南疆三地州,维稳压力巨大。面对这特殊的社会大背景,华山中学领导认为躲避是没有用的,只有面对。学校不能再把目光局限在狭小的校园围墙以内,回避对各种社会问题的探讨,必须有对基础教育社会责任的自觉和担当,拿出走向社会的自信和勇气,采取更具实效的教育策略和必要行动,责无旁贷地去承担特殊时期学校的特殊使命。

1. 校内的文化认同教育

基于上述认识,华山中学决定从学校教育实际出发,从青少年入手,以文化认同为突破口,强化沟通,增进理解,化解矛盾,以此来为夯实新疆稳定和长治久安的基础寻找出路。

他们在校内对学生加强尊重平等、民族团结的教育,如学校以校本课程的形式,有计划、有组织地在全校学生中普及集文化娱乐为一体的维吾尔族传统广场舞"麦西来甫"和蒙古族舞蹈"沙吾尔登",要求学生人人过关,做到了每位学生至少会跳一种民族舞。当青春的身姿一次次随着欢快的节奏欢快起舞时,各民族团结一家亲的美好感情也逐渐深入学生的内心。

2. 加强与民族学校联系

华山中学更加注重与少数民族学校之间的密切联系,加大对少数民族学校的支援力度。学校积极鼓励更多的教师到少数民族学校支教,并对支教教师给予考核加分等多项政策倾斜。同时,学校将选派支教老师的标准,从以往主要强调教学水平转向教学水平和文化素养并重。学校要求支教老师成为文化传播的使者,倾听少数民族教师学生内心真实的声音,努力做好人与人之间的心灵对话,通过坦诚的沟通,消除隔阂,建立互信;用本民族优秀文化的展现和对其他民族文化的尊重理解,去赢得信任和认同。

3. 打造新型家校关系

为建立新型的家校互动平台,传播先进文化,弘扬人文精神,以学校带家庭,以家庭促社会,形成教育合力,输出教育责任,目前,华山中学的家校联系早已超越了传统的家长会和家长学校的形式,构筑起了集沟通、交流、研讨、培训、服务、管理、监督为一体的系统网络。

在组织结构上,依据班级、年级、学段和学校四个层次进行划分;在运作方式上,除了由学校按层次有计划地开展工作,家长方面也已经独立自主地开展起了相关活动;在活动内容上,以往的简单通报学生学习情况已经被各种讲座、报告、培训、研讨、开放校园、开放课堂、亲子活动、家长年会等丰富多彩的活动所取代。

基于这种新型家校关系的打造,华山中学以全校 8 千名学生为桥梁,不断将正面的观点和舆论输送给至少 5 万人口的家长群体(约占到库尔勒市常住人口的十分之一),并通过明辨是非、释放压力、消除戾气,有效地缓解了社会矛盾的累积和发酵,促进了和谐社会的构建。这种家校关系受到家长普遍欢迎,社会反响强烈。

4. 主动参与社会教育

华山中学还走出校门,加大文化交流、文化理解和文化认同的学习和宣传。经过精心策划和准备,学校在 2014 年暑假举办了"环塔里木文化传承暨综合科考夏令营"。

该夏令营"开办目的"共列有六条,其中第一条开宗明义地写道:"在新疆稳定形势日趋严峻的情况下,基础教育面临着一个非常紧迫的任务,那就是:中小学校到底能够为新疆的社会稳定与长治久安做些什么? 显然,必须破除以往'两耳不闻窗外事'的教育思路,引导和组织更多的青少年了解历史、关注社会、传承文化,并下大力气促进各民族青少年加强交流,加深理解,增进互信,从而夯实社会稳定的认识基础,这就需要从学校层面出发,有组织、有计划地设计并实施相应的社会实践活动。"

2014年7月10—25日,一个由华山中学17名学生(包括2名维族学生)和11名老师、若干后勤保障人员及专家组成的考察团,用15天时间环绕塔里木盆地一周,开展了文化传播和综合科考活动。一路上,师生们打着用民汉双语分别写着"包容"、"理解"、"信任"、"团结"的四面旗帜,散发了数千份用多种语言印制的宣传单,不仅敲开了清真寺的大门,与宗教人士展开面对面的沟通,也走入牧区和农村到少数民族群众家里开展家访,了解他们的生活疾苦,还到多所少数民族学校进行访问,座谈交流对教育发展的思考和认识。

考察中,学校特别安排了家访、座谈、寺庙和清真寺考察、博物馆和文化遗址参观、专家报告、星空夜话、撰写考察日志等多种形式的活动,使师生们对南疆的生态环境、地质矿产、宗教民俗、文化历史、旅游发展、兵团建设历史等有了比较详细的了解,特别是对南疆宗教文化的发展脉络有了比较清晰的掌握,学到了书本上没有的知识。

这次科学考察活动中,通过对新疆当地历史文化的了解,通过中华民族共同之根的寻找,通过彼此之间的共同生活、相互交流与欣赏,师生们维护民族团结、维护国家统一、反对分裂的责任感和自觉性得到很大的提高。同时,也向所到之处的各族群众明确传达了文化认同和教育维稳的坚定信念。

考察活动结束后,28名师生共提交了27篇考察报告,总字数超过15万字,内容涉及南疆农业发展、生态保护、南疆地区节水灌溉、塔里木区域经济发展与生态现状、中西南亚战略、南疆红枣、宗教演变和教育文化等多方面。其中,17名学生提交的16份考察报告中,主题为讨论宗教、文化和教育的报告多达10篇,可见这次考察给学生留下的文化烙印之深,完全达到了预期目的。

汉族学生左鹤天在考察报告中写道:"我是汉族学生,虽然生活在新疆,但对维吾尔族的民俗并不太了解,尤其对伊斯兰教虽充满了好奇,却无缘一见'庐山真面目'。此次考察中,我们参观了清真寺、藏传佛教寺院(黄庙)、古代石窟和佛寺遗址、维吾尔人民居和麻扎(墓地),并开展了走访交流和实地调研,可谓收获满满。……宗教信仰的差异是历史原因所造成的,但我们各民族之间只要相互尊重,相互理解,求同存异,新疆各民族也必定会和睦相处,共同繁荣。"

汉族教师罗斌在考察报告中写道:"本次行程中最值得一提的是和且末县中学

举办的互动活动。……通过活动的开展,我深深地感受到中华民族多元一体、水乳交融的真切情感。我们和参与活动的维吾尔族师生虽是初次见面,却似春风拂面、倍感亲切。相互交流、共同就餐、同台献艺,情真意切,亲如兄弟姐妹。这正是中华大家庭,各族人民一家亲的真实写照。"

维族女学生沙代提提交了一份题为《了解、尊重、互信,共建美好新疆——参加环塔考察有感》的考察报告。她在文中写道:"这个暑假,我参加了华山中学 2014 环塔里木文化传承暨综合科考夏令营。在为期 15 天的活动中,我学到了很多,感悟了很多。每天与老师和同学们在一起考察,感受南疆不同地区的人文、历史、生态、地理面貌,也由此真正对自己的家乡有了新的了解与认识。每天与老师和同学们在一起野营野炊,同吃同住,也由此结下了深厚友谊,收获了比知识更重要的东西,那就是真情。我喜欢与老师没有隔阂地交谈,我也喜欢与同学们开无边际的玩笑,相互谈论着自己的经验与未来的理想。我们并没有因为年龄的差异或者因为民族的差异产生隔阂,反而因为差异更加吸引彼此的关注,彼此鼓励,彼此赞羡。真是一段永难忘怀的记忆!……作为一个即将踏上去内地求学之路的维吾尔族女孩,忐忑之余,我也做好了充分的准备。我愿意用真诚的目光承接人们的质疑,我愿意以坦率的观点回答人们提出的问题,我也愿意告诉身边的维吾尔族人,要用我们最优秀的表现赢得人们的理解和尊重!空间的距离不是问题,只要我们彼此的心贴近,那就没有什么好担心。为此,我会努力做一个新疆与内地的友好代言人。我会自豪地告诉人们,我来自西部、来自美丽的新疆;我是维吾尔人,我们热爱生活,新疆是我们的家乡;中国是我们的祖国,我们是中国人,我们要为祖国的建设贡献力量!"

"环塔里木文化传承暨综合科考夏令营"的成功举办,给了华山中学领导极大的信心。校长邱成国坚定地说:"文化传播与教育维稳是我们新疆基础教育必须承担的一份特殊使命,对兵团基础教育而言,更是如此。尽管这种担当需要极大的勇气,面对的困难也超出想象,但我们没有退缩的理由。而且,从我们的体验看,在文化传播和教育维稳中,中小学校将大有可为。"

五、盼关注边疆教育破解发展难题

近十多年来,华山中学克服了许多困难,砥砺前行,一路走来。其办学成绩得到了社会各界的高度肯定和称赞,先后荣获"全国教育系统先进单位"、"全国文明单位"、"第三届全国和谐校园先进单位"、"全国绿色学校"、"国家德育科研先进实验学校"、"全国少年军校示范校"、"全国群众体育先进单位"、"全国教育技术实验学校评估成果突出学校"、"全国双合格优秀家长学校"及"开发建设新疆奖"、"兵团示范性高级中学"等称号。然而,改革要进一步向前推进,还有一些深层次的问题和矛盾亟待破解。

1. 体制和机制的制约

毋庸讳言,各种体制性的束缚和机制化的约束是当前学校发展改革所面临的最主要的共性问题。

在宏观方面,以行政化为主要特征的教育管理体制在很大程度上遏制了学校的创新驱动,各个学校必须听命于教育行政部门的统一管理和严格调度,难以真正获得办学自主权,外行指挥内行的情况屡见不鲜。同时,以高考成绩论成败的学校评价制度改革进展缓慢,学校教育活动被迫围绕升学率展开的状况并没有得到根本扭转。另外,中小学校还依旧被视为是政府行政管理的一个基本单元,不得不为此承担诸多与教育活动不相干的社会事务,婆婆众多,疲于应付,不堪重负。

在微观方面,学校内部的管理机制同样呈现出浓厚的行政化特点,过时的不合理的部门设置和因之而生的管理掣肘普遍存在,落后的制度观念与因人而治的思想表现得还十分突出,这些都严重影响着学校的管理效率。同时"教而优则仕"的观念仍然富有吸引力,教师的专业优势和学术地位还没有得到有效确立和普遍认同,教师的职业幸福感难以谈起。华山中学的领导和教师对诸如此类的制约感触颇深,且多少显得有些无奈。随着学校改革的不断深化,这方面的压力也就越发明显。

正因为如此,华山人对体制性的问题始终给予高度关注,以极强的政治敏锐性捕捉政策机遇,积极主动地四处游说,不厌其烦地解释沟通,毫无怨言地承担义务,从而为自身拓展出了一定的发展空间。同样,华山人对机制性的问题也特别重视,已经开始从系统性高度着手研究和调整自身的管理结构和运行机制,以求理顺各种关系,减少内部矛盾,最大限度地保证在学校内部形成教育发展的合力。

然而,要想真正有效突破体制和机制的制约依旧十分困难,这在很大程度上已经远远超出了一所学校自身的能力。尽管如此,正如华山中学校长邱成国所言:"单纯指责体制的弊端是没有用的,简单地等靠要也是没有希望的。只有在理想与现实之间寻求妥协,立足实际,主动出击,尝试创新,影响变革,担当责任,才能获得机会，才能赢得重视。"他的话既道出了华山中学发展进步的原由，也表达了基层学校希冀能早日突破体制和机制制约的一种诉求和期待。

2. 资源的稀缺与流失

教育资源的稀缺与流失已经成为影响当前基础教育均衡发展的主要原因之一。地处南疆少数民族聚居区的华山中学对此感受尤为强烈。

多年来，办学经费短缺、技术设备落后、信息交流不畅、优秀师资难求、生源基数偏少、学生起点较低、资优生流失严重等问题一直困扰着华山人。时至今日，尽管国家不断加大对南疆地区的教育投入，这些问题尚未得到根本好转。反之，由于南疆社会的稳定问题日趋严峻，甚至出现了生源和师资加速流失的不利现象。

对此，华山中学的领导和教师认识比较清醒，他们认为，资源的稀缺在很大程度上具有客观性，资源的流失也有一定的合理性，怨天尤人也没有任何意义，唯一正确的态度就是直面现实，做好自身定位，扎扎实实发展自己，按照教育规律办事，办出特色，才能赢得理解和关注。

正是基于这样的思路，华山人把内涵式发展视为学校生存的根本，多角度自我充实，全方位自我提升，不贪图虚名，以实力说话，并且不遗余力地承担社会责任，耐心细致地做好与家长群体的深入沟通，最终形成了良好口碑，争取并稳定住了自身发展的资源基础。

尽管华山人对自己在这方面的艰苦付出感慨颇多，但他们始终认为自己只是为数不多的幸运儿。联想到改革的艰辛与不易，华山中学对那些依旧饱受资源稀缺和流失之苦的众多薄弱学校充满理解，在发自内心地给予帮扶和呼吁更多优质学校关注教育均衡的同时，他们更热切期待国家能够出台更多具有实效和针对性的政策，以有效缓解资源稀缺和流失所造成的不利影响。

对于边疆少数民族地区为数众多的薄弱学校而言，这类政策的影响至关重要。

3. 人才队伍建设滞后

学校人才队伍既包含教师队伍，也包含管理队伍，只有将这两支队伍都建设好，才能保障学校整体工作的不断进步。事实上，像华山中学这样地处西部边远地区的学校，在人才队伍建设方面始终面临着各种各样的困境。

人才队伍建设滞后一直是大家看在眼里、急在心头、却很难见效的问题。一方面，当前中小学校的教师主体基本来源于各地师范院校，但我国师范教育水平的参差不齐和整体上比较落后的状况，决定了由师范院校毕业生占主体的中小学校教师队伍的起点相对较低。

这种情况在华山中学表现得非常突出。该校中、老年教师当中，相当一部分是过去的师范类中专生和大专生，青年教师则主要是新疆本地师范院校毕业生，内地师范院校，特别是名牌师范院校的毕业生几乎是凤毛麟角。即使到了今天，华山中学也很难招到一流大学的毕业生，更不用说更高学历的优秀师资。

另一方面，由于目前还缺少专门针对中小学校管理人才的培养体系，学校的管理人员基本都是从教师队伍转岗而来，因此，低起点的教师队伍也就决定了低起点学校管理队伍。华山中学对自身人才队伍建设滞后的状况有着清醒的认识。他们一方面积极争取各种优惠政策，千方百计创造条件，做好服务，尽力吸引高素质的人才落户华山。另一方面，他们将更大的精力放在对自身既有队伍整体能力和水平的不断强化和提升方面，采取"先天不足后天来补"的策略，坚持不懈地开展全员培训，使得师资队伍建设不断向前推进。即便如此，与自治区发达地区学校和内地学校相比，华山中学人才队伍建设滞后的状况还没有根本改变，人才建设依旧任重而道远。

为此，华山人在不断苦练内功的同时，衷心期盼国家能够进一步统筹规划，在人才政策上予以西部边远地区学校更多的倾斜。尤其是对边疆少数民族聚居区的学校，更要从维护社会稳定和长治久安的根本战略出发，从更好地发挥教育维稳的作用入手，帮助他们扎扎实实地搞好自身的人才队伍建设。为了守住西部热土，培育一方英才，传播优秀文化，西部边远地区学校不仅要为学生的成长奠定基础，而且也应该成为边疆稳定和社会安宁的基础。

第十章
引进国际课程助推学校发展

——上海市上海中学的国际化教育探索

■ **本章要点**

作为上海市首批实验性示范性学校之一,上海市上海中学自 20 世纪 90 年代初率先在国内开设国际部,引进国际课程。经过多年努力,已经形成了从一年级到十二年级完整序列的课程体系,有效促进了学校发展,在探索办学国际化方面取得了经验。

- 慎重引进国际课程。秉持"扬己之长"、辩证选择、兼顾个性潜能与差异性三大原则,积极对国际课程进行校本化改造,推进校本化实施。

- 科学实施国际课程。在实施国际课程上,从课程开设、学生服务、师资建设、硬件设施等方面建设国际课程。将引进国际课程作为促进全校课程体系建设的抓手。

- 以国际课程助推学校的全面发展。包括形成本校的课程图谱;提升学校课程现代性和探究性;实现学习方式变革,拓展了学习的时间与空间边界。

在推进教育国际化的进程中,上海中学以引进国际课程、创办国际部而带动学校的更大提升和全面发展,对于普通高中学校国际化发展具有启示意义。课程引进只是一种形式,转变陈旧的教学方式,培养更多的创新人才,促进学生的全面发展,提高办学质量,才是学校迈向教育国际化的关键所在。

随着教育国际化的不断推进和社会留学需求的不断升温,近几年来,IB、AP、A-Level 等国际课程在全国多地的普通高中"竞相开放",特别是一些大中城市和沿海城市,国际课程、国际班或国际部更成为一些"重点"高中的特色所在。毋庸置疑,普通高中国际课程满足了学生的多样需求,但是"繁华"的高中国际课程背后也存在诸多问题,迫切需要冷静思考。

上海中学作为首批上海市实验性示范性高中,于 20 世纪 90 年代率先在国内开设国际课程,经过师生的多年努力,取得了可喜的成绩。本部分拟以上海中学的国际课程为案例,分析上海中学国际课程的发展历程与成功经验,同时在此基础上,分析讨论国际课程对当前我国普通高中改革发展的启示。

一、引进国际课程的历程

上海作为全国对外开放的前沿阵地,随着经济改革的不断深化与社会文化的飞速发展,各种对外交流活动日益频繁,国际化大都市的建设步伐不断加快。在此背景下,基础教育国际化问题日益成为教育改革中无法回避的时代课题之一。

作为上海市的窗口学校,上海中学以其鲜明的办学特色、优质的师资队伍、过硬的教学质量而在上海滩闻名遐迩。在经过了改革开放初期的国际学生寒暑期交流活动、国际姊妹校的结友联盟等初期国际化阶段之后,学校管理者也在反复思考,如何进一步深化与加强学校的国际化建设,丰富学校的办学模式,提升教育质量。此外,随着上海国际化大都市的建设,越来越多的外籍人士来到上海工作生活,他们都普遍面临着一个共性问题,即其子女在上海当地如何接受国际通行的课程教育。

在此背景下,上海中学经上海市教委批准,于 1993 年首创国际部,开设国际课程,招收国际学生。上海中学国际部是国内第一所由中国人自主管理的国际部,经过多年的努力发展,形成了从一年级到十二年级完整序列的课程体系。上海中学国际课程的创建经历了准备、选择与校本化等发展阶段。在发展过程中,上海中学对引进国际课程,始终坚持研究、立足本土、大胆实践,走有"上中"特色的国际课程发展之路。

1. 研究国际课程

国际课程种类繁多,不同课程其理念、结构与实施也迥然相异。在此背景下,为了更好地选择与引进国际课程,必须全面了解与研究不同类型国际课程。

上海中学主要从两个方面关注与研究国际课程:其一,是了解国际课程的设计思想和实施要求,包括学科群思想指导下的课程选择性、实验观念上的差异、课程内容的及时更新、强调知识与生活之间的联系等。其二,是关注与研究其课程结构框架及特色课程等。

在研究与准备阶段,上海中学主要关注了符合上述条件的国际课程,包括:IB(国际预科,International Baccalaureate)DP(文凭项目,Diploma Programme)课程、AP(高阶,Advanced Placement)课程、A-LEVEL(教育高级水平普通证书,General Certificate of Education Advanced Level)等课程。为了引进国际课程,上海中学对这三种国际课程的设计思想、实施要求、结构框架及特色表现都进行了深入的探究,并总结出以下特点:

IBDP 课程有着严格的体系界定,分为 6 个学科群共计 99 个课程科目,要求学生从每个学科群中选择一门课程进行修习,并至少选择 3 门高级课程;在课程结构方面,在横向上,课程分为六个学科群(语言 A1、第二语言、个体与社会、实验科学、数学和计算机科学)和三门核心课程(Extended Essay、Theory of Knowledge、Creativity Action Service),在纵向上,每门学科又包括高水平和普通水平课程,其既能夯实学生的基础,又兼顾拔高型需求,且不至于增加学业负担。

AP 课程作为美国高中阶段开设的具有大学水平的课程,共有 22 个门类、37 个学科。该课程的目的在于,使高中学生提前接触大学课程,完成一些美国大学的学分课程及考试。AP 课程及考试可以为高中生起到减免大学学分、降低大学教育成本、缩短大学教育时间的目的,同时 AP 课程考试成绩可以作为申请大学的一个重要筹码。

A-LEVEL 课程是英国大学预科课程,深度相当于国内高三和大学一年级的程度,不设必修课,学生完全可以选择感兴趣的 3—4 门课程进行学习。

2. 选择国际课程

IBDP 课程、AP 课程、A-LEVEL 课程均有可取之处,但直接引进国际课程可能会存在"水土不服"问题。因此,适合学校发展,是上海中学选择国际课程最重要的标准之一。

经过细致研究与比较分析,上海中学最终选择开设 IB、AP 课程,并进行了分阶段的推进。

自 1995 年至今,上海中学的 IB 课程开设了 34 门课(汉语 A1、英文 A1,汉语 B,英语 B,数学,物理,化学,ITGS,历史,经济,生物,心理,计算机科学,视觉艺术,音乐等);AP 课程开设了 16 门课(文学与语言类、数学类、科学类、人文类、艺术类、计算机等）。

在实施过程中，上海中学还根据学校实际，不断增设适合学生发展的课程科目，例如 2010 年在数学学科中进一步增加 IB"数学学习"与 IB"环境系统与社会"这两个科目，前者适合 10 年级数学 H 班较弱的学生或 S+水平的学生进一步学习选读，后者是 IB 课程中跨人文和科学的学科，适合理科较弱但英文较好的学生，进一步满足学生对 IB 科目的选择性学习需求。

3. 改造国际课程

IBDP 课程、AP 课程是由西方国际学校教师和教育专家共同研制而成，课程虽然具有先进的国际理念，但课程的指导思想、课程标准、教材结构、教学内容、习题配置、评价体系以及教学方法均不可避免地隐含着大量西方的教育思想与文化观念。这种教育思想与文化观念与中国本土的思想观念存在着客观差异。

上海中学在国际课程建设中，关注中西文化与教育差异，秉持"扬己之长"（突出中国教育的理科优势）、辩证选择（注重偏重理论事实且文化价值观念冲突较少的学科学习）、兼顾个性潜能与差异性三大原则，积极对国际课程进行校本化改造，推进校本化实施。

经过长时间的艰难探索和校本变革实践，上海中学国际部学生的课程成绩从刚开始的成绩不如意，到现在全球名列前茅。如图 10.1、图 10.2 所示[1]，2014 年上海中学国际部学生 IB、AP 平均成绩为 41.4 分（满分为 45 分）、4.69 分（满分为 5 分），远远高于全球同类课程学生的平均成绩。

▶ IB Exam Results
No.of IB full diploma students
■ Average score(out of 45)
■ world average

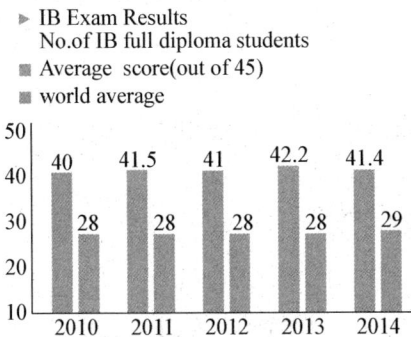

图 10.1 IB 平均成绩图

▶ AP Exam Results

No.of Tests   Average score(out of 5)

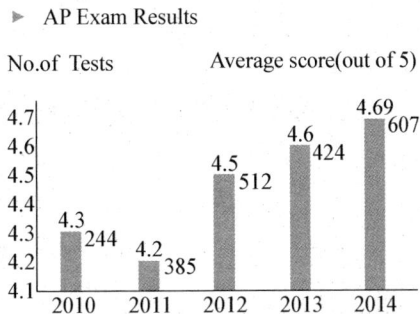

图 10.2 AP 平均成绩图

---

① 上海中学国际部. http://www. shs. sh. cn/interCN. action? method＝list&single＝1&sideNav＝5350.

二、实施国际课程的经验

二十多年的发展实践表明,上海中学国际课程的建设是成功的,这种成功绝非偶然。上海中学国际课程在课程开设、学生服务、师资建设、硬件设施上积累了丰富的经验。

1. 课程体系及其特点

课程是教学的载体和依托。上海中学国际课程秉承"高选择性"、"现代性"和"探究性"的原则,力争为学生提供多层次、多种类的丰富课程内容。

(1) 课程的高选择性

为了满足不同学生的需求,上海中学建立了国际课程体系的全选修格局,主要包括四个方面:

第一,必修课程。语文、数学、理化、历史这样的必修课占据学生学习课程的大部分,但因学生的基础不同,故需通过划分水平来满足不同学生的学习要求。以上海中学国际部的十一年级数学为例,可供学生选择的数学课程有:IB HL 数学、IB SL 数学、IB 数学学习、AP 微积分、AP 统计、荣誉水平(Honors)课程、标准加强水平(Standard+)和标准水平(Standard)课程。

第二,限制性选修课程。除了必修课,出于帮助学生们明确自己的兴趣方向和自身特长的考虑,学校还开设了具有鲜明学科领域特色的限制性选修课程,为学生提供额外的在相应领域学习的机会。例如十一至十二年级的学生在选修物理的同时,还可学习生物、经济、环境科学、心理学、视觉艺术、音乐理论、历史、修辞、计算机等课程。

第三,模块化选修。模块化选修主要针对体育、艺术、计算机等课程,让学生充分发展个性特长,提高自身素养。如体育课上,学生首先完成基本素质训练后,可参加篮球、足球、排球、网球、棒球、垒球、乒乓球等不同项目的学习。

第四,自主选修。自主选修课程是更加针对兴趣特长,结合相应课内外活动开设的一类课程,包括学科类、艺术类、体育类、技术类、其他类(家政、手工制作等)等。

(2) 课程的现代性

在课程内容上,为了紧跟科学技术迅猛发展,国际课程更新速度较快。美国、英国等国家的教材每隔 2—3 年就会有一次改版;每隔 6—8 年会有一次全新编写,几乎 80％的内容都会更新(以化学学科为例,红光、紫外光谱、气象色谱、质谱乃至核磁共振谱的原理和基本解谱方法已成为学生必须了解和掌握的学习内容,而我国大部分的实验依然停留在瓶瓶罐罐的 19 世纪的水平)。因此,为了与国外保持一致,保证课程的现代性,在学科及教学结构上,上海中学国际课程的教师也会及时根据国际课程更新的要求,重新审视与变更学科基础内容,力争教学方式与手段的现代化,学会运用以先进技术为支撑的现代教学方法。

(3) 课程的探究性

在二期课改中,我国普通高中课程也强调探究性,并将研究性学习归入综合实践活动课程中加以实施。但是这种实施更多地强调体验,而对培养学生的创新意识与探究精神却没有引起足够的重视。而国际课程则在教材内容设计、训练系统、实验设计、考试评价方面系统地体现着对于学生创新意识与探究精神的重视与倡导。基于此,上海中学国际部除了在日常教学中重视探究性教学之外,还以点面结合的方式展开了课题研究性学习。科技班、工程班、数学班与节能汽车、金融、法学等实验组的学生都在一定领域的专门课程的学习基础上展开课题探究。全体学生在选择性学习的基础上,对感兴趣领域进行研究性学习。学校建立了专门的研究性学习网络平台,分年级层层推进,让学生体验探究过程、学习探究方法、培育探究精神。对于发展型课程的评价,上海中学一般采取课题项目的形式,学生作品的创新性、小论文的写作,甚至日常参与讨论的情况都成为课程成绩的重要组成。实践证明"基于专门领域的课程学习与探究"有利于提高学生未来发展所需要的专业选择与创新的素养。

2. 学生辅导和服务体系

以学生为中心,积极有效地为学生服务,是上海中学一贯坚持的教育理念,为了更好地推进国际课程的建设与发展,学校从学习到生活全方位关心国际课程班学生的发展,为学生提供学业指导服务、心理辅导服务、升学指导服务、学生生活服务。

(1) 学业指导服务

上海中学学生辅导的宗旨是以人为本,以学生为中心,尊重和重视每一位学生个体。上海中学国际部的每个班级都配有班主任老师(Homeroom teacher),为本班学生提供绝大部分的学业辅导和咨询服务。

（2）心理辅导服务

国际学校的学生因语言文化、生活方式的不同,可能会产生心理、性格和行为上的偏差,特别是正值青春期的九、十年级的学生,更需要与人沟通,需要别人耐心正确的指导。班主任老师会积极关注每位学生的一言一行,时刻关注学生们的心理健康,为他们成长、交友、亲情等方面的心理健康提供服务。

（3）升学指导服务

升学指导服务是学生辅导服务工作的重点。学校设有专职的升学指导顾问(College Counselor),来满足家长和学生的各方面需求,帮助学生制定恰当的高中学习计划、大学学习计划以及未来的职业规划等。在工作中,他们为学生发布升学信息,因人而异地开发升学辅导方案,积极鼓励学生,及时与家长保持沟通。

（4）学生生活服务

在国际学校中,学生的生活服务保障是极其重要的环节。经过多年实践,上海中学国际部总结出两条实践经验:安全准时高效地为学生提供安全便捷的交通服务;健康舒适地为学生提供细致入微的住宿服务。

3. 师资建设策略

优秀的师资队伍是上海中学国际课程取得卓越成就的前提和保证。"求人不如求己",如何将本土教师转变为能任教国际课程的教师一直是上海中学的工作重心。上海中学在这方面的经验如下:

（1）明确国际课程的任教要求

成为一名任教 IBDP、AP 课程的教师并非易事。上海中学国际部对任教国际课程的教师提出明确的教学要求:要认真研究国外教材的内容与教学方法;努力提升全英文教学的能力;对境外学生的不同文化背景、学习习惯、学习方式有清晰的了解与把握;把握国际课程的国际教学标准,并以之衡量评价自己的工作。明确的国际课程教学要求也使上海中学国际部的本土教师明确了自身成长的目标与道路。

（2）系统的"带教"培训

对于国际课程的新任教师,上海中学国际部采取了较为系统、规范的"带教"培训。在两年内,经验丰富的师傅要通过"师徒"带教方式,较为系统、规范地指导新任教师胜任常见的教学环节:教案撰写;相互听课;上录像公开课;加强交流;跟踪反馈;带教小结等。最后通过考核,学校才颁发给新教师合格证书。一般来说,经过两年的带教,上海中学新任的国际课程教师均能够迅速了解任教国际课程的教学要求,并形成自己的教学理念和教学风格,获得良好的专业提升。

（3）注重高端教师队伍建设

高质量的教学质量离不开高质量师资。为了更好地保证国际课程的高质量,上海中学非常重视骨干教师与高端教师队伍建设,通过外部引进与自身培育等多种方式建设了一支国际课程的高端师资队伍。对于上海中学而言,数学、物理、化学这三门学校传统的优势学科,尽管在刚开始开设 IBDP 时经历过挫折,但很快调整过来并迅速提升质量,其原因就在他们拥有这些学科的把关与高端教师。

4. 配套资源建设

硬件资源是课程实施的保障,上海中学在硬件设施建设上也做出了许多努力。

（1）实验设施匹配

国际课程,尤其是物理、化学、生物等科目十分强调学生科学素养和研究能力的提升,要实施国际课程就必须要求学校配备多样化和现代化的实验设施。为此,上海中学建设了近 30 个现代化的实验室,为学生的学习和教师的教学打造了良好的基础条件。

（2）数字技术应用

在"大数据"的时代背景下,上海中学积极适应时代要求,努力实现从传统教育向数字技术平台教育的转变,积极推进数字化校园建设。经过十几年的建设,上海中学现在的校园网络形成"三网二出口"规模,建成并完善了一个能适应并保障数字技术在教育教学中应用的网络系统。

（3）图书资源建设

国际著名高中均具备发达的图书信息中心并提供优质的服务。为了满足国际课程学生打开视野和创新探索的需求,上海中学在图书资源建设上进行了改进,一方面是加大外文图书的选购力度,强调及时更新、引进权威出版社出版的原文图书;一方面在图书管理上,借助条形码、合理的赔书和退赔制度、年终盘库和对账制度进行管理,提高图书的使用效率。

(4) 艺体资源开发

上海中学吸收国际高中的先进理念,对体育、艺术、技能类科目非常重视,设立了各类非文化学科类设施及影视传媒网站,主要包含体育类、艺术类、工程类、技能类等。

三、国际课程的实践影响

上海中学认识到,学校创设国际部和引入国际课程,并非只是为了满足在我国学习的外国子女接受与国际接轨的教育需求,也不是为了给那些想出国的孩子提供出国预备的教育,更为重要的是从国际课程的实施中找到一些有价值的、先进的课程改革元素,将它们迁移、改造、运用到适合于我国高中学校的课程建设中,为我国优秀高中生的创新素养提升与可持续成长创设更为良好的、先进的课程资源。上海中学坚持将引进"国际课程"的成功经验,借鉴到本学校的课程改革和创新人才的培育中来。

1. 推进学校课程图谱创建

从国际课程的实践分析来看,其对我国高中课改与创新人才早期培育的一个重要启迪是大力推进课程的选择性,不断促进高中生个性化的知识构成。对于学校而言,推进课程的选择性,要促进学生的个性化知识构成,不仅需要在选修课中大力推进课程的选择性,而且还要深入到必修课领域。

上海中学借鉴国际高中课程的有关经验,根据学校实情与我国特点,从其学生大部分是资质相对优异的群体出发,在把握国家课程、上海课程改革精神的基础上,对学校课程进行系统开发,构建学校课程期望图谱,其中一个重要的特点是推进学生对课程的选择性。

上海中学的学校课程图谱(如图 10.3),是强调学校课程系统的结构要有现代的特征,在全面推进素质教育的思想引领下,注重把握德育现状与各门学科发展的概貌,从学生的可接受水平与可持续发展性出发,分领域对学生必修与选修的科目、模块进行总体的系统设计,并关注各领域间的相互关联与影响,形成结构清晰的学校课程框架,再根据学校的条件与可能性,分阶段、分步骤地予以实施。

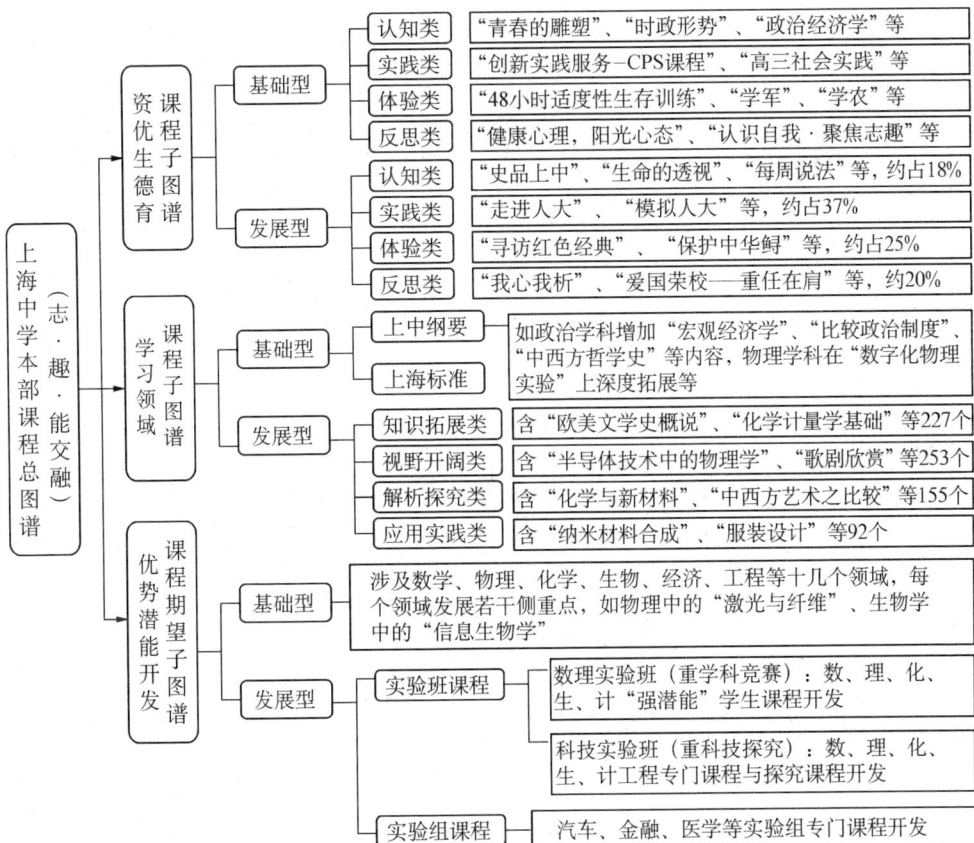

图 10.3　上海市上海中学本部课程总图谱(简表)

　　学校课程图谱有德育课程图谱、学习领域课程图谱(如图 10.4)与优势潜能开发课程期望图谱三个分图谱构成,三个分图谱都有基础性与发展型两大部分。三个分图谱既各有侧重,又相互联系。

　　德育课程图谱重在"立德树人",学习领域课程图谱构建重在"聚焦志趣与夯实个性化知识基础",优势潜能开发课程期望图谱构建重在"志趣引领下的优势潜能认识与开发"。优势潜能开发课程期望图谱是在德育课程图谱、学习领域课程图谱基础上的进一步深化。

类型 / 科目模块	语言与文学		数学	人文与社会			科学			技术		艺术		体育与健康	合计(单位/个)
	语文	外语	数学	思想政治	历史	地理	物理	化学	生物	信息技术	劳动技术	音乐	美术	体育	
知识拓展	《东方文学》《欧美文学史概说》等12个	《英美概况》《翻译技巧》初探》等55个	《中学数学中的若干基本观点》《变换》等16个	《三农问题探究》《现代西方哲学方法论》等22个	《葡萄酒和欧洲社会生活》《第二次浪潮——信息革命与信息时代》等16个	《能源问题及其前景》《世界文化圈》《迷惑》等9个	《高中物理竞赛》《高中物理选讲》等8个	《化学计量学基础》《晶体中的几何学》等8个	《和谐的人体生理——和谐的环境生态、走近基因工程》等2个	《图论的算法和程序设计》、《单片机原理及应用》等34个	《PLC自动控制技术》、《数字逻辑电路基础》等6个	《中国丝竹乐器》、《芭蕾舞》等14个	《素描》、《室内设计》等14个	《板球运动介绍》，《体育产业介绍》等12个	227
视野开阔	《唐末八大家散文阅读》、《外国经典评述》等20个	《空中英语教室》、《英美礼仪》等37个	《奇妙的无限集》、《货郎担问题》《算法漫谈》等36个	《浅谈人力资源管理》、《当代经济思潮》等26个	《中国的皇权与相权之争》《华尔街兴衰史》等18个	《圣人的故乡》、《旅游资源的开发与保护》等13个	《第四种存在》等离子体物理及其应用》、《光科学与现代生活》等20个	《化学方法初步》、《天空中的化学》等12个	《生命教育系列——红十字中救护》、《健康与人生》等4个	《解析极限编程》、《创新思维与创新技法》等37个		《话剧赏析》、《歌剧赏析》等8个	《中国近代绘画》《文艺复兴艺术》等14个	《现代奥林匹克运动与高科技欣赏》等8个	253

（续表）

学习领域 / 学科 / 科目模块	语言与文学		数学	人文与社会			科学			技术		艺术		体育与健康	合计(单位/个)
类型	语文	外语	数学	思想政治	历史	地理	物理	化学	生物	信息技术	劳动技术	音乐	美术	体育	
解析探究	《诗歌中的尚武精神》、《字里乾坤——汉字的文化意蕴》等11个	《莎士比亚戏剧》、《从〈老友记〉了解美国文化》等6个	《数学符号的起源与发展》、《数学游戏与逻辑推理》等6个	《中西方民主道路比较》、《生活中的经济学——学习投资理财》等7个	《走向重商主义时代——社会转折中的西欧商人和城市》等17个	《气候酷派绿色校园行动》、《大气、上海市潮汐现象解析》等2个	《导电高分子材料及其应用前景》、《静电的防止和利用》、《混沌探究》等20个	《工业生产中的能源综合利用》等27个	《中国城市绿化建设》、《转基因植物栽培》等31个	《网站应用途径》、《画面排版及其复杂度探究》等9个		《音乐社会现象》、《音乐人物》等6个	《中西方艺术之比较》、《美术作品解析》等4个	《太极拳与中国古典体育文化》等8个	155
应用实践	《演讲与朗诵》、《影视评论》等4个	《模拟联合国》、《英语戏剧表演》等14个	《"九宫图"幻方》、《平面解析与空间图形》等6个	《沿海地区农村生产模式调研》、《上海社区服务型政府实证研究》等5个	《探寻生活中的"历史"》、《共和国同龄人访谈》等2个		《数字化物理实验》、《物理模拟虚拟实验》等6个	《水环境质量监测与评价》、《纳米材料的合成》等4个	《保护绿色中华——促进生态文明建设》等4个	《Word VBA高效应用》、《Action Script应用》等16个	《简明机器人课程》、《电子技术》等4个	《民乐队指导》、《电器乐队指南》等10个	《插花》、《服装设计》等2个	《运动损伤的预防与康复》、《体育比赛中战术学习与应用（篮球、足球、排球）》等18个	92
总数(单位/个)	47	107	65	60	53	24	54	51	38	96	10	38	34	46	727

图10.4 上海中学学习领域课程子图谱发展型科目/模块简图

2. 提升学校课程的现代性

纵观高中国际课程,课程的现代性是又一大特点,这不仅显现在对课程内容的及时更新上,而且还显现在用科学发展的现代观点来编排课程内容与编写教材,这对于培养学生的现代素养来说具有重要的推进作用。

上海中学积极从国际部实施国际课程所取得的经验与教训中反思,不断关注本部学校课程现代性的推进,一方面注重对传统内容的现代化处理与学习,包括从学科发展的现代理解水平,对传统内容进行取舍、重点把握、阐述以及呈示;推进基于数字技术的课程学习等。另一方面以学生可以理解的方式,适度介绍现代科技发展与学科发展的前沿知识,开发"凝聚态物理"等前沿科技介绍类科目、模块150余个,让学生适度了解科技与学科发展的新成果,开阔学生的视野。

上海中学学校课程的现代性推进,在学校课程图谱的构建中已经得到充分关注,许多课程科目与内容的编写,就是参照与迁移了国际课程与教材中的部分内容。在借鉴与参照国际先进课程的经验基础上,上海中学课程的现代性主要显现在以下几个方面:

(1) 适当增加学科前沿知识或现代内容

考虑学生的接受程度与学习需求,及时补充该学科的最新研究成果或是未被纳入的经典研究理论。学校为了扩展本部学生的视野,改善他们的知识结构,要求国际部专职教师结合学科特点为本部学生开设与课程现代内容有关的选修课程加以推进。此外,对于课程内部的学科衔接以及年级衔接,也积极站在学科现代发展的角度来统整与完善学科自身的逻辑体系与现代内涵。

(2) 关注学科内容的交叉与综合运用

现代科技的发展,使学科之间的交叉与融合变得越来越明显,这有利于提升学生系统思考问题的能力。为此,上海中学积极借鉴国际课程在此方面的优势,关注普通高中课程内容的交叉渗透与综合运用。如,在了解信息和通讯技术改善人们现代生活的同时,让学生明确物理学中的半导体技术为信息和通讯技术提供的先导条件;为信息技术学中的各种信息技术工具提供学习与运用载体等。

(3) 以学生可以理解的方式整合现代科技发展内容

这包括为上海中学本部学生系统开发校本课程教材,提供学生对现代知识学习的适应性蓝本。学校在开发校本课程教材的过程中,关注课程的现代性显现,注重融入学科发展的现代内容,如《有机合成初步》校本实验教材就向学生展示了有机合成的现代世界。

对一所学校来说,推进课程的现代性可以从多个方面着手,以上这些方面只是其中的一个环节,还需要教师教学观念的现代性、课程实施的匹配性等方面做支撑。上海中学推进课程的现代性,采用多样的课程开设形态加以推进,包括大型(开设一学期)、中型(开设半学期)、小型(6—12节课)、微型(3—6节课)的形式加以推进,这样就大大增加了课程内容选择的灵活性与多样性,有利于解决学校科目设置相对稳定与现代科学迅猛发展的矛盾,及时补充与调整课程内容,同时,也有利于学生学习、教师组织内容与开展教学。

3. 促进课程的探究性教学

国际课程注重对学生的创新思维与人格的孕育,不仅反映在实验科学对探究性实验的重视上,而且反映在课程的设计与教材的编写中。如何推进课程的探究性,促进学生的创新性思维与人格,成为当前我国高中教育改革与发展必须关注的重要课题。

高中阶段是学生思维方式与人格特征发展的基本定型期。上海中学关注以课程的探究性来推进学生创新性思维方式与人格特征的养成与培育。学生的创新思维方式,涉及敢于质疑、影响因素分析、新思路形成、证据的收集与运用、新技术手段的运用等一连串因子。创新人格特征,包括科学精神、意志力、坚韧性等。这些方式与特征只凭课堂的探究性教学来培育还远远不够,还需要推进课程的探究性。上海中学大力推进课程的探究性主要表现在四个方面。

(1) 推进与学科学习紧密结合的课题研究性学习

借鉴国际课程的探究性,上海中学大力推进与学科学习紧密结合的课题研究学习,且注重不同年级有不同的要求,层层深化。高一年级第一学期的上半学期展开学科大作业,下半学期展开学科小论文;到了高一第二学期在教师的指导下开展课题研究,高二开展自选性课题研究,高三完善课题研究。进行课题研究的一个重要基础是关注学生所学的学科知识。

(2) 关注选修课的探究课程开发与实验教学

上海中学注重在发展型课程中推进课程的探究性,开发了"纳米技术与纳米合成"等260个解析探究与应用实践类科目或模块供学生选择学习,并将之作为探究课程在学生中开设,并归属于一定的学科范畴,强调学生的学科探究思维与创新人格的培育。为顺利地引导学生开展探究性课程的学习,做好相关实验,上海中学的教师注重在实验学科的实验教学引领中,让学生做实验的小助手,既提升了实验教学的质量,又促进了学生参与探究课程学习的兴趣,在选择性学习中进一步了解探究性实验的真谛。

(3) 以新型创新实验室构建为载体推进学生的实验探究

上海中学为促进学生的实验探究,在开发"现代分子生物学"等现代实验科目与模块的基础上,建设了科技、工程、技能、艺术等四大类20多个现代化创新实验室。这些实验室面向全体学生开放,提升了学生开展科学实验与课题探究的层次与水平。

(4) 促进学生基于专门课程学习上的课题探究

2008年上海中学在上海市教委的批准下率先开展了"创新素养培育实验项目"。在这个实验中,上海中学参照高中国际课程实践中的先进经验,强调凸显实验学科的实验本色,在数、理、化基础课程中采用我国教材与国外原版教材进行双语授课,同时,还十分关注学生在学习工程、计算机、物理、化学、生命科学等相当于国外大学预科或略高于国外大学预科的专门课程基础上的探究,将学生的课题探究再提升到一个新的层次上。这不仅有利于推进学生在专门知识学习领域上的、比较符合科学规范的课题研究,而且让学生在课题探究中不断开发自己的学科潜能,使自身未来发展的专业指向性更强。

4. 实现学生学习方式变革

21世纪以来,数字技术的推广在多个领域都掀起了数字化革命的浪潮。在数字化环境下推进新型创新人才的培养,成为当前学校教育中的一个核心问题。高中国际课程的一个重要发展方向就是将数字技术的运用与学科的现代化发展紧密结合起来加以思考,大力推进数字技术与学科的融合,航天领域里发射、轨道变更与追踪技术密切依赖数字科技,医学卫生领域中先进的手术微创、微型外科治疗依靠数字技术等,这些深入融合必将深入地影响学校运用数字技术的发展方向。我国的高中课程改革与创新人才的早期培育,必然也必须关注数字技术运用于学科建设、课堂教学与学校管理,促进学生的学习方式变革,为学生适应未来数字化环境下的生存、发展与创新奠定坚实的基础。

上海中学关注高中国际课程对数字技术整合的趋势,大力推进数字技术与课程的整合以及相应的学习、管理环境,进而实现学生学习方式的变革,力求使学生在数字化环境下的课程学习站在与发达国家学生的同一起跑线上,主要从以下四个方面予以大力推进。

(1) 数字技术与课程整合探索了渗入、创建、筑台、统整的新路

上海中学大力促进数字技术与课程的整合,而且不断探索新路,主要体现在以下四个方面:①渗入:前沿学科部分内容进入学科知识体系。②创建:现代工程类科目与模块应当成为学习新范畴。针对现行课程工程科目缺失,创建基于数字平台或整合数字化内容的现代工程类科目与模块成为学生发展适应社会发展的必需。③筑台:以数字实验室促进学生实践与创新能力的提升,建设与现代课程科目、模块匹配的现代数字实验室近 30 个。④统整:高科技手段与艺术学科巧妙结合更显魅力,如电脑音乐、美术、图像设计、数字视频创作、数字影视摄像等内容成为学生把握潮流、主动发展的一种新的尝试。

(2) 借助数字平台推进多样化探索

上海中学开展数字平台的探索、实验、学习,学生们的信息素养与信息意识不断提升,数字技术运用已经成为了他们综合素养中重要的组成部分。上海中学利用数字技术开展的多样化探索类型,有构造式探索、虚拟式探索、低碳式探索和验证式探索等不同方式。

(3) 利用数字技术推动教学互动

上海中学的学生积极围绕课题,通过书本、网络与老师进行交流,通过充分使用各种各样的数字化技术和数字化手段,提高学生的探究能力和创新水平。在探究型教学过程中,上海中学十分强调教师对学生探究活动的指导以及师生间及时就研究问题和进程进行交流。数字技术从教学信息和资源、教学手段和方法,乃至教学理念上深入地影响着探究型教学的实现。多媒体及网络技术应用到教学过程中,也大大增加了师生互动的实时性和及时性,增强了教学互动的节奏性和灵活性。数字技术在推进探究型学习的同时,也创设了教学互动的新型组织形式,包括远程互动、异步互动等。

上海中学还专门建立研究性学习的数字平台,为学生探究课题、学生与导师交流、学生与学生交流提供了更为灵活的远程和异步的方式,拓展了学习的时间与空间边界。

(4) 利用数字技术推进学校管理的创新

学校努力创设良好的数字化环境,推进课程与数字技术整合的管理与良性运作。上海中学数字化学校建构,主要从两大方面予以落实:一是关注信息技术与学

校管理、课程教学的整合;一是数字化校园学习环境的构建与完善。前者是后者的整合与运用,后者是前者的支撑与保障。上海中学大力推进数字化与管理的紧密结合,极大地促进了学生基于数字平台的学习与生活方式的变革。

上海中学基于数字平台的管理主要显现出三方面的特点:①全域管理,即不是方方面面的管理,而是在不同场合面对不同的人群,从不同的思考角度出发,为管理提供一种新的可能空间。②全程管理,即在方位上是横向的管理,主要针对管理的时间,对发展过程中的每一个阶段都能够有力地管理。③即时管理,即快速反应,注重时效,及时解决问题。

四、对我国普通高中教育改革的启示

上海中学引进国际课程,实现了国际课程的校本化实施,进而助推上海中学自身的课程与教学变革,体现出了学习国际先进经验与提升自身教育能力和促进学校发展相融合的发展模式。这种国际课程的引入与发展方式,对于我国普通高中教育改革具有重要的借鉴与启示意义。

1. 目标定位:从课程引入到培养创新人才

不同的国际课程虽然在目标定位上不尽相同,但其本质都是为了更好地满足学生的学习需求、促进学生更好地发展。以 IB 课程来说,其宗旨是实现人的终身发展,以培养学生全面发展为出发点,以培养学生的国际意识为核心,注重学生国际素质与能力的提升,其目标是将学生培养成有理想、有国际意识、有强烈责任感的世界公民;同时还注重培养学生成为具有批判精神的、有同情心的思想者和终身学习者,使其成为既熟悉本土实际又了解国际事务的国际人。

国际课程的目标定位不在于升学,而在于为学生未来国际化的学习、职业与生活打好基础,为未来的终身学习打好基础。就此而言,其对于当前我国普通高中强化育人功能有着重要的启示与借鉴意义。

启示一:强调为学生的未来发展打好基础。

就国际课程的设置与实施来看,其更多着眼于学生的综合素养与能力的提升,而不单纯是为升学服务。伴随着我国高中教育从精英教育发展到大众化阶段之后,我国普通高中更迫切需要进一步强化育人功能,强调为学生的未来发展打好基础,这可以积极借鉴国际课程对于学生批判精神与终身学习能力等方面培育的经验与措施。

启示二:强调为学生具有国际竞争力打好基础。

国际课程的另一大优势在于"国际化",即其培养的学生未来在国际社会与生活中要具有竞争力。伴随着全球国际化进程的不断推进与深化,我国学生未来参与国际生活、了解国际事务、熟悉国际法则的可能性越来越多。就此而言,我国普通高中改革与发展必须面对国际化这一客观趋势,借鉴国际课程中的"国际基因",重视其对于学生国际素养的培育与提升,为我国学生在未来的国际生活中具有较高的竞争力打好基础。

2. 课程内容:从课程设置到完善课程功能

国际课程在课程设置方面富有优势,具体表现在上文中所提到的选择性、现代性与探索性等特点。国际课程的高选择性,是在"学科群"思想的引导下建构起了众多课程科目,同时还兼顾学生个性潜能与差异性发展的层次选择、科目选择,这种选择性是全方位的选择,而并不只是内容上的;国际课程的现代性,是指其课程教材能够紧跟科学发展前沿,更新及时,往往将最新成果与现代生活紧密结合的内容纳入学科内容结构,形成学科知识体系,根据学科结构的变化,重新审视与变更学科基础内容;国际课程的探究性,是指教材的内容设计和知识呈现方式强调多学科融合,进行跨学科、多层次、高起点的探究,还安排了多个探究性课题,尤其是实验科学的教学重点已从验证性实验转向自主设计的探索性实验。就此而言,我国普通高中要积极利用课程改革这一契机,着眼于学生的个性潜能与差异发展,强化丰富课程的选择性与多样化。

其一,强调高中课程的选择性。

要努力夯实学生的核心知识基础,让不同的学生根据自己的个性志趣与优势潜能选学相应的课程,促进学生的个性化知识构成。同时,以课程体系建设为核心推进高中多样化建设,这与社会对多样化人才的现实需求相一致,也是推进学校个性化、特色化发展的价值选择。

其二,强化高中课程的多样性。

高中教育出发点在于提高学生的综合素养,促进学生更好地发展。但是学生天赋差异与兴趣爱好的不同,使得学生在高中这一特定阶段的发展需求呈现出多样与多元的状态。因此,这也要求高中课程要从类型、内容、实施方式等不同维度与层面推进丰富性。具体来说,可以系统思考课程总体结构,将现代社会、科技发展对学生成长的功能性定位与学生自身发展需要、成长规律结合起来,要关注每个学科领域的课程内容的现代性与多样性;在课程设计与实施过程中,要注重培养学生的主动性与探究性,要注重学生在课程学习过程中的研究经历,要在学生的主动与探究经历中领悟与思考研究方法,以进一步加强理论与实践、知识与生活的贯通,从而进一步提升综合素养。

3. 教学方式:从转变观念到变革教学方式

国际课程在教学理念与方式上与传统的高中教学有着较大的差别,国际课程的教学注重学生的探究能力和思维能力的培养,而不是单纯的知识传授和反复训练;同时,为了多样化地实施国际课程,其对于班级与座位的理解产生了较多变化,这些都为我国普通高中的教学方式的改进提供了借鉴参考。

其一,变革教学理念。

再先进的课程设置都只是提供了一种可能,而要将其变成现实必然要通过教学。因此,要积极学习与借鉴国际课程的先进教学理念,坚定学生在教学中的主体地位,在教学中要注意启示与引导学生主动参与学习、探索学习与体验学习;要积极适应不同课程与学科的基本要求,采用适合的教学方式。

其次,变革教学方法。

转变教师讲授为主的状况,要在课堂上增加师生、生生互动的机会,而不是将互动流于形式,要将课堂还给学生,教师则主要是起到指导、建议的作用。要让学生大胆地进行尝试与探究,对于学生的错误,要善于诱导与启发,而不是呵斥或无视。要重视学生的操作技能和探究能力,尤其是在实验学科中,必须让每个学生都能有亲自动手去做实验、观察实验结果的机会,不能只是由教师代为示范就可以了,这是教学变革中必须做到的一点。

其三,实施教学的小班化和走班制。

作为学校,在安排课程表时,要根据现有的教师和场地等资源,统筹安排教学时间和地点,保证人员等各种资源得到充分利用。学校对学生的管理也要细化、制度化,能够及时了解每个学生的行踪和动态。作为教师,要努力提升自身的专业素养,能够做到对不同层次的学生进行授课,同时还要加强对相近学科的基础知识的了解和掌握,要能胜任跨学科教学的任务。

4. 学生发展:从课程学习到全面发展指导

国际课程所面对的学生来自世界各地,不但语言文化差异较大,学业基础也参差不齐,这些巨大的差异要求其必须为所有学生提供适合他们自身的全面而又周到的指导与服务。

国际课程通常都有着一套与其相匹配的学生指导和服务制度,这是囊括了学业、心理、升学等多方面的一个全方位的指导服务体系。因此,在西方,发展指导被誉为是现代学校继教学、管理之外的第三大基本职能。就此而言,我国普通高中在此方面是职能缺位的。因此,在国际课程的实施过程中,学生发展指导是其重要的支持系统,其一系列富有成效的经验措施,对于我国普通高中在开展学生发展指导方面的工作具有重要的启示意义。

其一,重视学生发展指导工作,积极为学生提供满足其学业和成长需要的辅导服务,在普通高中建立发展指导制度与服务系统。

其二,在进行学生指导服务时,要秉持以人为本,以学生为中心,积极为学生提供指导服务,帮助学生了解自己的能力和优缺点,提高自身能力,培养学生良好的学习和生活习惯。

其三,将学生辅导服务与学校其他系统相结合,由学生辅导人员协同教职工、家长及社会人士为学生提供多样化的、广泛的学业、生活、职业等方面的辅导服务,积极帮助学生正视挑战,适应挑战,迎接挑战。

主要参考文献:

[1] 唐盛昌、李英主编:《高中国际课程的实践与研究》,上海教育出版社,2013 年版。

[2] 唐盛昌:《我国高中引入国际课程应关注的几个问题》,教育发展研究,2010(22)。

[3] 唐盛昌:《如何提升我国普通高中学校课程的现代水平》,课程. 教材. 教法,2013(3)。

[4] 唐盛昌:《试论国际课程在我国学校实施的瓶颈与突破》,现代基础教育研究,2011(3)。

[5] 刘茂祥:《基础教育国际课程的校本改造策略初探》,现代基础教育研究,2012(7)。

[6] 刘世清、陶媛、周恋琦:《普通高中国际课程的发展困境与政策取向》,教育发展研究,2014(6)。

[7] 翁燕文:《全球化背景下的国际高中课程述评——以 IB 课程、AP 课程为例》,宁波教育学院学报,2008(4)。

第十一章
当前美国高中教育改革的特点

■ 本章要点

美国奥巴马政府强调教育改革要以让所有学生享受世界一流的教育为目标，提出重新规划高中教育，让高中与大学、社会真正地连接起来，给学生提供社会所需的教育和实习培训，使他们能够直接适应工作。

美国认为，高中教育不是大学的预科，而是为学生提供大学、职业、生活的准备性知识与能力的教育阶段。高中阶段要培养学生解决问题、合作、创造的能力，要把学生的学习与真实世界联系起来。强调高中学校要注重学生深入地理解和掌握所学内容，支持学生个体的教育需求和兴趣，为有需要的高中学生提供学术的、全方位的支持服务，在对学生充满高期待的文化氛围中实行以学生为中心的教学。

当前美国高中教育改革的三大特点，即：

第一，注重高中教育与大学教育的联系，促进学生不管在学术上还是心理上为大学做好准备，为他们在大学获得成功打下基础。例如，面向高中学生实施双注册项目、双学分课程和大学先修课程等项目。

第二，注重学生的整个职业生涯规划与发展，大力发展生涯技术教育，促使学生获得职业生涯通用的技能，为更好的生活奠定基础。

第三，注重高中生个性的培养、特色的发展，高中学校的多样化、特色化为每一个学生提供了适合自己的高质量教育机会。

一、美国高中改革计划

美国奥巴马政府根据时代发展对人才的要求,大力进行教育改革,尤其是高中教育,抛弃传统的高中教育定位,充分挖掘高中学段独有的特色功能,将高中与大学、社会联系起来,充分促进学生的多样化发展。

2014年1月29日上午,美国总统奥巴马在美国首都华盛顿的国会发表当年的国情咨文演讲,其明确提出:"机会属于我们自己。而我们这一代人的目标就是恢复这一承诺。"

奥巴马强调的教育改革要以让所有学生享受世界一流的教育为目标,他在演讲中继续提到了一些教育改革措施,如大力发展学前教育,让4岁小孩接受高质量的学前教育;未来四年里实现99%的学生能够接触宽带网络服务;改革学生贷款,让更多的学生进入大学;重新规划高中教育,让高中与大学、社会真正地连接起来,给学生提供社会所需的教育和实习培训,使他们能够直接适应工作;重组高等教育体系,给家长们更多的讯息,激励大学提供更有价值的教育,不会让任何一个高中学生因为高昂的学费不能读大学。

1. 改革背景与内容

任何的改革并不是漫无目的的改革,而是对时代发展的反映。在当前高等教育大众化、普及化的过程中,高中阶段教育传统上的"分流"与"选拔"作用正在发生变化。奥巴马政府提出的重新设计高中计划,是基于国际和国内两大背景因素。其改革内容也是将教育放在整个国家经济、社会发展的系统中考虑,充分发挥教育培养人才的作用。

(1)国内背景

2012年美国盖洛普学生调查中显示,美国学生对学校的归属感以及喜欢的程度分别是:小学76%,初中61%,高中44%。显然,美国高中学生对学校有归属感的还不到一半,这给美国的学校改革敲响了警钟。

2014年4月,美国国家教育统计中心发布了《2010—11及2011—12学年公立高中四年准时毕业率及退学率》报告,报告采用了两种不同的公立高中毕业率:四年后毕业率(ACGR)和平均新生毕业率(Averaged freshman graduation rate

(AFGR))。报告指出,在 2011 至 2012 学年,美国公立高中四年调整后的毕业率为 80%,2011 至 2012 学年美国公立高中平均新生毕业率为 81%,同时,在 2011 至 2012 学年,美国公立高中的辍学率为 7%。[①] 而 2012 年,有 66% 的高中学生进入大学,其中,四年制大学占 37%,二年制大学占 29%。[②] 由此可见,美国高中的毕业率并不很高,进入大学的人数并不很多。这为奥巴马政府提出到 2020 年美国成为世界上大学生人数最多的国家的教育改革目标奠定了基础。

进入 21 世纪之后,随着知识经济的兴起和信息技术的不断发展,美国社会普遍认识到,适应时代发展的教育与学校改革势在必行。高科技不断地改变着我们的生活,也促使现在一代的年轻人经历着与上一代人完全不同的生活,拥有不一样的成长体验。为了年轻一代的成功,教育要跟随时代前进的脚步,为生活在信息化环境中的他们提供新的教育体验。

随着社会的快速发展以及职业岗位对学历知识及能力的要求越来越高,公众对教育的期望也越来越高,都期望孩子能够进入大学。当前,美国学生在高中学到的东西普遍缺乏与将来职业生涯的联系,缺乏升入大学和从事职业的准备性,尤其是在与现代经济产业紧密相关的领域中,如科学、技术、工程、数学等,高中教育的价值与作用不能体现。

因此,必须重新设计高中来满足社会经济发展对人或者劳动者的需要,也就是为学生升入大学或者直接就业做好准备。

(2) 国际背景

近年来,经济合作与发展组织(OECD)的国际学生学业测试项目(PISA)受到了全世界的关注,其中也包括美国。PISA 结果显示,美国 15 岁学生的成绩排名中游,这在美国也引起了较大反响。国内普遍认为,美国的国际竞争者为他们的初中与高中学生提供了更为严谨的、目的明确的教育,许多国家的教育为高中学生提供了大学教育及充满竞争的劳动力市场所需要的知识和技能。因此,美国政府不惜花费大量人力、物力、财力进行高中教育改革,从世界、时代发展趋势的新角度,重新定义改革高中。

---

① Marie C. Stetser. Robert Stillwell. National Center for Education Statistics U. S. Department of Education. Public High School Four-Year On-Time Graduation Rates and Event Dropout Rates: School Years 2010 - 11 and 2011 - 12. http://nces. ed. gov/pubs2014/2014391. pdf.

② http://nces. ed. gov/fastfacts/display. asp? id=51

全球经济的激烈竞争促使美国重新思考高中的教与学,高中教育不是大学的预科,而是为学生提供大学、职业、生活的准备性知识与能力的教育阶段。高中阶段要培养学生解决问题、合作、创造的能力,要把学生的学习与真实世界联系起来。因此,高中教育的改革要着眼于世界,立足于学生的发展,培养出适应全球化竞争的人才。

（3）改革内容

在国内、国际的双重背景下,奥巴马政府提出了重新设计高中计划,并且以充足的经费予以保障。在 2014 年的教育经费预算中,计划 673 亿美元用于教育改革,而在 2015 年的教育经费预算中,这一数字达到 686 亿美元。奥巴马政府提出的重新设计高中项目在 2014 年的教育经费预算中首次出现,并得到 3 亿美元的经费支持,并有相应的行动项目进行配套改革,而在 2015 年的教育经费财政预算中,重新设计高中项目的预算经费是 1.5 亿美元,但其改革的方向、内容并没有变化,其改革要点为:

第一,重新设计学术内容与教学实践。

联系高等教育与职业生涯的需求,重新设计高中教育中的学术内容与教学实践,注重学生深入地理解和掌握所学内容,在对学生充满高期待的文化氛围中实行以学生为中心的教学。

第二,提供个性化的学习机会。

创造高中学生个性化的学习机会,支持学生个体的教育需求和兴趣,优化他们的学习步伐,并让学生自我定义学习的内容和方式,鼓励其掌握具有挑战性的学术内容和追求自己的兴趣。

第三,提供学术的、非学术的全方位支持服务。

为有需要的高中学生提供学术的、非学术的全方位支持服务,如辅导学科知识、指导未来选择以及全方面支持,让所有的高中学习者,包括低收入家庭的学生、英语学习者和残疾学生,都能顺利毕业,并完美地过渡到高等教育的学习阶段与成年阶段。

第四,提供高质量的职业生涯与高等教育的探索与咨询服务。

在升学和就业方面,高中学校应为学生提供高质量的与未来职业生涯和大学教育相关的咨询和辅导服务,包括介绍高等教育与职业培训的要求,在大学取得成功所需的技能,以及低收入家庭的学生在中学后教育与职业培训中如何申请资

助等。

第五,提供获得高等教育学分的机会。

通过在高中学校开设大学水平的课程,使高中学生拥有获得高等教育学分的机会,例如双注册、大学先修课程(AP)或其他在高等教育中学习的机会,同时也有助于高中生将来顺利完成大学学业。

第六,提供与职业生涯有关的经验和能力。

高中学校要为学生提供与职业生涯有关的经验或能力,如组织学生实习或见习,推行基于问题的或者项目的学习方式,组织学生与雇主或服务机构交流讨论如何应对现实职场的挑战,以及提供以工作为基础的学习机会等。

第七,多样化地有策略地利用学习时间。

为高中学生提供多样化地有策略地利用学习时间的方法,其中包括技术的有效应用,重新设计学校校历以及根据学生的能力促进他们的进步。

第八,为教师提供基于证据的专业发展机会。

必须为高中教师提供基于证据的专业发展服务,提高高中教育工作者的技能,促进教师之间的合作,扩大支持与服务于学生的综合系统。

奥巴马政府在2014年的教育财政预算中加入"重新设计高中",体现出美国大力开展高中教育改革的决心和行动,全方位地从学生的学习内容、学习策略、发展方向以及教师的发展等各个方面进行改革。改革努力体现为每一位学生提供高质量的教育机会,让每一个学生找到适合自己未来发展的道路,为学生的终生发展奠定基础的高中教育理念。这些改革显示出美国高中教育改革的系统工程性,它有完整的改革配套机制,改革学校教育中的各个要素,力求形成合力,真正发挥教育在培养人才中的作用。

2. 改革的行动项目

根据当前国际的教育改革趋势,奥巴马政府提出教育改革的总目标是,2020年美国拥有世界上最高比例的大学毕业生。为了确保这个目标的实现,提出了"重新设计高中"项目,以及针对高中教育改革的配套行动项目。

(1)"力争上游——公平与机会"项目

2014年教育改革财政预算中,"力争上游"项目拥有10亿美元的财政支持,其主要是围绕学生能够支付起大学费用以及完成大学而展开,这部分资金的主要目的是促使州努力推进高等教育改革,不断地改善大学的费用制度、招生、毕业以及质量

等,让学生取得更高的成就,并且以拥有高质量的证书毕业。同时,也有一部分资金用于奖励给多达十个州,这些州通常在促使学生能在大学与大学院系之间顺利转换、持续财政支持高等教育、促进学生学习方法的创新这些方面有出色的表现。

2015 年的教育改革财政预算中,"力争上游"项目的资金支持为 3 亿美元,不过主要围绕着公平与机会展开。首先这部分资金用于地方或者州整合学校层面资金、教师校长的工作有效性、学生作业以及学业成绩等方面的数据系统建设。其次,用于发展、吸引、保持最需要学校中的最有效率的教师和领导者,主要是通过一些策略,例如:有目的的、个性化的专业发展,职业阶梯机会,财政激励,加强学校文化建设,教育培训项目等。最后,这个项目注重教育公平与机会,针对高中教育阶段,集中在关注贫困学生的大学与生涯的选择,为每一个高中生提供适合自己的大学、职业生涯咨询服务,为每一个有能力的高中生提供大学先修课程(AP 课程)和国际文凭课程(IB 课程),发展与大学、职业生涯准备标准相关的课程内容或者作业,在高中开展大学先修项目。

(2)"大学通道和加速学习"项目

在这个项目上,2014 年美国联邦政府投入 7 900 万预算,2015 年则上升到 1.02 亿美元。这个项目旨在通过为高中学生提供大学水平的或者加速学习的课程与指导,以提高高中学生的毕业率和大学入学率,其中包括资优生与薄弱学校。此项目的措施包括扩大大学先修课程和国际文凭课程的覆盖面,让学生在高中通过"双注册"而选修大学水平的课程并获得大学学分,让学生同时获得高中毕业证和副学士学位或者两年的大学学分等。这个项目也资助需要提供加速学习机会的学生,如需要提高学习成就标准的资优生,或者促使辍学生重新返回学校学习。

(3)"投资创新"项目

这一项目致力于通过发展、验证、扩展有效的教育实践来提高学生的教育成绩,2015 年这个项目考虑的内容包括:学生在科学、技术、工程与数学(STEM)科目上的成就,支持郊区高质量的教育,促进残疾或者是英语学习者的学生成绩,提高父母、家庭的有意义参与。另外这一项目资金也将支持教育高级研究项目局的建立与发展(Advanced Research Projects Agency-Education),它是类似国防部、能源部的一个全新的实体模型,主要集中在追求教育技术和工具的突破性发展上。

(4)"学生的大学与职业生涯准备"项目

这一项目集中在建立统一的针对学生的大学与职业生涯准备(college-and

career-readiness)标准,实行与这一标准相一致的高质量的评价,进而测量出学生在为大学或者职业生涯做准备的过程中的成长。这一新的标准和评价将会给学生家庭和社区他们需要的信息,来判定他们的学生是否在准备大学或者职业生涯的路上或者评价他们学校的有效性。

这一学生的大学与职业生涯准备标准将取代现行的学年成绩进步的测量(adequate yearly progress),学年成绩进步测量主要是基于一个学生熟练程度的单一的、静态的学术评价,而大学与职业生涯准备标准是更广泛的学校成就测量,它包括:学生成绩、学生成长以及学校进步。成绩指标将会和保证到 2020 年所有从高中已毕业或者将要毕业的学生准备好大学或者自己的职业生涯这一目标联系起来。

(5)"学校转型资金"项目

学校转型项目的资金主要用于改善成绩较差的学校,而这一项目也在整个州的问责体系中发挥重要作用。在 2014 年的教育改革财政预算中明确提出学校转变模式有四种:转向模式(Turnaround model)、重启模式(Restart model)、关闭模式(School Closure)、转型模式(Transformation model)。而在 2015 年,更加强调州、地方教育机构对改造弱势学校的灵活性,他们可以采取自己的改善策略和干预模式,并不一定遵循上述四种模式。

州将这一项目的资金拨给地方的教育机构以及他的合作者,实施有效的转变模型,转变薄弱学校。如果学校转变显示出进步,地方的教育机构将接受三年总共600 万美元资金,以支持每一个薄弱学校,并且有资格获得额外两年的资金支持学校改善。

州也可以预留一部分资金来提高他们改善成绩差的学校的能力。例如,在定义学校需要、支持学校改善、评审保证外部合作者的有效性方面,发展专业的学校质量评审团队来帮助学校。教育部也有权利预留一部分资金,用于提高州、地区、非营利组织转变绩效低下的地方教育机构和学校的国家性活动。

(6)"科学、技术、工程、数学创新"项目(STEM 创新)

美国教育部一直引领各州政府大力进行整个 12 年级的 STEM 教学,于是总统提出了在未来 10 年内产生 10 万名合格有效的 STEM 教师的目标。"STEM 创新"项目是美国政府 STEM 重组的重要部分,以新的框架更有效地实施 STEM 教育。这一项目包括四个部分:STEM 创新网络,STEM 教师路径,国家 STEM 高级教师团队,STEM 有效的教与学。

STEM 创新网络项目面向地方教育机构及其合作者。例如,高等教育院校、非营利组织、其他公共机构以及企业等,提供竞争性资金,来促使他们通过采取实践措施来帮助学生有效地准备好 STEM 领域的高等教育和职业生涯,从而转变 STEM 的教与学。项目发展、验证一系列平台学校,实现更广泛地参与学校的区域网络的有效性。这个项目也包含一系列活动:提高学生在 STEM 科目的参与性以及成绩,支持教师激发学生在 STEM 方面的兴趣,创造一个整合的、策略性支持 STEM 的系统,这个系统增加了学生和教师互动、学习以及学生被 STEM 专家鼓舞的机会,这个网络的最主要目标是利用区域的 STEM 资源,例如,研究设施、地方非营利的区域产业、来自 STEM 专业组织的人力资源以及联邦的 STEM 资源,来推进 STEM 科目的有效教与学。

STEM 教师路径(STEM Teacher Pathways)项目主要是提供竞争性的资金来创造或者扩展通向 STEM 教师资格证的高质量之路,以及其他的为极度需要 STEM 教师的学校招募、配置、支持在 STEM 领域有潜力的大学毕业生和中职专业人才作为教师的创新方法。

预算中也提出将用 2 000 万美元来支持国家 STEM 高级教师团队,这部分资金主要用来识别、确认、奖励国家最有潜力的 STEM 教师。而 STEM 有效的教与学项目,建立在当前数学和科学结合项目上,致力于在有需求的学校提供高质量的、以证据为基础的 STEM 教学。

(7)"保证邻里关系"项目

这一项目旨在利用一切社会资源,促进低收入家庭学生的发展,通过对地方一些社会机构、组织的支持,加强他们之间的合作,制定综合的、以邻里关系为基础的计划,为贫困社区的孩子提供教育、健康、社会服务。这一项目的核心理念是既提供有效的、以成绩为导向的学校,还要有支持学生的庞大体系,以及给在贫困中的学生提供战胜贫困和走向美好生活的希望。

总之,在奥巴马政府教育改革规划中,一些高中教育改革项目是将高中教育作为了整个基础教育改革的一部分,这是其幼儿园到 12 年级(K—12)的教育体系决定的。但单独将高中教育作为一个改革点,提出了"重新设计高中"项目,是非常值得引起关注的,这充分显示出美国重视与加强高中改革的趋向;同时,美国在其他的教育改革项目中也还有很多涉及高中教育改革的内容。

上述行动项目内容显示出当前美国高中教育改革的三大特点,即:

第一，注重高中教育与大学教育的联系，促进学生不管在学术上还是心理上为大学做好准备，为他们在大学获得成功打下基础。

第二，注重学生的整个职业生涯规划与发展，大力发展生涯技术教育，促使学生获得职业生涯通用的技能，为更好的生活奠定基础。

第三，注重高中生个性的培养、特色的发展，高中学校的多样化、特色化为每一个学生提供了适合自己的高质量教育机会。

二、高中向大学过渡的项目

高中教育阶段连接着高等教育，毫无疑问其承担着为高等教育输送人才的责任，因此，如何促使高中学生为大学做好准备，不仅仅是进入大学，还应该在学术上、精神上、技能上适应大学，从而获得成功。美国高中教育改革中加强与高等教育的联系，实施了促进学生向大学过渡的政策项目。

1. 双注册

双注册（Dual Enrollment）是指高中学生不仅在高中学校中注册和学习高中课程，同时，也注册选修大学的有关课程。在美国，高中学生的双注册并不是最近几年才出现的，以前美国的高中生就可以选修地方大学（通常是社区大学）的课程，并获得大学学分。

过去，参与这种大学课程学习的学生通常都是学习成绩好的，是为了寻找额外课程学习的机会，为升入大学做准备。但是，现在参与双注册的学生范围大大扩大了，它不但包括传统的学习成绩优秀的学生，也包括了那些家庭收入低、被忽视的弱势学生以及中学学习成绩欠佳的学生，注册学习大学课程，可能并不是为了直接升学做准备，而是更多体现为满足高中学生丰富的学习需求，体现高中与高等教育机构之间合作与联系的一种方式。

双注册项目的实施在美国各州之间有不同的模式，但都有相同的构成要素。同时，不同的学校对双注册的名称也有不同的叫法，常见的其他术语有双学分（dual credit）、同时注册（concurrent enrollment）、共同注册（joint enrollment）等。但无论怎样，它们的最终目的都是为了加强中等和高等教育的联系。

在美国，学生可以参与各种不同的项目来获得大学学分。例如，大学先修课程（AP）、国际文凭课程（IB）和技术准备（Tech Prep）。但如果学生最终同时获得高中

和大学学分,我们通常称之为双学分。在 AP 和 IB 课程中,学生只是学习内容相当于大学水平的高中课程,并且要参加严格的课程结束考试,总的来说它不是大学课程,这是双注册课程和双学分课程、AP 课程、IB 课程最大的不同。并不是所有学校都会给予学生 AP 和 IB 课程相应的大学学分。但在双注册中,学生一旦注册一门大学课程,不管学生作业的最终完成形式如何,都会被视为完成了课程,并能获得与其他高校学生一样的成绩评定。

(1) 基本要素

哥伦比亚大学社区大学研究中心的学者详细介绍了实施双注册项目需要考虑的要素。在实践过程中,每一个要素实践方式的不同就会形成不同的双注册模式,对学生情感、态度上的影响程度也是不一样的。例如,与在高中校园开设双注册课程相比,在大学校园开设双注册课程将会给学生带来更好的大学体验,增进学生对大学的理解。[①]

第一,合作关系。

高中和高等教育机构的紧密合作是双注册成功和持久的关键,因为高等教育机构在课程、师资、学分认定、管理等方面都发挥着举足轻重的作用。但是鉴于一个地区高等教育的数量,通常都是一个大学与多个高中建立合作关系。例如,旧金山城市学院向超过 10 所的高中提供双注册课程,这种情况是基于大学的双注册。但是,在北奥兰治县,是地区职业项目(Regional Occupational Program,简称 ROP)[②]引领基于高中的双注册项目,给阿纳海姆联合高中学区提供职业生涯技术教育。[③]

建立合作关系只是第一步,还应该考虑不同的合作模式。建立在大学行政架构内的合作,将会保证双注册的可持续性和广泛的机构支持,但是与大学院系二级或三级部门建立合作时,如果出现财政危机或其他问题,双注册可能让位于其他大学事务。一旦合作关系形成,管理和沟通很重要,当涉及双注册的导向、支持性服

---

① Edwards L, Hughes K, Columbia University C. Dual Enrollment for High School Students. [DB/OL]. January 1, 2011; Available from: ERIC, Ipswich, MA. Accessed November 27,2013.

② Regional Occupational Program 简称 ROP,免费为 16 岁以上的青年提供职业准备课程和服务,有 100 所种职业领域的课程,由有职业经验丰富的教师任教,一些行业的领导者审核课程是否满足当地市场需要。

③ Edwards L, Hughes K, Weisberg A, James Irvine F. Different Approaches to Dual Enrollment: Understanding Program Features and Their Implications [DB/OL]. October 1, 2011; Available from: ERIC, Ipswich, MA. Accessed November 27,2013.

务、招生、导师鉴定和双注册课程选择时,合作伙伴的明确分工是非常重要的。也需要一些专门的工作人员花时间来监督项目的实施。通常,一份理解备忘录能够成为确保每个合作伙伴都参与的有效方式。

第二,政策规则。

美国大多数州都出台了一些政策来管理双注册。以加州为例,加州的政策主要关注的是资金花费和参与的资格条件,而且并没有固定的解决方案格式。关于资金,加州考虑了两个方面:学杂费的支付和生均经费或 FTES(相当于全日制学生)资金。加州的政策允许高等教育机构收取或免收费用,只有当课程像其他的大学课程那样向所有学生开放时,才能接受 FTES 资金。在申请资格条件方面,愿意参加的高中生必须得到父母和高中校长的批准,也要符合高等教育机构设定的申请资格条件。高等教育机构要保证在高中生注册选修的大学课程中,不能因为高中生的进入而造成常规大学生的减少。①

除了州的政策外,也有一些地方性法规。学校、区、县也可以有自己的规定,如在洛杉矶联合学区,规定双注册课程只能在常规学校日放学之后提供。高等教育机构也可以对学生的参与附加资格条件,如平均绩点(GPA)门槛,或要求学生参加分班考试。在高中和高等教育机构合作的过程中要考虑这些政策和规定,制定出符合自己地区真实情况的双注册实施方案。

第三,双注册课程的选择。

双注册课程的选择至关重要。高中应该和高等教育机构合作来选择课程,因为二者各有不可替代的优势。高中是最了解高中生的,而大学具备大学课程、知识方面的优势,所以二者的合作,才能选择高中生感兴趣、难度适宜但又有挑战性的双注册课程。同时还应考虑高中的标准性测验,选择课程时,要考虑低技能的学生,为他们提供额外的帮助。合适的双注册课程将直接影响学生对大学的体验,并为以后学生在大学的成功奠定基础。

第四,课程的开设。

双注册的课程开设在大学校园还是高中校园? 是在常规学校日之前、期间还

① Edwards L, Hughes K, Weisberg A, James Irvine F. Different Approaches to Dual Enrollment: Understanding Program Features and Their Implications [DB/OL]. October 1, 2011; Available from: ERIC, Ipswich, MA. Accessed November 27, 2013.

是之后？是高中老师讲授还是大学老师讲授还是共同讲授？参与的学生是大学和高中生混合还是只有高中生？这些不同的选择就会组成不同的模式。至今也没有研究表明哪一种模式更有效。所以，往往是根据实际情况安排。如果将课程安排在大学校园，就必须保证高中生去大学的交通是便捷的、不需要耗费很长时间的。如果在学校日之后安排课程，必将和学生的课后活动冲突。如果只由高中教师授课，学生很难感受到大学的教师、大学的课堂。

第五，支持性活动。

双注册的实施过程中必然会出现各种各样的问题和困难，必须提供一些学术的、非学术的支持性活动。在美国，如果学生成年，他们的记录就受隐私法规保护。因此，双注册的工作人员或辅导人员很难了解到学生的学习成绩及学习进度。所以，有些学校让双注册学生签署一份书面同意书，同意高校辅导人员可以查看他们的记录、成绩，这样有助于做到及时和教师沟通，帮助学生解决在大学里出现的困难。

在资源支持方面是可以多变的，高中可以聘任专门的辅导人员支持学生的学习，为学生提供辅导和咨询，或者学校建立一些学术与就业支持中心等机构专门为学生提供支持服务。大学可以给双注册学生发放校园卡，以便于学生能够充分利用大学的图书馆、研究室、写作与数学中心、大学与生涯咨询等机构。此外，高中也可以组织学生参观大学或者与职业相关的场所。

第六，资金支出。

没有充分的资金支持，双注册是无法实施的。因为高中和大学的紧密合作要耗费大量的人力、物力资源。同时，为了促使低收入家庭学生也能够参与双注册，承担双注册的中等后教育机构通常采取免收学杂费的措施吸引这些学生注册学习大学课程，这样一来，他们就更需要资金支持。因此，国家、州、学区、高等教育机构以及高中必须形成一个长效的资金支出比例机制，这不仅大大提高了高中、大学以及学生参与的积极性，而且促使双注册项目持久地实施下去。

(2) 实施现状

2011年秋季，美国国家教育统计中心调查了全美高等教育机构2010—11学年双注册的实施情况。其按照院校的性质水平(公立2年院校、私立营利2年院校、私立非营利2年院校、公立4年院校、私立营利4年院校、私立非营利4年院校)和规模(少于3 000学生的院校、大于3 000小于9 999学生的院校、大于等于10 000学生的院校)等几个变量，分别调查了不同水平院校的双注册课程开设地点、教师、参

与学生、学分等方面的情况,最后将不同水平院校的数据整合。调查结果呈现在
"Dual Enrollment Programs and Courses for High School Students at Postsecondary
Institutions:2010 - 11"这一报告中。[1]

鉴于各个院校对双注册的叫法以及实施的双注册项目不同,所以该调查报告
提供了两个双注册项目的概念:双注册项目内和双注册项目外。双注册项目内是
指在一个有组织、有计划、有指导方针的体系内,高中生选修大学课程。这个指导
方针可能与参与者的资格条件、资金、课程选修的限制等有关,这包括早期和中期
的大学先修高中和其他类型的双注册项目。双注册项目外是指:高中生直接参与
高等院校的双学分课程学习,待遇等同于常规大学生。

调查的主要结果是:

——在双注册项目内外选修大学课程的高中生占53%。在双注册项目内选修
大学课程的高中生占46%。在双注册项目外选修大学课程的高中生占28%。在
2010—2011学年,在双注册项目内约有1 277 100名高中学生选修大学课程,在双
注册计划外约有136 400名高中学生选修大学课程。

——在授课地点方面,双注册课程的授课地点是多样化的,在大学校园授课占
83%,在高中校园授课占64%,远程教育授课占48%,其他地方占9%。

——在教师组成方面,由高中老师和大学老师共同授课的占45%,只有高中教
师授课的占34%,只有大学教师授课的占21%。87%的院校表示,教授双注册课程
的高中教师的最低资格要求与大学老师是一样的。

——在每学期课程开设数量方面,每学期开设一门课程的占44%,每学期开设
两门课程的占18%,每学期开设三门或更多课程的占3%。

——在授予学分方面,95%的高等教育机构在学生完成双注册课程后立即授
予大学学分,而4%的要根据学生高中毕业后进入的院校才授予大学学分。

——在选修课程的年级资格限制方面,91%的院校称高中学生在11年级有资
格选修双注册课程,在12年级有资格的占97%,在10年级有资格的占40%,在9
年级就有资格的占25%。

---

[1] Marken S, Gray L, Lewis L, National Center for Education Statistics (ED); Westat, Inc. Dual
Enrollment Programs and Courses for High School Students at Postsecondary Institutions:2010 - 2011.
First Look. NCES 2013 - 002[DB/OL]. February 1, 2013; Available from: ERIC, Ipswich, MA.
Accessed November 27,2013.

——在其他资格条件方面,60%的院校将学生的平均绩点(GPA)作为选修双注册课程的必备条件。其他的资格条件还包括:通过一个大学分班考试(45%),一个标准化测试成绩(43%),或一封推荐信(41%)。并且46%的院校规定的高中生参加双注册的资格条件与大学招生标准是一样的。85%的院校称双注册课程与大学课程是一样的。

——在费用方面,56%的院校为所有双注册项目内的高中生减少学费。而14%的院校只为一些双注册项目内的高中生减少学费。在双注册项目费用的来源方面,经统计,各方面来源比例高低依次是高等教育机构(77%),其次是家长和学生(66%),高中和公立学区(44%),州(38%),以及其他来源(10%)。

——在学位、证书方面,15%的院校称授予证书,17%的院校称授予高中生副学士学位。

——院校提供的额外支持性服务的情况为:学业咨询(74%),家教服务(68%),学习技巧指导(65%),大学申请和选择咨询(60%),财政援助咨询(49%),及其他支持服务(41%)。

(3) 实施效果

双注册项目的实施在一定程度上促进了高中教育以及高中学生的发展,但也产生了一些问题。为了促使其更好的发展,美国各个州也对双注册的实施效果进行了调查。鉴于美国各州实际情况的不同,其对双注册实施效果的调查研究的侧重点及结论也会有所不同。下面对加州和得克萨斯州的调查研究结果进行简单的介绍。

——双注册课程的完成率:在加州,学习一年双注册课程和学习两年双注册课程的学生相比,累积的学分平均增长了一倍,从2.43到4.51。无论双注册课程在哪里上课,双注册课程的完成率都很高,但是在大学校园完成课程的比例高于高中校园。双注册课程不论是高中教师教授还是大学老师教授或者二者合作教学,对课程的完成率都没有明确的影响。[①]

——高中生的平均绩点:加州的研究发现,参与双注册课程可能对学生的平均

---

① Hughes K, Rodriguez O, Edwards L, Belfield C, James Irvine F. Broadening the Benefits of Dual Enrollment: Reaching Underachieving and Underrepresented Students with Career-Focused Programs [DB/OL]. July 1, 2012; Available from: ERIC, Ipswich, MA. Accessed November 27, 2013.

绩点没有影响。[①] 但是,另外一项研究则发现,双注册课程的参与提高了学生第一年的平均绩点,减少了补习的可能性,缩小了社会经济地位低的学生和社会经济地位高的学生之间的平均绩点差距。[②] 产生这种差异的原因,也许是因为两个双注册课程内容的不同而造成的。

——高中毕业率:与影响学生学习成绩平均绩点的情况相似,参与双注册课程的学习可能会激发学生想上大学的欲望和信心,从而促使他们完成高中学业。但是,影响学生是否完成高中学业的因素有很多,至今并没有确切的数据显示双注册课程的完成能够有助于提高高中学生的毕业率。[③]

——大学成就:为了研究双注册和学生大学成就之间的关系,得克萨斯州调查了 2004 年毕业高中生之后六年的学业成就。[④] 在研究设计中,在 132 772 学生中,抽取 16 454 名学生组成实验组和 16 454 名学生组成控制组。实验组是在高中毕业之前通过双注册项目至少完成一门大学课程,而控制组则没有,两组学生在人口特征、学业上很相似。

结果发现,在学位获得方面,实验组有 7 774 名学生(47.2%)获得学士学位,而控制组则有 4 970 名学生(30.2%)获得学士学位。实验组有 1 457 名学生获得副学士学位(8.9%),而控制组则有 1 112 名学生获得副学士学位(6.8%)。在证书获得方面,实验组有 8 926 名学生(54.2%)获得各种类型的证书,而控制组则有 6 079 名学生(36.9%)获得各种类型的证书。

在大学入学方面,实验组进入各种类型大学的可能性是控制组 2.21 到 2.3 倍。在大学学习保留率方面,实验组在两年或四年大学中从第一年坚持到第二年的可能性是控制组 1.79 到 2.07 倍。在大学学习的完成率方面,实验组在两年或四年大

① Hughes K, Rodriguez O, Edwards L, Belfield C, James Irvine F. Broadening the Benefits of Dual Enrollment: Reaching Underachieving and Underrepresented Students with Career-Focused Programs [DB/OL]. July 1,2012; Available from: ERIC, Ipswich, MA. Accessed November 27,2013.

② An, Brian P. The Influence of Dual Enrollment on Academic Performance and College Readiness: Differences by Socioeconomic Status [J]. Research In Higher Education. 2013,6(1).

③ Hughes K, Rodriguez O, Edwards L, Belfield C, James Irvine F. Broadening the Benefits of Dual Enrollment: Reaching Underachieving and Underrepresented Students with Career-Focused Programs [DB/OL]. July 1, 2012; Available from: ERIC, Ipswich, MA. Accessed November 27,2013.

④ Struhl B, Vargas J, Jobs for the F. Taking College Courses in High School: A Strategy Guide for College Readiness—The College Outcomes of Dual Enrollment in Texas [DB/OL]. October 1, 2012; Available from: ERIC, Ipswich, MA. Accessed November 27,2013.

学中获得大学文凭的可能性是控制组 1.66 到 1.77 倍。

——双注册课程不同科目和大学成就：得克萨斯州的研究者也探究了不同的双注册课程科目对学生大学成就的影响。[①] 研究的结果是：通过双注册完成英语语言文学大学课程的学生进入大学的可能性，是没有完成双注册学生的 2.75 倍；通过双注册完成了大学职业类课程的学生进入、完成大学的可能性，分别是没有完成双注册学生的 1.53 倍、1.37 倍；通过双注册完成了大学语言类课程的学生进入大学的可能性是没有完成双注册学生的 1.51 倍；通过双注册完成了大学体育课程的学生进入大学的可能性是没有完成双注册学生的 1.40 倍。不过，通过双注册完成了大学数学课程的学生，在进入大学、坚持大学学习、完成大学学业的可能性方面，没有显著的统计学差异。

（4）行动策略

双注册项目实施推动了整个教育系统中中等教育和高等教育间的衔接，满足了高中生多样化的学习需求，促使学生为大学做好准备，节省了家庭收入低的学生的大学成本。但由于双注册项目的实施需要多方面密切的合作，甚至是跨越时空的合作，因此其实施的过程中也面临了许多挑战，出现了很多问题。例如，学分转化、经费缺乏、学生对大学课程的不适应等，很多学者对此也提出了一些改进与建议。

第一，鼓励弱势学生参与双注册项目。学生在高中完成大学课程对提高两年或四年制大学的入学率、坚持率、完成率是有益的，学生也能从中获益，节省了大学的时间和成本。因此，双注册不仅要促进资优生在大学获得更高的成就，还应该帮助弱势学生或低技能学生实现向大学的过渡。通过一些措施，例如，免收学杂费，提高他们参与的积极性，从而使他们感受到大学课堂的氛围，激发他们上大学的欲望；在大学提供一些支持性活动，促使他们完成高中学业并实现向大学的过渡。

第二，保证双注册课程提供的大学体验的真实性和充足的支持性活动。在高中校园开设双注册课程并且由高中教师教授，这很难让学生感受到大学的学习氛围、课程内容、学习策略等，因为处在熟悉环境中的高中学生很难把自己当作大学

---

① Struhl B, Vargas J, Jobs for the F. Taking College Courses in High School: A Strategy Guide for College Readiness—The College Outcomes of Dual Enrollment in Texas [DB/OL]. October 1,2012; Available from: ERIC, Ipswich, MA. Accessed November 27,2013.

生,而高中教师也经常采用高中的教学方法。因此,必须保证在双注册课程中,学生能够有真实的大学体验,这样才能激发学生对大学的期望,了解大学期待的规范和行为。对双注册学生不仅要有学术支持还要有广泛的服务,从学生的多样化发展出发,为学生选择合适多样的课程,例如,在双注册课程倡议中提供三类课程:学术,生涯技术教育(CTE),和学生成功课程。同时,给学生提供如何利用资源、困难咨询等服务才能保证学生顺利学习大学课程以及完成大学学业。

第三,规范参与学生的资格。加州的政策没有为双注册的参与者设定全州范围内的学术资格标准,但规定参与的学院、大学可以设定参与学生的资格标准。为了鼓励更多的学生参与,州应参照社区学院规定的学生资格标准,制定一个能够照顾到弱势学生参与的统一资格标准,防止根据学生的等级或测试成绩取消学生参与资格的情况发生。

第四,双注册课程学分的获得更加便捷。双注册学生完成大学课程后是否自动获得高中和大学双学分,国家的政策应该有明确的说明。因为学分是激励学生参与双注册的重要因素,所以如果不能直接获得双学分,如何评价双注册学生完成的大学课程也应有具体的说明。此外,应该建立全州学生的学分管理系统,能够方便学生查询和转换学分,减少学生转学时的麻烦,有助于学生不重复选修他们已经修过的课程。这对大学生也是有利的。

第五,促进双注册教师的专业发展。教师的教学方法可以显著地影响学生的参与性。高中教师在双注册课程教学中很难创造出大学课堂中的民主、宽松氛围。而高校老师及其工作人员也需要了解一些高中生的特征和高中的教学策略才能更好地支持和服务高中生。把高中和大学教师的优势结合起来才能带来更好的教学。因此,双注册项目不应该忽视参与教师的专业发展,而应该创造一个完整的双注册教师的专业发展机制,以促使教师克服自身的缺点,发扬其优点。

第六,将双注册课程与学生的职业生涯道路以及高中课程整合。在过去,双注册是为成绩好的学生服务,帮助他们进入更好的大学、完成大学学业。但是如今双注册要为更广泛的学生服务,尤其是一些出身低收入家庭、缺少基本技能、成绩差、在学校中处于劣势的学生。双注册课程和高中课程的整合有利于他们完成高中学业。而且如果双注册课程完全脱离高中课程,全部以大学课程为准,学生就会很难适应双注册课程,因此双注册课程更要注意和高中课程的衔接。一些高中生在高中毕业之后并不是进入大学而是走向工作岗位,因此将双注册课程和学生的职业生涯结合起来,更会激起这部分学生的兴趣、增加学生对自己职业生涯的认识。

第七,确定专门的工作人员应对来自行政、后勤的挑战。高中和大学有很多的不同之处,而且每个学期的时间表都是不同的,因此二者的合作必须有专门的工作人员进行协调、沟通,面对选修大学课程的高中生,他们的管理与服务也是一个挑战。在加州,学生的注册手续通常需要纸质和电子两种形式,学生往往感觉是混乱的、繁琐的。因此,应确保有一个专门的工作人员了解、负责学生的注册、管理、后勤服务等事项。

总之,在教育现代化的今天,教育要为一个人的终身发展打下基础,这就要求每个阶段的教育不能只注重知识的传授,而是更注重学生学习能力、生活技能、未来职业生涯选择的教育。各个教育阶段不仅要充分发挥自己的职能,还要紧密联系成为一个完整的教育体系,为学生的终身发展奠定基础。双注册项目很好地将高中和大学紧密地联系起来,为高中学生提供了体验大学、选修大学课程、利用大学资源的机会,满足学生多样化学习需求的同时更促使学生将来大学学业的成功。虽然双注册项目的实施带来了一定的成效,但其还是存在一些问题。这就要求高中、高等教育机构以及教育行政部门通力合作,促使双注册项目更好地实施。本文对美国双注册项目实施情况的介绍也为我国探索加强高中教育和大学教育间的联系提供了借鉴意义。

2. 双学分课程

为了加强高中与大学的联系,美国不仅在高中学校体制、项目建设方面进行改革,也在课程领域从学术内容方面促进高中教育与高等教育的联系、一体化,并激发学生学习知识、进入大学的欲望。双学分课程可以看作美国高中教育在课程领域促进学生做好大学准备的改革。

(1) 基本含义

双学分不同于前文所述的双注册,虽然两者之间有一定的相似性。如,都是为了促使高中生为大学做好准备,促进学生向大学的过渡,但两者也有许多不同,双注册主要是高中与高等教育机构合作,让学生了解大学,学习大学课程,激发进入大学的欲望,不管是否获得大学学分,这可以说是一个教育项目。而双学分(Dual Credit)课程则是学生通过学习课程,同时获得高中和大学学分。

双学分课程分两类,一种是学术类双学分课程,另一种是生涯技术类双学分课程。美国高中阶段的生涯技术教育以及生涯技术类课程将是后边的主题,因此,这里重点介绍目前美国高中学校开设最多的双学分课程:大学先修课程(Advanced Placement,简称 AP 课程),国际预科证书课程(International Baccalaureate Diploma Programme,简称 IB 课程)。通过对这两种课程的介绍,探析双学分课程蕴含的思想、所起的作用,以及通过课程促进高中教育的改革。

(2) 课程类别

第一,AP 课程。

AP(Advanced Placement)课程,中文一般翻译为美国大学先修课程,由美国大学理事会(College Board)组织和指导,AP 课程及考试始于 1955 年,由美国教育考试中心组织出题和考试,是学科考试而非托福类的语言测试,一开始便成为美国精英教育的课程。学生是否能在中学修 AP 课程、修多少门,实质上成了美国一流大学判断学生是否优秀的标准,当然所学的 AP 课程在进入大学后可转换为学分。AP 在判断学生是否更为优秀方面远超过美国学术能力评估测试(SAT)或美国大学入学考试(ACT)。将 AP 作为录取重要依据的大学包括哈佛、耶鲁、剑桥、牛津在内全球 57 个国家近 5 000 所。

到目前为止,美国、加拿大所有的大学都认可 AP 考试的成绩和该项考试为考生增添的大学学分。美国每年有 200 万高中毕业生,他们都要参加美国高考 SAT 和 AP 课程的考试。

美国的初等教育是免费的,而高等教育是收费的。因此,美国高中生会在十一年级时完成 SAT 的考试,在十二年级,即高中的最后一年,要做两件大事。其一,依据 SAT 的考试成绩,申请大学和奖学金;其二,选修和备考 AP 课程及考试。该项考试的目的在于,利用高中最后一年免费教育的时间,提前完成一些美国大学的学分课程及考试。否则,在大学阶段完成同样的课程和学分,要支付高昂的学费。也就是说,AP 课程及考试可以为高中生起到减免大学学分、降低大学教育成本、缩短大学教育时间的目的。

美国大学理事会曾进行抽样分析,1 150 名向耶鲁大学申请入学的学生共提交了 5 691 门 AP 成绩,平均每人 4.95 门 AP 课程;其他美国顶级名校,平均 AP 课程也都在 4.297—4.738 门/人之间。因此,在美国,AP 课程成为了学生进入一流大学的必修课程。

第二,IB 课程。

IB 课程全称为国际预科证书课程 (International Baccalaureate Diploma

Programme)，由国际文凭组织为高中生设计的一组为期两年的课程，即为高中十一和十二年级学生设置的两年制大学预科课程。

IB课程不以世界上任何一个国家的课程体系为基础而自成一个体系，广泛吸收了当代许多发达国家主流课程体系的优点，涵盖了其主要的核心内容。因此 IB课程体系既具有与世界各国主流教育课程体系之间的兼容性，又有自己教育理念发展下的独特性。

IB课程分配在六个基础学科领域里，学生既要学习科学科目，又要学习人文科目。所有参加 IB 文凭项目的学生，必须在这六个学科组的每组中选一门课程进行学习。每一门课程又分为高级课程（Higher Level）和普通课程（Standard Level）。所选六门课中，三门必须是高级课程。

六组学科分别是：第一组：语言，学生的母语学习。第二组：语言，母语以外的其他现代语。第三组：人文科学，包括历史、地理、经济学、哲学、心理学等。第四组：实验科学，包括物理、化学、生物、环境工程等。第五组：数学，包括高级、中级和初级数学。第六组：艺术与选修，包括美术设计、音乐、戏剧艺术等。

IB课程特色不只在于以互相关联的方式学习这六个学科，所有的学生还必须完成以下三项重要活动：（1）创新、行动和服务（CAS），此项课程鼓励学生通过参与学校文体活动、社会活动和做义工，培养他们的同情心和社会责任感，培养团队合作精神。（2）知识理论（TOK），知识理论是一个跨学科的课程，教导学生在学习时从主观和客观、正面和反面等多方位和多层次的角度去思考和分析问题。去反思自己在学校和社会上获得的知识和经验，以求在学习中尽快找到适用于自己的学习方法。（3）撰写论文（An Extended Essay），IB课程要求学生把自己学习的知识和研究方法结合起来，任选自己有兴趣的课程，在辅导老师的指导下，用九个月的时间从事独立研究。按照大学学术论文的写作要求，撰写 4 000 字的研究论文。通过撰写论文，培养学生的独立思考能力、搜集信息的能力和组织文章的写作能力等。

学生在完成两年 IB 课程学习后，将在 5 月份进行 IB 的最终成绩考试，7 月份得到考试成绩。IB 每门的评分等级为 1—7 分，最高分为 7 分，4 分为及格。加上 TOK\CAS课程和论文（这三科成绩缺一不可）的奖励分数 3 分，满分 45 分。学生通过六门课程考试，分数最低必须达到 24 分。如无不及格的课程，且 TOK，CAS 和论文成绩通过的学生，即可取得 IB 国际文凭（International Baccalaureate Diploma）。

（3）实施情况

美国国家教育统计中心（NCES）针对 2010—2011 学年的高中生选择双学分课程（AP、IB）和考试课程的情况进行了调查。其调查结果[①]如下：

基于所有公立高中的调查结果是：（1）82％的高中学校学生参与了双学分课程，69％参与 AP 或者 IB 课程。（2）59％的高中既参加了双学分课程也参加了 AP 或者 IB 课程。（3）大约有 200 万人参与双学分课程，另有约 350 万人参与 AP 或者 IB 课程。（4）76％的高中声称学生参加双学分课程以学术为目的，49％的学校学生以未来的职业或者掌握技术为目的。（5）在参加课程的学生所在中学开设课程授课点中，有 51％学生以学术的目的参加双学分课程，34％的学生以未来的职业或者掌握技术为目的。（6）约有 140 万学生参加双学分课程以学术为目的，601 500 个学生以职业技术为目的。

基于招收双学分课程学生的公立高中的结果是：（1）63％的高中对学生选修双学分课程的资格要求有硬性规定。（2）57％的学校认为参与双学分课程当中的至少某些课程需要交通补贴，报告显示交通成本的来源为：家长或学生承担 86％，学校或地区承担 31％，州承担 5％。（3）14％的学校称通过学习双学分课程，一些学生会获得高等教育证书，7％学校称一些学生会获得副学士学位。（4）在中学上课的地方接受课程的有 62％的学生以学术为目的，42％以获得职业技能为目的。

基于不同目的开设双学分课程的高中的结果是：（1）在设置以学术为目的的双学分课程的学校中，93％的学校称学生在课程结束后立马获得高等教育的学分。在以工作或者获得职业技能的学校中，85％会在课程结束时获得高等教育学分。（2）在以学术为目的的学校调查发现，47％的学校称学生会全额或者部分付款，46％付学杂费，47％会付书费。在以就业为目的学校，28％付全款或者部分学费，34％付学杂费，31％付书费。（3）在以学术为目的的学校，学校或者地区至少会为一些学生付部分费用，具体是 43％全额或部分，33％学杂费，44％书费。在以就业为目的的学校中，学校或地区会为某些学生承担全额费用的 43％，34％的学杂费，44％的书费。

基于不同授课地点的以学术为目的和以就业为目的的高中调查结果是：（1）在

① Thomas, N., Marken, S., Gray, L., and Lewis, L. (2013). Dual Credit and Exam-Based Courses in U. S. Public High Schools: 2010 - 2011 (NCES 2013 - 001). U. S. Department of Education. Washington, DC: National Center for Education Statistics. Retrieved [date] from http://nces. ed. gov/pubsearch.

中学授课点接受课程的以学术为目的的学生中,61%的学校课程仅仅由高中老师来上;以就业为目的的学生的课程 67%仅仅由高中老师上。(2)在大学的授课点,有 69%的学校反映以学术为目的的学生的课由高中生和大学生一起参加,62%学校反映以就业为主要目的的学生的课由高中生和大学生一起上。

(4)课程特点

纵观上述两类课程的内容及其要求,可归纳出美国包括 AP 课程和 IB 课程在内的双学分课程的主要特点是:

第一,体现追求卓越与公平合一的教育理念。

双学分课程出现之初是为了给那些高中三四年级学有余力、想进入大学的学生提供一种课程选择,并通过同时获得高中和大学的学分,促使学生更好地完成向大学的过渡。可以说,双学分课程最初是面向精英学生,为了促使他们更优秀,是以追求卓越为目的的。

但随着时代的发展,教育公平逐渐成为关注的焦点,因此,美国教育部实施了先修测试费项目(The Advanced Placement Test Fee program)。这个项目是将资金授予合格的州教育机构,促使他们将所有的或者部分项目费用于合格的家庭收入低的学生,而这些学生都是选修 AP 课程并计划参加 AP 考试的学生,项目主要目的是增加低收入学生参加 AP 测试而获得学分的人数。项目资金覆盖的考试包括 AP、IB 或者剑桥国际(CI)测试。[1] 由此可见,双学分课程逐渐面向更多的弱势群体,让每一位想学习双学分课程的学生都能如愿,推动学生挑战高难度的课程,走向大学,体现了追求卓越与公平合一的教育理念。

第二,满足个性化学习的教育理念。

高中阶段是学生人生观、世界观、价值观形成的时期,学生的个性也在这一阶段形成。因此,在高中阶段培养、发展学生的个性非常重要,这将为学生未来一生的发展奠定基础。

双学分课程丰富的课程选择,充分给了学生依照自己的兴趣自主选择的机会,灵活、多样的课程评价方式,不仅注重学生对知识的学习,更注重学生的学习能力、合作能力、写作能力。双学分课程的不同程度也分别照顾到每个学生的学习水平不同,生涯技术类的双学分课程促使学生思考自己的职业生涯,也为学生未来走适

---

[1]　http://www2.ed.gov/programs/apfee/index.html

合自己的路打下基础。

总之,双学分课程从为学生服务、尊重学生个性出发,促使学生在学术上做好进入大学的准备,刺激学生进入大学学习的欲望,同时也促进了学生的个性发展。

(5) 成效与问题

毫无疑问,作为促使学生向大学过渡政策之一的双学分课程,在实施的几十年中,产生了很多积极影响。然而,美国每个地区的实际情况不同,双学分课程的实施情况也不同,有的学校学生是以学习高中课程为主,双学分课程为辅,而有的学校高三、高四完全以学习双学分课程为主。因此,虽然有一定的积极影响,但还是产生了不少问题。

学生学习双学分课程的一大部分原因是同时获得高中和大学学分,这样就节省了上大学的时间与经费。但是在实际中,一些大学不一定承认这个学分,即使承认,也规定了获得学分的标准,所以应有一个统一的学分转换系统,以及州与州之间的学分转换机制,来提高课程学分的有效性。

另外,虽然国家政府在费用上支持了少数民族、农村地区、家庭收入低等弱势学生参与双学分课程,但实际上这部分学生在双学分课程中占的比例还是偏低的。他们可能由于经济、交通、时间、信息渠道等各方面的局限,还是无法参与双学分课程。因此,对双学分课程项目的支持应该是多方面,应该从学生出发,建立完善的促进学生学习双学分课程的机制。课程本身也可以采用现代化传播手段,让学生和家长了解课程,网络课堂的利用也更大地提供了方便。

最后,双学分课程本身作为一种严谨的、高质量的学术课程,是让学生提早在学术能力上做好进入大学的准备。但是,在实际的过程中,学生为了得到学分,而教师家长也是只关注学生的最终测试情况,而忽视了双学分课程是否真正的贴近大学课程的标准。因此,应该把好课程质量关,让双学分课程真正起到在学术上与大学课程接轨的作用,也让学生为大学做好准备。

3. 大学先修高中

为了加强高中教育与高等教育的联系,促使学生为大学做好准备,美国教育部门在高中实施了很多项目来实现这一目的,其中就包括启动大学先修高中项目,在学校实践层面帮助一些低收入家庭、少数民族的学生进入大学。

(1) 发展历史

大学先修高中的历史可以追溯到 20 世纪 70 年代。1972 年,中等大学(Middle

College)的概念被提出来,旨在改变高中辍学率高、进入大学学生数少、与高等教育脱节的情况。而中等大学是一个在大学校园的高中,招收九到十二年级的学生,只有 450 个学生,是一个小规模的将高中教育和高等教育结合起来的学校。

大学先修高中的设计就是基于中等大学 30 年的实践经验,在 2000 年,中等大学的领导者接到福特基金会的资金,尝试试点一个新的设计:大学先修(Early College),它体现了过去中等大学的一些创新特征,又根据学生的实际体验增加了一些新的结构性干预措施,这种新的高中和大学结合的模型叫作"大学先修高中(Early College High School)"。它结合了过去的经验,但强调不同的目标:中等教育和高等教育之间更紧密的联系,一个连贯的(articulated)、快捷的(accelerated)学术轨道。①

2002 年,大学先修高中项目在比尔和梅琳达·盖茨基金会的资助下正式成立,项目目的是充分利用社会各界的资源力量,改善高中生学业成绩和大学准备情况。从此,大学先修高中在各个州发展起来,2008 年,比尔和梅琳达·盖茨基金会联合未来职业组织(Jobs for the Future,简称 JFF)以及项目的相关利益者,重新修订了大学先修高中的五个核心原则:①致力于服务不太可能进入高等教育的学生。②学校是由地方教育机构、高等教育机构、社区共同创建、维持,并且共同为学生的成功负责。③学校和他们的高等教育机构合作者以及社区共同开发整合的学术项目,以便于所有学生能够获得 1 到 2 年的可转换大学学分而顺利大学毕业。④学校要给所有学生提供综合全面的支持体系,这个体系发展学生完成大学所必需的学术、社交技能的行为、条件。⑤学校和他们的高等教育、社区合作伙伴与中介机构共同工作来创造条件和拥护促进大学先修运动的支持政策。②

到 2011 年,在美国 28 个州至少有 230 多所大学先修高中,服务 5 万多名学生。③

(2) 运行机制

大学先修高中项目开始运行之初,就旨在充分利用社会资源为学生服务,因此

① Janet E. Lieberman. The Early College High School Concept: Requisites for Success . www. jff. org.

② Andrea R. Berger, Susan Cole, Helen Duffy and so on. Fifth Annual Early College High School Initiative Evaluation Synthesis Report Six Years and Counting: The ECHSI Matures [R]. August 2009. http://files. eric. ed. gov/fulltext/ED514090. pdf.

③ Dessoff, Alan. Early College High Schools. District Administration [J], v47 n9 p74 - 76,78,80 Oct 2011

大学先修高中的成立是多方面机构、组织共同努力合作的结果。

基金会负责提供资金支持，未来职业组织（Jobs for the Future，简称 JFF）作为美国一个行动研究和政策研究的公益组织，则在大学先修高中项目中扮演重要角色，主要包括负责技术支持、政策指导、监督问责等，还有一些中介机构也在项目中发挥重要作用。这些中介机构都是由未来职业组织授权，负责实施和推广大学先修高中。不过，中介机构成分比较复杂，公益组织、慈善基金会、高等教育机构等什么类型的都有，其还与高等教育机构、社区、地方教育机构合作，共同创建大学先修高中。

在大学先修高中开设的地方，也有一些地方合作者，例如：高等教育机构、社区、学区机构、商业机构等，这些都为大学先修高中提供学术、技术支持。在大学先修高中的实际运行中，很多学校由于资源的局限，也有很大的灵活性。

第一，在学校开设地点方面，主要有四种：大学校园、高中校园、非教育机构办公楼、独立自有建筑。这都要根据地区的经济、教育状况。

第二，这类学校成立的方式大致可归类为四种：新建学校，改制学校，转型学校，以及将它作为学校的一种教育项目。

新建学校是新建一所学校作为大学先修高中；改制学校是在原有高中的基础上对学校进行调整、重组，成为大学先修高中；转型学校是一所大型高中分化出来一部分成为新的大学先修高中；最后一种就是高中将大学先修高中作为一项项目引进自己的高中，促进学生为大学做好准备。

第三，在招生方面，大部分的学校主要面向那些家庭贫困、成绩较差、大学入学准备不充分、少数民族、英语水平有限的学生，少部分面向中等或优异的学生。有些学校规定了一些硬性条件来限制入学，但也有学校没有入学门槛的限制。招生规模都是小规模，方式也多样，有的需要面试筛选，有的是随机选择，每个学校规定不同。

第四，在教职人员方面，不仅有高中的专职课程老师，还有一些大学老师，另外还有一些社会专业人才，专职的咨询指导顾问，给学生提供全方位的支持服务。

（3）教育内容

大学先修高中的最终目的是促使学生为进入大学做好准备，因此，大学先修高中和他的合作者采取了各种措施来实现项目目标。

第一，3R 原则。

所谓的 3R 原则是指严谨（rigor）、相关（Relevance）、关系（Relationship）。大学先修高中的一切活动都遵循这三个原则。

严谨是对学生不仅有严谨的课程辅导，还有严谨的建议性、支持性课程，以及一些非学术活动。学生在学校里每周会参加一次或者两次不同的、严谨的学术活动，扩展视野，增进见识。

相关是指注重学生在学术方面自己的选择与其他课程以及真实的世界之间的联系，加强三者之间的相关性，利用与学校合作的机构、组织，为学生提供与自己学术选择相关的校外实践经验。

关系是指学生与学校教师、指导者之间的关系，教师、指导者对学校里的所有学生应该有高的期待，而且学生在与他们相处的过程中，应该感受到教师的期望，教师应该关心学生内心的想法。

正是这三个原则，让大学先修高中为学生提供了一个良好的学习、交往、充分了解大学、发展学术、社会技能的氛围，提高学业成绩，成功进入大学。

第二，全方位的支持体系。

大学先修高中针对学生建立全方位的支持体系，主要包括三方面：教师支持、常规支持、进入大学的支持。[1]

教师是能够第一时间给学生提供支持的人，大学先修高中虽然有比较小的教师团队，但强调为学生提供个人化的关注，不管是高中教师还是大学教师，都有义务为学生提供额外的帮助与支持。

常规支持包括作为学生课程负担出现的（例如大学生活技能课）和在学校时间之外提供的（例如放学后或者周末辅导项目）。大学先修高中每个学期都会提供学术或者社会支持课或者研讨会，目的在于帮助学生获得一些技能，例如，读写能力、研究技能、数学能力等。一些学校还开设一些讲解在大学环境中成功需要的技能课，例如：记笔记、参加测试、时间管理等。还有的学校要求所有学生必须参加一周一次没有学分的咨询课。

大学先修高中的核心原则之一是不仅仅提供给学生大学学分，还应是能转换

① Andrea R. Berger, Susan Cole, Helen Duffy and so on. Fifth Annual Early College High School Initiative Evaluation Synthesis Report Six Years and Counting: The ECHSI Matures [R]. August 2009. http://files. eric. ed. gov/fulltext/ED514090. pdf.

的学分，以及引领学生走向大学毕业、获得成功。因此，为实现这一目标，学校提供了很多支持学生能够进入大学的服务。学校设有专门的大学顾问，帮助学生制定自己的大学计划，跟踪学生逐渐实现自己的目标，促使学生了解申请大学的过程，帮助学生选择适合自己的大学，提供大学入学考试、奖学金申请、以及经济资助申请的支持。

总之，大学先修高中提供全面的关于大学申请的支持服务，甚至还指导父母怎样去支持孩子。

第三，充分利用大学资源。

每一个大学先修高中都会与高等教育机构合作，区别只是合作的高等教育机构性质不同，有的是与四年制大学合作，有的是与两年制社区学院合作，但是都为充分利用大学资源提供了便利。

高等教育机构会给大学先修高中的学生提供大学课程、大学的活动，让学生感受真实的大学生活、大学课堂，学习大学课程，从而获得大学学分。大学先修高中的学生还可以免费使用大学的娱乐和学术资源，如，图书馆、实验室等，真正地接触大学教师，了解大学生活，刺激了学生想上大学的欲望，提升信心。

（4）初步成效

大学先修高中项目从开始启动至今，经过十多年的发展，虽有一些问题，但也产生了显著的成效。2002 年，美国教育部的教育科学研究院建立了 What Works Clearinghouse（简称 WWC），WWC 由教育科学研究院的国家教育评价中心管理，其目标为教育决定提供资源，其主要为现有的教育实践、项目或者政策提供可靠的、有效的证据。[①] 在 2014 年 3 月，它发布了《大学先修，早点成功：大学先修高中对学习的影响的评估报告》。其通过调查研究发现：

86％的大学先修高中的学生在学习期结束后从高中毕业，而普通高中的学生是 81％；大学先修高中的学生的英语、语言、艺术成就高于相对比的高中学生；在大学先修高中与相比较的高中的数学成绩或者高中学生平均绩点之间，并没有显著差异。

在高等教育成就方面，大学先修高中的学生有 80％在学习期结束后进入高等教育机构，相比较的高中只有 71％的学生；另外，22％的大学先修高中的学生在学

---

① http://ies.ed.gov/ncee/wwc/aboutus.aspx

习期间获得了高等教育学位,而相比较的学生只有 2%;相比较普通高中学生,大学先修高中的学生进入大学之后更少可能需要补救性教育(18%对 22%)。而在学生的大学平均绩点方面,并无显著差异。

对男生或者女生、少数民族或者非少数民族学生、家庭低收入或者非低收入学生来说,大学先修高中对高中毕业和进入大学的影响是相似的。然而,大学先修高中对女学生、少数民族、低收入家庭的学生的大学学位的获得是有显著影响的。[①]

在大学先修高中取得显著成效的同时,也存在一些问题,例如,教职工的整体素质不高,缺乏专业的辅助工作人员,不同族群社区文化冲突较大,一些教育评估政策、教师薪酬资格政策在一定程度上限制了大学先修高中的发展,只靠大的基金组织提供经济支持是远远不够的,大学先修高中应该有完善的资助体系。

这些问题的存在只是说明大学先修高中项目虽然取得了一些成绩,但要发展得更好,还要进行不断的探索,解决已有的问题,真正为学生服务,实现自己的使命。

三、高中生生涯技术教育政策

相对于我国高中阶段教育中实现普通高中教育、职业教育分离的制度,美国普遍实现普通教育与职业教育融合的综合教育体系,在高中教育中全面开展职业教育。如今,美国教育改革中将职业教育改为生涯技术教育,强调从基础教育开始就要注重学生的生涯规划与生涯发展等教育,为其终生发展奠定基础。

1. 珀金斯法案

从 19 世纪 50 年代的《莫雷尔法案》开始,美国联邦政府就开始注重生涯技术教育的发展,因为它关系到为社会培养合格的劳动力,国家经济的发展,学生一生职业生涯的发展。进入 21 世纪之后,全球化经济、科技信息化的发展对教育提出了更高的要求,特别是生涯技术教育,不仅要求教育培养出来的人才进入社会拥有一定的专业知识,还要求一定的技能,例如,团队合作能力、批判性思考能力、创新能力等。因此,美国联邦政府不断地修订法律条文,以促进基础教育中生涯技术教育的

---

① What Works Clearinghouse. WWC Review of the Report "Early College, Early Success: Early College High School Initiative Impact Study"http://ies. ed. gov/ncee/wwc/SingleStudyReview. aspx? sid =20006.

开展。其中，具有代表性的就是《珀金斯法案》。

（1）发展历史

1984 年美国政府颁布了《卡尔·D·珀金斯职业教育法》（简称"珀金斯一"），从法律上给予职业教育重要地位。后来又于 1990 年颁布了《卡尔·D·珀金斯职业教育与应用技术法案》（简称"珀金斯二"），其目的就是"通过更充分地开发美国所有阶层学生的学术及工作能力，进一步提高美国的国际竞争力"。而且，该法案任命由联邦政府资助的职业教育计划小组开展一系列的改革。"珀金斯二"延续了 60 年代后期职业教育的趋势，即在资源、经费上重视对特殊人群的资助如穷人、残疾人以及英语水平较低的人。

1998 年又出台《卡尔·D·珀金斯职业教育与应用技术法案》修正案，即"珀金斯三"。在此法案中正式把职业教育（Vocational Education）改为生涯技术教育（Career Technical Education 简称 CTE）。除了名称的变化之外，最大的变化就是，CTE 要增加学生的学术性技能，要改变人们对其存在的偏见（如，人们往往认为职业教育培养的学生文化素质较低），并让所有的学生都能满足现代社会对人才的高要求。

2006 年 7 月，《卡尔·D·珀金斯生涯技术教育改进法》（称为"珀金斯四"）在美国国会参众两院又正式获得通过，显示出了当今美国在开展生涯技术教育的新举措。

（2）"珀金斯四"

经济全球化、高科技信息产业的崛起对劳动者也提出了新的要求，"珀金斯四"就是在这样的时代背景下修订出来的，并且提出了新的改革目标和实施途径，致力于使生涯技术教育更好地为学生服务，真正促进学生的发展。

第一，新的目标[①]。

为了更好地促进生涯技术教育改革，相比 1998 年的"珀金斯三"而言，"珀金斯四"提出了更多的生涯技术教育目标，具体包括如下：

- 通过州和地方的努力确定具有挑战性的学术和技能标准，支持学生达到这些标准，并为学生将来从事高技能、高工资的工作做好准备。

- 提供更多的促进学生生涯技术发展的服务和活动，这些服务和活动要将具

---

① Carl D. Perkins Career and Technical Education Improvement Act of 2006. Page：2 - 3. Available From：http://www.gpo.gov/fdsys/pkg/CRPT-109hrpt597/pdf/CRPT-109hrpt597.pdf.

有挑战性的学术及生涯技术教学整合,并能为接受生涯技术教育的学生将
中等教育和中等后教育衔接起来。

● 在提供服务与活动以及开发、实施、改进生涯技术教育方面,增加州和地方
的灵活性,这其中包括"技术准备教育"。

● 实施国家水平的生涯技术教育研究并宣传改善生涯技术教育项目、服务和
活动的最佳实践信息。

● 在提升州和地方的领导力、初步准备、专业发展方面提供技术支持;为培养
高质量的生涯技术教育教师、管理者和咨询人员提供技术支持。

● 支持中学、中学后教育机构、高等教育机构、区域的职业技术教育学校、地方
劳动力投入委员会以及工商界之间形成合作伙伴关系。

● 为学生的终身发展提供机会,以及提供保持美国竞争力所需要的知识和技
能、教育和培训项目。

第二,政策途径。[①]

——学习计划(POS, program of study)。所有地方接受珀金斯基金的地方机
构(local subgrantees)必须至少提供一个学习计划(POS)。所谓的学习计划是指,将
中学教育和中学后教育连接起来,将具有挑战性的学术标准和CTE内容整合的课
程,并且是以不增加学生学习量的方式将中学教育与高等教育课程整合起来;让中
学生通过参加双注册项目或者以其他方式获得高等教育学分的机会,最终会获得
业界认可的证书或中学后教育水平的文凭,如副学士学位或学士学位。

——"珀金斯四"通过各种方式加强了问责制的实施。绩效问责从州到地方逐
渐扩大,这就促使州保证其地方部门持续关注、改善CTE。一般地方教育机构(通
常是中学水平和高等教育社区学院水平的教育机构)会和州的教育部门合作设定
生涯技术教育所应达到的成就水平基准,当学校低于成就基准时,就需要制定一项
改进方案。再一次没有完成目标,可能会导致部分或全部的珀金斯法案联邦资金
的损失。

问责是建立在学生评价的基础上,对学生的评价不仅包括1965年初等和中等
教育法案中要求的学业成绩(数学和阅读或者语言)和高中毕业率,还应该包括"珀

---

① Department of Education Office of Planning, Evaluation and Policy Development. National Assessment of Career and Technical Education: Interim Report. Washington, D. C. 2013.

金斯四"中定义的各类 CTE 学生,例如 CTE 集中者,主要是指一个中学生在 CTE 一个单一的区域(例如医疗保健或商业服务)中赢得了 3 个或者以上的学分。因此,州最终报告的应是分离的学生成就数据,能够表示所有的 CTE 学生和其他学生的成就。国会还要求州可以采用一些其他的学生成就测量,例如,得到业界认可的技术评估。评价指标应多元化,包括学生的生涯技术技能熟练程度。但是针对每个 CTE 项目区和每个 CTE 集中者,各州没有统一的、得到广泛认可的技术技能评估标准,因此"珀金斯四"要求州确定评估标准并扩大生涯技术教育覆盖的范围。

——资金花费清单详细说明了联邦基金的宗旨和用途。虽然"珀金斯四"对如何花费资金有一定的灵活性,但它提供了资金用途的具体指导。一个用途是帮助学生在现有或新兴的行业中准备"高技能,高工资,高需求的职业"。另一个用途是为各级 CTE 人员(教师、管理员和辅导员)提供专业发展。另外,在资金花费方面,州可以根据自己的实际情况,灵活运用资金,制定自己的 CTE 计划。

2. 生涯技术教育改革蓝图

2012 年 4 月,美国教育部发布《投资美国的未来——生涯技术教育改革蓝图》(*Investing in America's Future: A Blueprint for Transforming Career and Technical Education*,简称"投资美国的未来"),阐述了美国生涯技术教育改革的内容。

(1)核心原则

美国联邦政府一直把生涯技术教育摆在关系到国家经济发展、未来走向的地位,《投资美国的未来》中展现了生涯技术教育改革与发展的蓝图,其开篇就提出了生涯技术教育的四项核心原则。

第一,联结。高质量的生涯技术教育和劳动力市场之间的有效联结促使学生掌握 21 世纪所需的技能和让他们在高增长的行业中为急需的职业做好准备。

第二,合作。中学和高等教育机构、雇主和工业伙伴之间的紧密合作,提高了生涯技术教育的质量。

第三,问责。有意义的问责建立在普遍的成就定义和明确的成就目标的基础上,问责有助于提高 CTE 项目中所有学生的学术成就和技术、就业技能。

第四,创新。加强对州、地方生涯技术教育实践改革创新的支持。而且,为保证政府责任的全面落实要做好保护已有的创新改革、预防可能出现的问题和补救过去的失败三个层面的工作。

（2）主要内容

第一，高质量的、严格的、相关的、结果为导向的生涯技术教育有明确要求。

高质量的、严格的、相关的、结果为导向的生涯技术教育，是基于一个循序渐进的、结构清晰的课程。这些课程将中等教育与高等教育、劳动力市场的需要联系起来，并最终使学生获得行业证书、执照或大学文凭，或者使学生在完成学业后能在一个高增长的行业就业。在高质量的生涯技术教育中，中学和大学教师应共同努力，合作教授学术、职业技术相整合的内容，有利于学生更好地掌握和真实世界、未来职业生涯相联系的知识与技能。

生涯技术教育要充分发挥地方教育机构（LEAs）、高等教育机构和企业雇主的合作力量，为学生提供基于工作的学习机会以及双学分课程，使学生为未来的大学和职业做好准备。同时，针对农村或偏远地区的学生，网络、远程教育、科技为他们接受高质量的生涯技术教育提供了机会。

总之，高质量的、严格的、相关的、结果为导向的生涯技术教育应是州和地方根据地方劳动力市场需求、高等教育的需求、学生的终生发展来设计的生涯技术教育。这种生涯技术教育需要打破过去的教育或人才培养模式，采用新型的教与学模式，紧跟时代、社会、市场的发展趋势，促进学生在未来的大学及职业生涯中获得成功。

第二，各州需要发挥积极的角色。

由于各个州在人口特征、经济状况等方面有一定的差异，所以州应该发挥积极的作用，将生涯技术教育和州的实际情况相结合。每个州应确定州范围内的高需求高增长的职业，然后将信息传递给地方生涯技术教育的管理者，以确保生涯技术教育响应劳动力市场的需求，并与区域经济增长的重点相联系。州可以将此信息公开化，使学生、家长能更好地了解生涯技术教育，有助于学生做出自己职业生涯的选择。不仅如此，州在生涯技术教育的各个方面都发挥着不可替代的作用。因此，州需要提高生涯技术教育中的中学教师和大学教师的有效教学水平；加快完成地方教育机构（LEA）和高等教育机构之间加强联系，形成一种合作关系；不仅在单一工作技能方面，更应在终生职业生涯和社会成功技能方面，促进学生的发展。

第三，加强中等教育机构与高等教育机构、企业雇主、行业组织之间的合作。

具体措施为：转变拨款方式，授予合作联盟资金；形成促进雇主、行业领导者、劳动力紧密合作的匹配性要求；实施有意义的问责和基于清晰测量的奖励；奖励有成效的生涯技术教育项目;加大对地方生涯技术教育创新的支持。

3. 各州生涯技术教育改革趋势

在美国联邦政府的宏观政策引领之下,各个州也根据自己的实际情况不同,充分利用现有的资源,大力开展生涯技术教育改革,促使生涯技术教育为学生的未来生涯规划、生涯发展、以及所需的技能提供支持与帮助。虽然各州不尽相同,但经过梳理发现,呈现以下趋势。

(1)提高学生的参与性

尽管一直以来,美国为合格的 CTE 学生提供职业/技术证书(或认可的标准文凭),即如果学生在 CTE 课程或职业类课程里获得三个或三个以上的学分,他们通常可以得到一个职业/技术证书或文凭。但是,在不同的州有不同的规定。一些州还要求学生完成超出职业类课程外的数学或科学课程,才可以获得相应的证书或文凭。在是否把真实的工作经历作为获得证书的必要条件方面,各个州也是不同的。例如,肯塔基州为通过州劳动力投资部的 WorkKeys① 测试的学生,颁发肯塔基州就业证书;俄亥俄州建立了生涯技术能力评估,建立了一个职业生涯熟练度基准,学生达到这个基准就相当于获得一个职业通行证,但并不获得一个认可的证书,因为俄亥俄州规定学生必须达到其他的十个标准中的九个,才能获得证书。2012 年 1 月开始,改为八个标准中达到七个,其中包括完成生涯技术教育项目中的四个单元。

另外,一些大学在申请奖学金的资格条件中包含职业生涯准备要求。一直以来,州高等教育奖学金的评定都是依靠传统的学术测量——平均绩点,ACT 或 SAT 成绩,和(或)完成的特殊学术课程。但是,在堪萨斯州、宾夕法尼亚州和缅因州,获得认可的传统的学术资格或职业生涯准备资格,都可以作为学生申请奖学金的条件。

(2)改变问责制的要求

在新一代的州问责体系中,采取了多样化的方法来定义"职业生涯准备"和衡量学生的发展和成长。一些州明确地将职业生涯准备的评估纳入问责指标,而不

---

① Workkeys 是 20 世纪 80 年代末由 ACT(American College Test)创立的职业技能评价体系,包括三个组成部分:职业技能评价,测量适应劳动力市场的基本的和个人的技能;职业分析,确定、估计具体工作岗位的技能基准;技能训练,帮助个人提升技能。

再是坚持用严格的"学术"成就评估学生。

例如,北卡罗莱纳州高中的问责模式中增加了几个新的指标,如,CTE集中者(在职业生涯类课程中,学生至少完成四门课程)毕业生的百分比,获得基于三次WorkKeys考试的银级职业生涯准备证书的毕业生比例。

其他州考虑使用社会中的行业证书这一指标。如印第安纳州最近修订的"A"—"F"问责体系,一所高中的"大学和职业生涯准备得分"是基于满足几项指标的毕业生百分比,其中包括获得社会行业证书的学生比例。根据满足几个指标的学生百分比,其中一个是职业生涯准备指标,高中可以获得0到4分。

同时,州不仅要鼓励学生获得认可证书,如允许学生通过WorkKeys的工作准备测试而得到奖学金,同时,还应该为参与CTE项目的学生提供支持,特别是那些毕业前没有完成职业生涯准备的有困难的学生。

肯塔基州允许十到十二年级的学生参加WorkKeys测试。第一次测试费由教育部支付,如果学生希望再次参加,则由学生自费。根据WorkKeys的测试分数判断学生是否需要帮助,家长、教师和学生共同协商制定困难学生的改进计划,充分适应学生的个性发展。

2012年肯塔基州实施了对困难学生的支持,尤其是在九年级中。州教育部与其他机构和单位合作,建立了满足困难学生需要的以证据为基础的模型,这个模型成为了生涯技术教育、职业学院改革和以职业为导向的学习计划的一部分。该模型反映针对困难学生的有效方法,其目标是:

● 识别困难学生进入下一年级不足的学术准备或者辍学的危险。

● 减少九年级的保留率(或者其他年级的失败)。

● 提高学生在阅读和数学方面的成绩,尤其是九年级。

● 帮助学生和他们的父母识别、确定学生的职业生涯和教育目标,制定适合个人的学习计划。

(3) 淡化两类课程界限

越来越多的州采取不同方法淡化甚至模糊CTE课程和"传统"学术课程之间的界限。

弗吉尼亚州是第一个模糊学术课程、CTE课程和评估之间界限的州。早在1999年,弗吉尼亚州的法律要求州委员会把数学、科学、英语、社会研究的州标准(学习标准)整合到"职业教育"中,并建立一个"职业教育"专家教育部门。从那时起，弗吉尼亚州和其他大多数州的用语中，就将"职业教育"转变为"生涯技术教育"。

弗吉尼亚州的教师资格认定政策规定，每一个申请人或者继续从事教育的教师，包括CTE教师，都要接受专业发展培训来帮助学生准备期终学习评估。在学生评价方面，弗吉尼亚州委员会允许完成CTE课程的学生，用参加业界认可的考试、职业生涯能力评估或者从弗吉尼亚联邦大学的一个CTE领域获得专业执照等三者中的任一个，来代替州的一些证书考试。

弗吉尼亚州针对有大量工作经验、能够教学、完成教师任务的个人发行了一种教师资格证，这就促使CTE教师在教学时能和自己的职业经验联系起来。申请人先由用人区推荐，在CTE领域内被认可后，提供至少两年或在过去五年内4 000小时令人满意的职业经验证明。

其他州也有跟随弗吉尼亚州的趋势。例如，2012年肯塔基州立法规定，所有高中程度的CTE教师（尽管取决于州或联邦基金的可用性），需要接受如何将阅读、数学、科学知识和具体CTE课程中的技能整合起来的培训。

明尼苏达州在2012年颁布的法案授权学生从十年级开始，可以参加明尼苏达州大学或学院的CTE课程。如果学生在高等教育CTE课程中获得至少一个"C"，那么，机构必须允许学生继续选修具有限制性的第二门高等教育课程。

肯塔基州为了扩大高中学生获得高等教育学分的途径，2011年10月由肯塔基社区与技术学院系统、肯塔基州教育部和肯塔基教育和人力资源部共同签署了一份学术合作备忘录。这份学术合作备忘录，定义了肯塔基社区与技术学院系统中大学和中学的各自责任，以及连带责任，该合作旨在提供"通向高等教育的完美途径，减少学生获得大学文凭的费用和时间"。

该学术合作备忘录明确表明课程必须符合双学分的标准。课程不仅要符合州的标准，还要符合由南方院校协会制定的标准和国家双注册合作联盟设立的国家标准。学术合作备忘录还要求学生的大学成绩单必须反映完成课程的情况，获得的学分要被肯塔基社区与技术学院系统中的所有机构承认，让学生能够确定：如果他们高中毕业后在不同的肯塔基社区与技术学院系统中的学校完成学业，这些学分将被承认，而不是被认为是"选修"学分而不计入获得学位所需的总学分数。

学术合作备忘录还明确指出，学生没有支付学费的能力不应该成为参与课程的障碍。当肯塔基社区与技术学院系统中的院校开设双注册课程所需资金是由州提供时，学生将被视为已经支付了学费。如果学生选修由一位大学教师在他们的高中任教的双学分课程或者与技术高中合作时,就有资格减免50％的学费。100％的减免学费是针对在高中由中学老师教授的双学分课程。尽管如此,每个肯塔基社区与技术学院系统中的学校有责任与地方学区合作,为有经济需要的学生提供奖学金。同时,学术合作备忘录也反映出完成双学分课程的学生在高校招生时会被优先考虑。

4. 职业学院改革

高中所有的学生是该为大学做准备？还是一些学生为大学做准备,而另一些主要准备高中毕业后的工作？这个选择问题在美国已经争论一百多年了。过去,职业学院只为学生毕业后的职业生涯做准备,而随着时代的发展,人们对高等教育的需求越来越多,美国政府就将职业教育(vocational education)改为生涯技术教育(career technical education,简称 CTE),职业学院也不断的改革。如今的职业学院更致力于促使学生为大学和职业生涯同时做好准备。而职业学院经过数十年的发展也已经成为了一种成功的高中改革的模型。

(1) 职业学院的起源

1969 年,美国费城的爱迪生高中开办了第一个职业学院,当时有 30 个学生,叫做"应用电力科学学院",是由费城电力公司支持建立的。后来经过数十年的发展,职业学院的规模逐渐发展壮大,据统计,在 2006 至 2007 学年,弗罗里达州 12 个学区的 183 所高中中有 145 所提供职业学院,比例占到 79％。[①] 而到 2010 年,美国全国已有 7 000 多所职业学院。职业学院是高中学校内的学校,通常学生比较少。它是通过职业主题来组织的,比如健康科学、媒体艺术等。除了常规的高中课程外,职业学院的学生也学习一系列的以主题为中心的职业技术课程。近年来,学院的重点在于为学生提供大学和职业生涯的双重准备,而不是其中的一方面,不仅提供严格的大学准备课程,而且也有生涯技术教育课程。学院吸引并适合于广泛的高中学生,从有辍学危险的学生到准备上四年制大学的学生。一些评价研究机构对职业学院进行了研究,得到了有效性的证据,认为其已经发展、进化为适合高中改革的模型。

美国高中教育的改革呈现两个趋势,一是朝着大学和职业生涯两个方向共同

---

① Estacion, A., D'Souza, S., and Bozick, R. Characteristics of career academies in 12 Florida school districts. http://ies. ed. gov/ncee/edlabs.

努力,主要集中在加强课程和将概念性学习与相关的实践经验联系起来。另一个是向着小学校与小学习团体转变,这是试图改善学生与教师之间的关系,并创造有效教与学的条件。而职业学院正好是致力于这些努力,因此,职业学院被认为是一种能够经受考验的、有效的高中学校改革模型。

(2) 职业学院的特色

职业学院从出现伊始,就有不同的研究学者总结其定义,随着它的不断发展,其定义也在不断变化。但职业学院呈现三个主要特色:在大型高中内的小型学习团体;一个将职业生涯重点与满足大学入学标准相结合的课程;与支持的雇主、社区人员、高等教育机构建立合作关系。①

通过对成功的职业学院的调查研究,总结出成功的职业学院呈现以下特征:每年每天有相同的教师相同的学生上相同的课;学术课程有足够的深度和广度,以满足高中毕业和进入大学的需求;生涯技术教育课程足以包括职业生涯中的专业;将基于工作的学习方式、现实的经验融入课程;学区的商业领导者应该是生涯技术教育的重要组成部分,在技术、财政等方面提供支持和帮助。

综上所述,职业学院最大的特色就是将学生的大学和职业生涯的准备结合起来。职业学院尊重和鼓励学生的大学愿望,不管这些愿望是否能完成,同时也给学生一些实践知识和技能来谋生。这个策略是与当今的生涯技术教育的目标相一致的。而且,职业学院中的学生想进入四年制的大学对学生来说也是有好处的,因为当学术科目的知识用在学生感兴趣的问题情境中时,学生能更好地理解。例如,对健康、医药感兴趣的学生可以进入卫生学院,同时通过利用他们的实验室来获得对生物和化学的理解。喜欢商业和经济的学生能够通过研究资产评估模型来增进对数学的理解。同时,职业学院从不要求学生只从事一个领域的工作,例如,从卫生学院毕业的学生进入大学后,主修英语、工程或其他等,并且他们也被认为是成功的。所以,职业学院很巧妙地将学生的大学和职业生涯准备结合起来,成为了自己的特色,也有效地推动学生的发展。

尽管职业学院的学生少,但教师是多样化的专业团队,学生的学习很多是团体合作学习,通常是基于做项目的合作方式,多样化的教师队伍不仅给予知识的指导,还给予实践经验技术的指导。此外,职业学院与企业雇主、社区、高等教育机构

---

① Charles Dayton. Planning Guide for Career Academies. http://casn. berkeley. edu.

的合作,给职业学院的发展提供了资源与支持,给学生提供了接触真实世界、在实践中探索、运用知识的机会,促进了学生的发展与成长。

(3) 职业学院的改革

MDRC 是 1974 年由福特基金会和一些联邦机构建立的非营利、无党派的教育与社会政策研究组织,其致力于解决一些难题,从减少贫困到加强经济的自足,再到改善公共教育和大学入学率,涉及范围广泛。[①]

在 2009 至 2012 年间,MDRC 受美国教育部教育科学研究院的委托,和它的项目合作者布鲁姆协会,开发和试点一个项目来帮助职业学院建立和加强学生对职业生涯和大学的探索,这个项目就是"探索大学和职业的选择(简称 ECCO)"项目。

该项目的两个目标是,第一,发展职业学院提高生涯技术教育的能力,使基于工作的学习方式、大学探索经历成为所有学院学生的重要经验。第二,提高学生参与探索大学和职业生涯活动的积极性,促使学生拥有关于自己的职业生涯和高等教育选择的意识和知识,同时帮助他们获得在两方面成功所需的技能。

ECCO 旨在提供高中学生学习非认知的、可迁移技能的机会,这些技能是"21世纪技能"和"获得成功的技能"或"可迁移技能"。经过整合,项目旨在为高中生培养以下五类技能中的 19 种技能。(1)创造性和批判性思考:解决问题和做决定,创造性思考,通过研究进行学习,反思和评价。(2)交流:清晰地书写,准确地说话,仔细地听和善于询问,有效地观察。(3)合作:和其他人合作,给予和接受反馈,商议分歧和解决冲突,有计划分重点地达到目标。(4)媒体技术:利用新兴科技,用负责的行为对待科技。(5)个人品质:有效管理时间,行为打扮适当,正确地认识和应对工作中的挑战,工作独立、主动,可靠、值得信赖。

ECCO 项目包括了四方面学习任务。

任务一:系列课堂教学课。

这些课分为三类:与参观工作场所相关的职业生涯探索课,与参观大学相关的大学探索课,职业生涯发展活动是为学生实习准备的。每课 1 小时。具体内容是:

第一,职业生涯探索课在秋季学期上课,参观工作场所之前上三次课,参观之后上两次课,这些课有三个学习目标:

● 为学生的职业生涯做准备,包括研究有关该公司的信息。

---

① http://www.mdrc.org/about/about-mdrc-overview-0

- 能够自信地和工作的成年人交流互动。
- 获得工作成功所需要的学术、技术和个人技能。

第二,大学探索课在春季学期上课,参观大学之前上两次课,参观之后上三次课,这些课有四个学习目标:

- 促使学生审视自己的职业和生活目标,并清楚大学如何帮助实现这些目标。
- 了解选择大学所面临的机遇和挑战。
- 基于直接的参观印象,能够了解进入大学的障碍,并集体讨论克服障碍的策略和解决方案。
- 了解大学规划的关键部分(To learn key terms for college planning)。

第三,职业生涯发展课贯穿于三个年级,在秋季或春季学期上课。这种课是规定的课程,并且学生在学习的过程中有很多动手的经验,有六个学习目标:

- 在职业学院的主题区域,扩展学生对多种工作和职业生涯的认识。
- 探索人际交往能力、良好的工作习惯、在工作中成功的关系。
- 学习和练习基本技能(听,说,读,写)。
- 学习在学校和工作中成功所需要的技能,如创造性思维,批判性思维,沟通,协作和团队精神,了解新兴技术,反思,自我评估,以及时间管理。
- 制定和完善简历。
- 汇编一个"职业生涯和大学文件夹(文件夹是由学生自己汇编的,应包括学生最好的作业样例,还包括一份简历、一封求职信、写作样本、照片、成就描述以及在学校或者实习期间完成的项目)"。

任务二:职业生涯探索参观活动。有四个学习目标:

- 扩展学生对职业生涯和工作环境的认识。
- 将学校中学到的知识技能与工作中所期望的知识技能联系起来。
- 观察工作人员如何应用具体的职业技能,如何将技能迁移到不同种类的工作中,以及在工作中如何利用科技。
- 练习舒适自信地和工作的成年人互动的技能。

任务三:参观大学。参观大学活动有六个学习目标:

- 强化所有学生都能进入大学的理念。
- 直接接触大学环境——教室、生活安排、学生服务、招生、俱乐部、校园设施等。

● 向学生介绍一系列不同类型高等教育机构——两年的和四年的、交通近的和交通远的、大的和小的、城市的和郊区的等。

● 消除学生可能有的对大学的迷信或错误观念。

● 为学生准备他们需要的额外的大学参观。

● 促使学生将来能够面对面地与大学工作人员联系。

任务四:实习项目。在高三期间或者高三前的夏天提供给所有学生为期六周的实习。实习的目标是给学生下列机会:

● 将学校里学到的知识和工作场所中的应用联系起来。

● 对就业机会和进入高等教育更加关注。

● 提高学生对工作以及与专业人士交流的信心。

● 熟悉、练习 21 世纪所需的技能,如团队精神,时间管理,创造性思维和解决问题的能力。

● 熟悉工作场所,例如多样性、领导、压力管理的问题。

这个项目是为职业学院而设计的,但也适合于很多教育场所。ECCO 项目面向加利福尼亚州,佛罗里达州和佐治亚州等三个州六个学区的 18 个职业院校。在 2013 年,MDRC 发表了一研究报告,总结了 ECCO 项目实施三年的研究结果。研究认为,ECCO 项目明显改善了职业学院给学生提供大学和职业生涯探索课程和活动的能力。实施 ECCO 项目后,不仅学生在职业和大学的认识和探索活动中有更高的参与率。而且,对学生大学和职业选择的认识,以及高中、中学后教育、和自己的职业理想的联系方面,都产生了积极的影响。

实施 ECCO 项目的职业学院坚持为学生提供实习的机会,并对学生产生了良好的影响。82％的实习学生认为实习经验有助于他们思考自己的教育和职业目标,77％的实习学生认为在实习中学到了有助于在学校获得成功的技能,68％的实习生指出,实习帮助他们认识到在职业生涯中教育和培训是必不可少的。

四、美国高中改革的经验与启示

1. 美国高中改革的经验

新世纪以来,美国不管是联邦政府还是州教育机构,甚至是社会教育组织、中介机构,都致力于高中教育的改革与发展。这不仅是由本国的教育情况决定的,也是时代、社会发展的要求。但其改革历史可谓源远流长,积累了丰富的经验。

(1) 以追求公平和卓越为宗旨,联邦和州分工、问责明确,形成合力

美国高中教育改革始终坚持追求公平与卓越的宗旨,一方面通过双学分课程、鼓励创新、特色高中的建立,提高高中教育的质量,追求卓越的高中教育。另一方面,不断地通过资金支持以及健全的问责制,推动不太好的高中逐步转变、提高,还为一些家庭贫困的高中生提供财政支持。联邦政府在高中教育改革上给予州很大的灵活性,二者权责明确,形成改革合力,有力推动了高中教育的改革与发展。

(2) 充分利用各方面资源,为高中教育改革服务

美国高中教育改革不管是加强与高等教育的联系,还是促进高中生的生涯发展与规划,都充分利用社会资金、民间教育机构、中介组织、社区以及一些企业之间的合作。这些资源的充分利用,保证了高中教育改革的顺利进行,同时也使改革与时代、社会的发展结合起来,培养出社会有用之才。

(3) 注重学生的个性化发展,评价多元化,与问责制相连

美国向来注重民主、自由,其高中教育更是注重学生的个性化发展,高中阶段是学生个性成长的关键期,而且高中生对自己、对未来有一定的了解,但并不是完全了解。因此,高中阶段就需要对学生的生涯规划、发展进行辅导,帮助学生选择适合自己的发展道路。鼓励学生发展个性的同时,也要给学生创造一个多元的评价环境,让学生觉得选择适合自己的道路就是成功的。美国高中教育改革中,高中学校的评价不再局限于传统的指标,如,高中毕业率、高中生平均绩点、升学率,也增加了一些关于生涯技术教育的指标,并开发了高中生大学、生涯准备性标准。这些指标与标准与问责制联系起来,有效推动了高中学校的发展、学生个性的发展。

(4) 鼓励教育创新,联邦政府提供资金支持

创新一直是美国教育改革的主题,在高中教育改革中,给予州灵活性的同时,也鼓励州进行大胆的教育创新。在联邦政府的教育财政预算之中有专门的资金支持教育创新。对于一些创新项目,例如,特色高中的建立,一些高中实施创新项目,政府都会给予财政支持。宽松的教育改革创新环境,极大地鼓励了一些高中不断创新、追求卓越,从而提高了高中教育的质量。

2. 对我国高中改革的启示

我国九年义务教育的实现,以及基础教育质量的不断提高,促使更多的研究学者开始关注高中教育改革。高中阶段是学生快速成长、个性形成的重要时期,也承担着为高等教育输送高质量人才的责任。因此,对美国高中教育改革趋势及特色的研究,会对我国高中改革提供借鉴、启示意义。

(1)注重学生的生涯发展、规划辅导,为学生的终身发展奠基

美国的生涯技术教育的发展不仅历史悠久,而且体制健全,有联邦政府的法律保证实施。而我国职业教育独立在普通高中教育之外,而且职业教育的地位低下。由于我国高等教育资源有限,很多学生无法进入大学,又迫于家长施加的压力,也没有接受职业教育,最终没有得到很好的发展。我们也应该在高中加强对学生的生涯发展、规划指导,指导学生认识自己,鼓励学生选择自己喜欢的发展之路,而不是迫于外界的压力做出不适合自己的选择。只有这样,高中教育才是发展学生的个性,而不是制造统一的产品。

(2)加强高中教育与高等教育的联系,培养创新型人才

美国高中通过双注册项目、双学分课程将高中教育与高等教育紧密联系起来,让一些学生接触大学课程,激发对高等教育的向往,满足学生的求知欲,培养他们的研究意识与能力,培养创新型人才。而我国高中由于各方面资源的局限以及学生面对高考的压力,高中教育与高等教育几乎是脱节的,这也导致高中教育培养的人才并不是高等教育所需要的。因此,要培养出创新型人才,高中要加强与高等教育机构的联系,了解当前研究的前沿,为学生的探究创造条件。

(3)建立灵活的教育行政体制,建立健全教育问责制

美国在高中教育改革方面,州有极大的灵活性,通过联邦政府制定的法律文件来看,其更多地是负责改革的大方向,很多州根据自己的实际情况制定改革措施。在改革过程中没有僵化、死板的管理体制,而是充分利用社会资本及资源,促进改革的发展。同时,联邦政府、州、地方以及学校都有健全的教育问责制,改革效果与教育经费相联系,保证了改革的顺利实施。我国在发展高中教育方面,也应建立灵活、弹性的教育行政机制,行政是为教育服务,同时,建立全面、科学的问责制,防止权力滥用,促进高中教育的发展。

(4)高中课程建设要面向学生终身发展,面向多样化的学生

美国高中丰富多样的课程也是值得学习的,不仅有学术课程,也有生涯技术类

课程,在满足学生多样化发展的同时,也培养了个性化人才。美国高中的一些与大学衔接的课程以及大学课程,让更多学生进入大学。因此,我国高中课程改革,要立足学生发展,而不是成为学生考试的工具,高中课程建设要推动学生的终身发展,多样化发展。

■ 后　记

《中国高中阶段教育发展报告(2014)》的完成,是项目组集体努力的结果。本年度各章撰写人员分别是:

第一章:杜晓利、骈茂林(执笔)、刘菊香

第二章:丁学玲、高欣欣、程亮

第三章:朱益明

第四章:付艳萍、朱益明

第五章:王瑞德、朱益明

第六章:郑太年、汪妮

第七章:王保星

第八章:朱益明

第九章:霍益萍

第十章:徐志伟、夏婷婷、刘世清

第十一章:梁晓鸽、朱益明

全报告由朱益明统稿,并撰写摘要;霍益萍审阅。再次感谢在本报告撰写中,尤其是实地调研中,大力提供支持的单位和个人。

我们始终抱着认真探索的态度,致力于推进我国高中阶段教育改革与发展而撰写报告;我们也始终意识到,每份年度报告的撰写都是一种挑战。本年度报告是完成教育部哲学社会科学发展报告建设(培育)项目任务的第三份年度报告。希望各方对本报告继续给予批评和指正。

图书在版编目(CIP)数据

中国高中阶段教育发展报告. 2014/霍益萍,朱益明主编. —上海:华东师范大学出版社,2015.6

ISBN 978 - 7 - 5675 - 3726 - 2

Ⅰ.①中…　Ⅱ.①霍…②朱…　Ⅲ.①高中-教育发展-研究报告-中国-2014　Ⅳ.①G639.21

中国版本图书馆 CIP 数据核字(2015)第 125324 号

教育部哲学社会科学发展报告建设(培育)项目

中国高中阶段教育发展报告(2014)

主　　编　霍益萍　朱益明
策划编辑　彭呈军
审读编辑　吴飞燕
责任校对　邱红穗
装帧设计　卢晓红

出版发行　华东师范大学出版社
社　　址　上海市中山北路 3663 号　邮编 200062
网　　址　www.ecnupress.com.cn
电　　话　021 - 60821666　行政传真 021 - 62572105
客服电话　021 - 62865537　门市(邮购)电话 021 - 62869887
地　　址　上海市中山北路 3663 号华东师范大学校内先锋路口
网　　店　http://hdsdcbs.tmall.com

印 刷 者　常熟市文化印刷有限公司
开　　本　787×1092　16 开
印　　张　18.75
字　　数　312 千字
版　　次　2015 年 7 月第 1 版
印　　次　2015 年 7 月第 1 次
书　　号　ISBN 978 - 7 - 5675 - 3726 - 2/G·8398
定　　价　39.80 元

出 版 人　王 焰

(如发现本版图书有印订质量问题,请寄回本社客服中心调换或电话 021 - 62865537 联系)